"十三五"国家重点图书出版规划项目

本丛书成果受中国人民大学科学研究基金项目（批准号：18XNQ016）支持

本丛书得到中国人民大学中共党史党建学科建设基金支持

中国改革开放40年丛书

中国人民大学中共党史党建研究院 组织编写

靳诺 杨凤城 主编

改革开放40年的中国经济

闫茂旭 著

中共党史出版社

图书在版编目（CIP）数据

改革开放 40 年的中国经济 / 闫茂旭著 .— 北京 : 中共党史
出版社 , 2018.7（2019.1 重印）

ISBN 978-7-5098-4609-4

Ⅰ . ①改… Ⅱ . ①闫… Ⅲ . ①中国经济—经济发展—成就
Ⅳ . ① F124

中国版本图书馆 CIP 数据核字 (2018) 第 055371 号

出版发行：**中共党史出版社**
领衔编辑：王鸽子
责任编辑：王媛
复　　审：姚建萍
终　　审：汪晓军
责任校对：龚秀华
责任印制：谷智宇
责任监制：贺冬英
社　　址：北京市海淀区芙蓉里南街 6 号院 1 号楼
邮　　编：100080
网　　址：www.dscbs.com
经　　销：新华书店
印　　刷：北京盛通印刷股份有限公司
开　　本：170mm×240mm　1/16
字　　数：224 千字
印　　张：18.25
印　　数：13116—18135 册
版　　次：2018 年 7 月第 1 版
印　　次：2019 年 1 月第 4 次印刷
ISBN 978-7-5098-4609-4
定　　价：41.00 元

此书如有印制质量问题，请与中共党史出版社出版业务部联系
电话：010-82517197

总　序

改革开放与中国特色社会主义进入新时代

杨凤城

习近平总书记指出："只有社会主义才能救中国，只有改革开放才能发展中国、发展社会主义、发展马克思主义。"[①]"改革开放是当代中国最鲜明的特色，是我们党在新的历史时期最鲜明的旗帜。改革开放是决定当代中国命运的关键抉择，是党和人民事业大踏步赶上时代的重要法宝。"[②]

从1978年十一届三中全会到2018年，改革开放已经走过40年的历程。40年可谓"其作始也简，其将毕也必巨"。期间既有筚路蓝缕、"一山放过一山拦"的艰辛，也有柳暗花明、"堂堂溪水出前村"的欣喜，既有大刀阔斧、激情澎湃的乐章，也有彷徨困惑、如履薄冰的凝重。然而，不经风雨怎能见彩虹！中国经济的壮美腾飞，中国国家实力和民众生活水平迅速而大幅度的提升，中国经济实力、科技实力、国防实力和由此构成的综合国力迈入世界前列，中华民族已经迎来从站起来、富起来到强起来的伟大历史性飞跃，这就是中国改革开放在风雨如磐、狂飙突进后

---

①　习近平：《决胜全面建成小康社会，夺取新时代中国特色社会主义伟大胜利——在中国共产党第十九次全国代表大会上的报告》，《人民日报》2017年10月28日。

②　习近平：《在庆祝中国共产党成立95周年大会上的讲话》，《人民日报》2016年7月2日。

见到的绚烂彩虹、展现的光明前景。

一

40年改革开放的最大成就是开创和发展了中国特色社会主义。换言之，改革开放是中国特色社会主义的历史和逻辑起点。没有改革开放，就不可能有中国特色社会主义。

在国际共产主义运动史上，究竟什么是社会主义或者更准确地说什么是科学社会主义，长期以来困扰着各国共产党和工人党。无疑，马克思和恩格斯对未来社会主义的描绘或设想，构成了科学社会主义的基本原则。然而，他们的设想主要是在经济方面，这和他们的唯物史观是一致的。例如，提出由社会占有生产资料、实行按劳分配等。需要指出的是，马克思主义创始人对未来社会主义的原则设想，是作为对他们所生活的那个时代也就是19世纪资本主义的制度缺陷的校正物提出的。实际上，马克思和恩格斯在世时就一再强调，他们的理论是活的行动理论而不是一成不变的教条，不是先验的一劳永逸的有关未来社会的详细蓝图。正如邓小平所言："绝不能要求马克思为解决他去世之后上百年、几百年所产生的问题提供现成答案。……真正的马克思列宁主义者必须根据现在的情况，认识、继承和发展马克思列宁主义。"[1]

列宁领导建立了第一个社会主义国家，但没有形成社会主义建设的系统理论，只提出过一些原则设想，如"苏维埃政权+普鲁士的铁路秩序+美国的技术和托拉斯组织+美国的国民教育等等等等=总和=社会主义"。[2]列宁去世后，在斯大林的领导下，逐步形成了我们日常所讲的苏联社会主义模式或曰传统社会主义模式或曰"斯大林模式"。这个

① 邓小平：《结束过去，开辟未来》（1989年5月16日），《邓小平文选》第3卷，人民出版社1993年版，第291页。

② 列宁：《〈苏维埃政权的当前任务〉一文的几个提纲》（1918年3月—4月），《列宁全集》第34卷，人民出版社1985年版，第520页。

模式的构成要件是：单一公有制、指令性计划经济体制、单一按劳分配制度等。

客观地讲，改革开放前的30年，中国基本上遵循的就是苏联社会主义模式。当然，这并不意味着以毛泽东为代表的那一代共产党人在一切方面均步苏联后尘，照抄照搬。事实上，毛泽东在1956年就提出以苏联为借鉴，实现马克思主义与中国实际的第二次结合。中国共产党第八次全国代表大会、毛泽东《论十大关系》的报告、《关于正确处理人民内部矛盾的问题》的讲话等，便集中地体现着这种探索。从为中国特色社会主义提供理论起点的角度回看，这一探索主要包括：（1）中国进入社会主义后，国内主要矛盾已经是人民对于建立先进的工业国的要求同落后的农业国现实之间的矛盾，已经是人民对于经济文化迅速发展的需要同当前经济文化不能满足人民需要的状况之间的矛盾。由此，党和国家的主要任务就是尽快把我国从落后的农业国变为先进的工业国。（2）在经济体制方面，国家经营和集体经营是工商业的主体，但附有一定数量的个体经营作补充；计划生产是工农业生产的主体，按照市场变化而在国家计划许可范围内的自由生产作补充；国家市场是主体，但附有一定范围内国家领导的自由市场作补充。毛泽东甚至设想"消灭了资本主义，可以再搞资本主义"。（3）社会主义要发展商品生产，尊重价值规律的作用。不能把商品生产与资本主义混为一谈。（4）在社会主义社会，疾风骤雨式的大规模的阶级斗争已经基本结束，社会矛盾大量的是属于人民内部非对抗性的矛盾，正确处理人民内部矛盾成为国家政治生活的主题。要发扬社会主义民主、建立健全社会主义法制，学会用法制保障国家建设。（5）坚持马克思主义在思想文化领域的指导地位，同时实行"百花齐放，百家争鸣"的方针，发扬学术艺术民主，尊重学术艺术自由，活跃精神文化生活。上述探索，放在20世纪五六十年代的背景下，其深刻性和创新性不能低估。虽然，这些探索在当年并未得到完全落实甚至相当长的时间内反其道而行之。但是，20年后，这些探索开始发挥作用，这就是为改革开放、为中国特色社会主义开局提供最初的也是最为珍贵的合法性支持和理论起点。回想20世纪70年末80年代初的历史情境，在传统社会主义观念根深蒂固的情况下，在极左思想依然高强度地束缚着人们头脑的情况下，没有上述探索，改革开放的破冰之旅就会更为艰难。

经过改革开放前的30年，中国社会主义基本制度得以确立和巩固，从而为日后的一切发展奠定了制度基础，同时，经过30年的努力，中国建立了一个比较完整的工业体系和国民经济体系，没有这样一个体系和基础，中国日后的改革开放和国民经济的快速发展就会大打折扣甚至失去必要的前提。1949年中华人民共和国成立，结束了近代中国半殖民地的屈辱地位，这是自鸦片战争以来中华民族接续奋斗尤其是中国共产党成立后领导中国人民奋斗的结果。就一个民族国家而言，国家实力和国防实力，是站起来并屹立不倒的基础和保障，为此，必须实现工业化、现代化。1955年10月，毛泽东谈道："我国是个大国，但不是富国，也不是强国。飞机也不能造，大炮也不能造，坦克也不能造，汽车也不能造，精密机器也不能造，许多东西我们都不能造，现在才开始学习制造。我们还是一个农业国。在农业国的基础上，是谈不上什么强的，也谈不上什么富的。""所以，全国各界……都要努力，把我国建设成为一个富强的国家……我们一定要争这一口气。"[1]经过30年的努力，到改革开放之际，中国已经建立了一个独立的比较完整的工业体系，特别是拥有了旧中国所极度缺乏的重工业，而没有重工业就不可能有巩固的国防，没有巩固的国防"站起来"就缺乏保障。不仅如此，国防科技领域内取得的以"两弹一星"为标志的一系列骄人成就更奠定了中国的大国地位，中国终于以一个有尊严的形象矗立于世界民族之林。

---

[1] 毛泽东：《在资本主义工商业社会主义改造问题座谈会上的讲话》（1955年10月29日），《毛泽东文集》第6卷，第495、500页。

二

在充分肯定改革开放前30年成就的同时，必须承认，改革开放启动之初的中国依然是一个贫穷落后的国家，尤其是民众生活水平比较低。这里有一个历史的阶段性发展问题。中华人民共和国成立之际，近代以来遭受西方列强欺辱的历史刚刚画上句号，国家强大对于中国共产党而言具有压倒一切的目标优先性。在战后东西方冷战和局部热战的背景下，在中国贫困落后、实力有限的情况下，中国共产党需要做一个有先有后的战略安排。这个战略安排，就是优先发展重工业，为此不断倡导民众要"勒紧裤腰带过苦日子"，也就是说，将生产发展的剩余不是先用于改善生活而是贡献给国家发展重工业。这就导致民众生活在中华人民共和国成立后提高慢甚至在许多农村地区没有提高。改革开放之初，农村大约2.5亿人口不能满足温饱的现实证明了这一点。改革开放以来7亿人先后脱贫的伟业也是很好的说明。

贫穷拷问着社会主义、拷问着中国，由此，邓小平启动了改革开放的伟大进程，希望找到一条尽快摆脱贫穷的新路，这就是后来逐步形成的中国特色社会主义道路。1978年12月召开的中共十一届三中全会，标志着中国社会主义建设事业一个新时期的开启。这个新时期最鲜明的特色就是改革开放，最大成果就是开辟了中国特色社会主义道路。

回看历史，邓小平作为改革开放总设计师先是改变人们长期以来形成的"宁要贫穷的社会主义和共产主义，不要富裕的资本主义"[①]等错误观念，在70年代末80年代初反复强调：社会主义制度优越性的根本表现，是社会生产力的发展和人民生活水平的不断提高，"这是压倒一切的标准。"[②]贫穷不是社会主义，"社会主义最大的优越性就是共同

---

① 邓小平：《社会主义必须摆脱贫穷》（1987年4月26日），《邓小平文选》第3卷，人民出版社1993年版，第223页。

② 邓小平：《社会主义首先要发展生产力》（1980年4月—5月），《邓小平文选》第2卷，人民出版社1994年版，第314页。

富裕。"①而要实现富裕必须集中精力发展生产力。社会主义几十年的实践表明,生产力要获得迅速发展必须对传统社会主义体制进行改革。于是,大体上从1984年到1987年期间,邓小平开始频繁地提出"什么叫社会主义,什么叫马克思主义"②"什么是社会主义和怎样建设社会主义"③等问题。及至1987年中共十三大则对中国特色社会主义探索作了理论上的总结和阐述,尤其是社会主义初级阶段和"一个中心两个基本点"的基本路线的概括,"什么是社会主义、怎样建设社会主义"因此有了初步但却是基本的解答。及至1992年南方谈话,邓小平明确概括道:"社会主义的本质,是解放生产力,发展生产力,消灭剥削,消除两极分化,最终达到共同富裕。"④

　　在逐步明确社会主义的本质是解放和发展生产力,走向共同富裕等重要认识的基础上,中国共产党紧紧抓住经济建设这个中心,把发展首先是经济发展作为执政兴国的第一要务。为了实现更快更好的发展,必须建立社会主义市场经济体制,必须确立公有制为主体多种所有制经济共同发展的基本经济制度、按劳分配为主体多种分配方式共同存在的基本分配制度;必须在党的领导、人民当家作主和依法治国三者有机统一的基础上发展社会主义民主政治;必须在坚持马克思主义指导地位的前提下实行"百花齐放、百家争鸣"的方针,通过文化体制改革解放和发展文化生产力,促进中华文化的大繁荣大发展;必须以保障和改善民生为出发点和落脚点,创新社会管理体制机制,构建民主法制、公平正

① 邓小平:《善于利用时机解决发展问题》(1990年12月24日),《邓小平文选》第3卷,人民出版社1993年版,第363页。

② 邓小平:《建设有中国特色的社会主义》(1984年6月30日),《邓小平文选》第3卷,人民出版社1993年版,第63页。

③ 邓小平:《政治上发展民主,经济上实行改革》(1985年4月15日),《邓小平文选》第3卷,人民出版社1993年版,第116页。

④ 邓小平:《在武昌、深圳、珠海、上海等地的谈话要点》(1992年1月18日—2月21日),《邓小平文选》第3卷,人民出版社1993年版,第373页。

义、诚信友爱、充满活力、安定有序、经济与社会协调发展、人与自然和谐共处的社会主义和谐社会；必须正确地判断国际形势，牢牢把握和平与发展的两大时代主题，坚定不移地实行独立自主的和平外交方针，为中国社会主义建设营造良好的国际环境，等等。围绕上述主题而展开的思考和阐述，构成了邓小平理论、"三个代表"重要思想和科学发展观的丰富内容。中国国家实力的迅速提升，中国人民生活水平的迅速提高，已经无可辩驳地证明了中国特色社会主义理论和实践的成功。2010年中国超过日本成为世界第二大经济体。国际货币基金组织公布的数据显示，2010年中国人均GDP超过4300美元，排在世界200多个国家和地区的100位左右。显然，与改革开放之初相比，中国已经富起来了。按照党中央的设想，到2020年要实现在2010年基础上翻一番的目标，这也就意味着，届时中国人均GDP将达到1万美元左右，稳步进入中高收入国家行列（依据国际货币基金组织的数据，中国在2016年人均GDP已经超过8000美元）。这就是改革开放的成绩单，这就是中国特色社会主义优越性的证明。

党的十八大以来，中国经济已由高速增长阶段转向高质量发展阶段，建设现代化经济体系，建设科技强国、航天强国、网络强国、交通强国、海洋强国、数字中国、智慧社会等，已经成为直接的奋斗目标。数字经济等新兴产业蓬勃发展，"天宫""蛟龙""天眼""悟空""墨子"等重大科技成果相继问世，高铁、大飞机、运载火箭、空间、卫星、激光等技术迅速发展。中国经济在党的十八大后一直保持中高速增长，国内生产总值从54万亿元增长到80万亿元，稳居世界第二，对世界经济增长贡献率达到30%以上，超过美国、欧元区和日本贡献率的总和，居世界第一位。这意味着中国比任何时候都更接近也更有能力和信心实现社会主义现代化强国的民族复兴伟大梦想。

新时代的另一个重要内涵和表征，是中国社会主要矛盾已经转化为人民日益增长的美好生活需要和不平衡不充分的发展之间的矛盾。1981

年党的十一届六中全会通过的《关于建国以来党的若干历史问题的决议》明确提出，我国社会的主要矛盾"是人民日益增长的物质文化需要同落后的社会生产之间的矛盾。"①党和国家的主要任务是发展生产力。之后，直至党的十八大，每次党代表大会都要重申这一判断。这一判断的精神实质就是通过发展生产力，尽快摆脱中国穷困落后的面貌。然而，党的十八大之后，在物质财富迅速增长、产能日趋过剩的背景下，随着转变经济发展方式、调整产业结构步伐的加快，随着去产能、实施供给侧改革等决策的出台，随着脱贫攻坚战决胜阶段的来临，党内外有识之士越来越深刻地认识到，从国家整体发展而言，中国社会主要矛盾已经悄然发生了变化，民众不仅对物质文化生活提出了更高要求，而且在民主、法治、公平、正义、安全、环境等方面的要求也日益增长。同时，我国社会生产力水平总体上显著提高，社会生产能力在很多方面进入世界前列，更加突出的问题是发展不平衡不充分，这已经成为满足人民日益增长的美好生活需要的主要制约因素。社会主要矛盾的变化是关系全局的历史性变化，是时代发展进入新阶段的重要标志和内容。

新的时代需要新的指导思想，而习近平新时代中国特色社会主义思想正是对十八大以来国内外形势变化和我国各项事业发展提出的时代课题的回答，它从理论和实践结合上系统阐述了新时代坚持和发展什么样的中国特色社会主义、怎样坚持和发展中国特色社会主义。这一思想是对马克思列宁主义、毛泽东思想、邓小平理论、"三个代表"重要思想和科学发展观的继承和发展，是马克思主义中国化最新成果，是中国特色社会主义理论体系的重要组成部分。以这个最新成果指导改革开放和中国特色社会主义建设既符合历史逻辑、实践逻辑，也符合理论逻辑。

---

① 《中国共产党中央委员会关于建国以来党的若干历史问题的决议》（1981年6月27日中国共产党第十一届中央委员会第六次全体会议一致通过），《三中全会以来重要文献选编》（下），人民出版社1982年版，第785—786页。

三

十九大报告指出，中国特色社会主义进入新时代，"意味着科学社会主义在二十一世纪的中国焕发出强大生机活力，在世界上高高举起了中国特色社会主义伟大旗帜；意味着中国特色社会主义道路、理论、制度、文化不断发展，拓展了发展中国家走向现代化的途径，给世界上那些既希望加快发展又希望保持自身独立性的国家和民族提供了全新选择，为解决人类问题贡献了中国智慧和中国方案。"①这一结论放在新中国历史中审视更能见其意义。从毛泽东时代的"世界革命"情怀与力不从心的困局，到邓小平韬光养晦、先办好中国自己的事情，再到今天中国正前所未有地走近世界舞台中央、推动构建人类命运共同体，沧海桑田，彰显着时代的不同、也彰显着改革开放给中国国际地位带来的巨大变化。

按照经典马克思主义理论，全球化是资本主义发展的一大趋势和特征，从这个意义上讲，取代资本主义的社会主义自然也是全球性的。列宁的帝国主义论认为，19世纪末20世纪初自由资本主义进入垄断资本主义阶段；全球殖民地已经瓜分完毕，新的垄断资本要改变已有的殖民体系只有通过战争；战争引起革命，革命消灭战争。这一理论和逻辑为毛泽东为代表的一代共产党人所熟谙所信奉。在本国革命取得胜利后，尽一己之力，推动国际共产主义运动，成为新中国建立后执政的中国共产党人的重要信条。这也是为什么学界以"政治外交""革命外交"概括毛泽东时代外交特点的深层原因。然而，我们看到毛泽东也因此饱受困扰，周恩来、王稼祥等老革命家曾不同程度地感到了对外援助的力不从心、捉襟见肘。

改革开放后，以邓小平为核心的中央领导集体深刻研判时代特点，

---

① 习近平：《决胜全面建成小康社会，夺取新时代中国特色社会主义伟大胜利——在中国共产党第十九次全国代表大会上的报告》，《人民日报》2017年10月28日。

得出和平与发展成为时代主题的新认识。另一方面，吸收以往"革命外交""政治外交"的经验教训，形成了新的外交理念外交战略。其一，以经济建设为中心、埋头苦干，先办好中国自己的事情。邓小平明确指出："我们在国际事务中起的作用的大小，要看我们自己经济建设成就的大小。"[①]因而，"我们的对外政策，就本国来说，是要寻求一个和平环境来实现四个现代化。"[②]其二，坚持独立自主的和平外交政策、不以社会制度和意识形态的异同划线和界定国家关系的远近疏亲，对国际问题要"冷静观察、稳住阵脚、沉着应付、韬光养晦、善于守拙、决不当头、有所作为"，这著名的二十八字方针核心是"韬光养晦，有所作为"。沿着邓小平奠定的外交理念和战略，以江泽民为核心的中央领导集体直面苏联解体后国际格局的巨变，提出多样性是世界存在的本质特征，主张各国"尊重世界的多样性"，在求同存异中共同发展。进入21世纪后，以胡锦涛为总书记的中央领导集体提出了以"坚持和平发展道路"和"建设和谐世界"为核心的新思想新理念。很清楚，在邓小平身后，无论是江泽民还是胡锦涛，"韬光养晦，有所作为"的外交理念始终得到贯彻，总体上是一种守势为主的外交。

随着中国特色社会主义成就的持续铸就，中国的国际地位悄然变化。十八大以后，一方面是世界尤其是发展中国家对中国奇迹愈来愈浓厚的兴趣；另一方面是中国外交理念和战略的调整，中国特色的大国外交呈现具有实质意义的变化。在西方发达国家时常泛起的"中国崩溃论"已经没有市场，无论是对中国发展的欣赏，还是出于复杂心态的低评甚至干扰、围堵，一个不争的事实是中国正在迅速崛起。对于发展中国家而言，中国经验中国道路更具意义。来自非洲、拉美的政府考察团在学习在研究中国改革开放、发展经济、治国理政的经验。中国的专家学者

---

① 邓小平：《目前的形势和任务》（1980年1月16日），《邓小平文选》第2卷，第240页。
② 邓小平：《目前的形势和任务》（1980年1月16日），《邓小平文选》第2卷，第241页。

和官员也经常走出国门介绍中国经验。十九大期间，外国媒体对会议议题的广泛和持续关注；十九大闭幕后，十九大精神宣介团奔赴世界各地所引起的反响，都是鲜活的例证。

中国日益走近世界舞台中央已经是不争的事实。中共十八大以来的五年间，"中国特色大国外交"最亮丽的两道风景线——"领袖外交""主场外交"硕果累累、影响巨大。作为中国共产党和中国政府最高领导人的习近平个人出访，已经超过30次逾60个国家，参加双边或多边的国际会议近百场；中国举办了近30场重要的国际峰会，有数百人次的外国国家元首、政府首脑、议会领袖、政党领袖来中国访问。中国的"一带一路"倡议更获得国际社会的广泛响应。在这些国际交往的背后，中国提出构建人类命运共同体的价值理念，中国的国际话语权在迅速增强，在诸多领域引领着国际治理体系变革，中国作为一个负责任大国的形象日趋彰显。所有这一切都是中国所不曾有的，也是从国际视野看中国特色社会主义进入新时代的重要依凭。

与中国日益走近世界舞台中央相伴，党的十八大以来，中国共产党看待中国特色社会主义的视野也发生了具有重要意义的变化，那就是由中国本位到全球视野的变化。

2013年1月5日，习近平总书记提出了社会主义五百年的概念，强调要通过学习了解社会主义发展史，更加坚定理想信念、坚定中国特色社会主义信心。这个讲话标志着中国共产党看中国特色社会主义视野和高度的重要变化。无论是理论界还是领导人，以往谈社会主义一般是讲几十年或者不到一百年的历史，而讲社会主义五百年，那就不仅包括了社会主义实践史，而且包括了社会主义理论史；不仅包括科学社会主义，而且包括了空想社会主义。视野空前宏阔，历史空前延长。这样的视野、这样的历史叙述，就是要说明社会主义是人类文明大道、是人类主流文明，而中国特色社会主义就源于这悠久的历史。这一点，到2016年习近平总书记"七一"讲话就更清楚了，讲话指出，中国特色社会主义"使具有

500年历史的社会主义主张在世界上人口最多的国家成功开辟出具有高度现实性和可行性的正确道路，让科学社会主义在21世纪焕发出新的蓬勃生机"①，历史没有也不可能被终结。在这里，观点更为鲜明也更具针对性。从人类历史的漫漫长河看，人类探索理想社会制度的脚步也不会因此停歇，而中国特色社会主义便是源于这一世界性的对人类美好制度的探索。

2017年7月6日，习近平总书记在中央党校的讲话进一步指出，中国特色社会主义不断取得的重大成就，意味着社会主义在中国焕发出强大生机活力并不断开辟发展新境界，意味着中国特色社会主义拓展了发展中国家走向现代化的途径，为解决人类问题贡献了中国智慧、提供了中国方案。十九大报告重申了这一思想。改革开放40年中国创造的发展奇迹，令世界对中国特色社会主义刮目相看。二战后一度风起云涌、20世纪90年代初则跌入谷底的社会主义运动因为中国而呈现新的生机，从而给世界特别是发展中国家以新的希望。中国特色社会主义对于世界的贡献就在于为世界各民族走向富裕发达的样板库里增添了中国样板、中国道路，中国成为振兴社会主义的中流砥柱。正因为此，十九大报告讲，中国特色社会主义进入新时代，在世界社会主义发展史上、人类社会发展史上也具有重大意义。

四

中国特色社会主义进入新时代完全可以说是改革开放持续推动的结果，没有改革开放新时期就没有中国特色社会主义新时代。从这个意义上讲，改革开放也是决定当代中国命运的关键选择。中国的改革在十八大前后已经进入攻坚期、深水区，全面深化改革，继续全方位对外开放任重而道远。仅就改革本身的进程而言，十八大之前30余年的改革

---

① 习近平：《在庆祝中国共产党成立95周年大会上的讲话》，《人民日报》2016年7月2日。

和十八大之后的全面深化改革，无论从动力、指导思想还是实际样态而言，都发生了重大变化，从而也标示着时代的不同。

就改革的动力而言，改变贫穷，实现富裕，是邓小平启动改革开放的原初动力，这一动力延续了30年。而十八大以后不断提升国家治理体系与治理能力的现代化，实现经济与社会的协调发展、人与自然的和谐共生，成为全面深化改革的新动力。一言以蔽之，富起来与强起来是十八大前后之改革动力的显著不同。

就改革的指导思想而言，解放思想、与时俱进是十八大之前改革的最强音。"摸着石头过河"，大胆闯、大胆试，不争论，"不管黑猫黄猫，捉住老鼠就是好猫"等，成为邓小平启动改革开放的号角。"文化大革命"结束后，邓小平面对的党情国情是思想僵化，是对传统社会主义模式的固守，因此邓小平高倡解放思想。中国的改革事业没有现成经验可以借鉴，所以需要大胆实验、试错。虽然，改革的指导思想在逐渐变化，但是明确化并成为日益遵循的方针无疑是在十八大以后。党的十八届三中全会讨论通过的关于全面深化改革的决议，明确提出改革需要顶层设计，要充分考虑改革的系统性、整体性、协调性。这一思想习近平总书记后来在不同场合均加以重申。原因很清楚，中国改革走过30多年后，已经形成了经济、政治、文教、科技、社会、生态等各方面改革共存共构的复杂体系，牵一发而动全身。更重要的是中国已经成为世界第二大经济体，不再是改革开放之初"坛坛罐罐打烂无碍大局"的情势了，中国改革不能犯颠覆性错误。虽然，在具体问题上依然可以"摸着石头过河"，但是从改革全局而言，指导思想变了。它并不意味着对之前指导思想的否定，而是与时俱进的调整。时代不同，没有一劳永逸的答案，此中道理无须赘言。

就改革的实际样态而言，十八大前后亦发生了显著变化。2014年2月7日，习近平总书记曾在索契接受俄罗斯电视台专访，其中谈道：中国改革经过30多年，已进入深水区，可以说，容易的、皆大欢喜的改革已经完成了，好吃的肉都吃掉了，剩下的都是难啃的硬骨头。这就要求我们胆子要大、步子要稳。胆子要大，就是改革再难也要向前推进，敢于担当，敢于啃硬骨头，敢于涉险滩。步子要稳，就是方向一定要准，行驶一定要稳，尤其是不能犯颠覆性错误。①习近平总书记的这一番话其实也形象而深刻地揭示了中国改革在十八大前后的变化。简政放权是政府的自我革命，国有企业改革涉及复杂的经济与政治纠结，教育与医疗领域的改革、生态领域的管理治理改革等，触碰的都是实实在在的且是在以往改革进程中形成的日益固化的利益或利益集团，于是，攻坚克难成为全面深化改革的实态。改革已经发生悄悄的确是具有实质意义的变化。十八大之后，共有1500多项改革举措出台，改革全面发力、多点突破、纵深推进，重要领域和关键环节改革取得突破性进展，主要领域改革主体框架基本确立，一个改革的新时代降临了。

中国改革事业是和开放联系在一起的。从开放这一角度看，十八大前后亦发生了显著变化。开放主要表现为"引进来"、开放倒逼改革，是前30年改革的重要特征。"文化大革命"结束后，国门逐渐打开。首先是经济领域，接着是借鉴发达国家的一些做法和经验进行科技、教育等领域的改革，即使在政治领域，民主法治方面的一些改革尤其是政府职能转变等，也不乏开放的倒逼作用和借鉴发达国家的具体做法。进入21世纪后，随着中国正式加入WTO，中国在继续"引进来"的同时步伐越来越大越来越快地"走出去"。十八大之后有了明显变化，"一带一路"等倡议带来了中国开放的新理念新思想新顶层设计，也带来了中国开放的新特征新面貌，一方面"引进来"继续向纵深拓展，这主要表现在放宽市场准入，尤其金融业、服务业等领域的扩大开放；另一方面，"走出去"——全方位走向全球、走向高端成为最亮丽的风景线，中国标准中国规则的主导性、国际化期待正在变为现实，尤其在贸易保护主义抬头

①　《习近平接受俄罗斯电视台专访》，《人民日报》2014年2月9日。

的背景下,中国开放对于构建开放型世界经济的作用弥足珍贵。

　　纵观改革开放40年的历程,可谓波澜壮阔、绚丽多彩。记录这一华彩乐章,展示其伟大进程,是历史学者的责任。出于此,我们组织撰写了这套"中国改革开放40年"丛书,力图全方位展示改革开放在经济、政治、文化、社会、生态、外交和党的建设等领域的次第展开及其带来的巨大变化和成就。依据这一设想,本套丛书共分为经济、政治、文化、社会、生态、外交和党建,共七卷。虽然,本套丛书作者均为中共党史和中华人民共和国史研究领域的专业人士,有的还是颇有成就和影响的专家,但由于成书时间要求紧,题材重大,把握难度大,加之水平所限,难免疏漏甚至错误,敬请读者批评指正。

记于中国人民大学人文楼

2018年3月29日

目录

导言　中国共产党与中国经济改革和发展

　　2017年10月召开的党的十九大，作出中国特色社会主义进入新时代、我国社会主要矛盾已经转化为人民日益增长的美好生活需要和不平衡不充分的发展之间的矛盾的历史性判断，提出决胜全面建成小康社会、开启全面建设社会主义现代化国家新征程的新目标，对中国经济和社会发展的成就作了集中概括，为未来指明了方向。

　　发展首先是生产力的发展，是经济的发展；全面现代化首先是生产关系的现代化，是经济体制和经济体系的现代化。党的十九大的新思想、新起点、新判断、新目标、新征程，无不昭示着中国经济进入了一个新阶段、新境界。

　　中华民族在古代辉煌的经济发展成就，在近代积贫积弱的苦难命运，以及在现当代经历过的经济发展曲折历程都深刻揭示了一个道理：只有社会主义才能救中国，只有改革开放才能发展中国、发展社会主义、发展马克思主义。

　　改革开放是决定当代中国命运的关键抉择，是中国共产党把握时代发展大势和广大人民意愿、开创和领导的前无古人的伟大事业。作为改革开放这一伟大实践的领导者，中国共产党积累了十分宝贵的历史经验。这将成为把改革开放伟大事业继续推向前进的精神财富。

中国共产党领导中国经济改革和发展的伟大成就

在中国近现代历史上，辛亥革命结束了数千年的封建帝制，为近代中国发展进步打开了大门；中国共产党领导的新民主主义革命推翻了帝国主义、封建主义、官僚资本主义"三座大山"，建立了新中国，确立了社会主义基本制度，为当代中国一切发展进步奠定了根本政治前提和制度基础；1978年党的十一届三中全会，开启了改革开放和社会主义现代化建设的历史征程，使中国的面貌发生了历史性、根本性、革命性变化，并对世界格局变革和调整，乃至对人类发展进程产生着深远影响。

改革开放是中国共产党在新的历史条件下带领人民进行的新的伟大革命。这其中，经济领域的改革是改革开放的基础内容和重要组成部分。在40年的时间里，中国经济领域的改革和发展取得了举世瞩目的伟大成就。

第一，中国成功实现了从高度集中的计划经济体制向充满活力的社会主义市场经济体制的伟大历史转变，市场经济的地位和观念在中国已经牢固树立。中华人民共和国成立后，国家实行高度集中的计划经济。改革开放打破了这种僵化的经济体系，通过破除旧的经济运行机制，建立和持续不断地完善新的社会主义市场经济体制，既在深刻而广泛的变革中坚持社会主义制度，又创造性地在社会主义条件下发展市场经济。经历计划经济为主、市场调节为辅，社会主义有计划商品经济，计划经济与市场调节相结合，社会主义市场经济体制等阶段，不断形成和发展符合中国国情又充满生机活力的体制机制，形成在国家宏观调控下市场对资源配置发挥基础性作用的经济管理制度。这使经济活动遵循市场经济规律，提高了全社会资源配置的效率，解放和发展了社会生产力，保持了经济社会发展的强大动力和活力，全体中国人民大踏步赶上了时代潮流。到目前为止，全球已经有近150个国家承认中国的市场经济地位。

　　第二，中国成功实现了从封闭半封闭经济向全方位开放型经济的伟大历史转变，中国成为世界经济的重要组成部分。改革开放以来，中国始终坚持对外开放的基本国策，从建立经济特区到开放沿海、沿江、沿边和内陆地区，加入世界贸易组织，中国毅然决然打开了对外开放的大门，成为世界上开放程度最高的国家之一。中国发展离不开世界，世界发展也离不开中国，中国已经成为世界市场和世界经济的重要组成部分。中国利用国际国内两个市场、两种资源，打开国门搞建设，国际竞争力不断增强。目前，中国已经成为世界第一大出口国、第二大进口国，也是世界第一大外汇储备国、第二大外资吸引国和重要的资本输出国。2016年，中国外贸进出口总额比1978年增长了201倍，外汇储备1978年仅有1.67亿美元，目前已突破4万亿美元。中国累计建立了163个双边经贸合作机制，签订了129个双边投资协定，签署了10个自由贸易协定。尤其是2008年国际金融危机爆发后，在国际市场需求萎缩的情况下，中国很快推出应对国际金融危机冲击的一揽子计划，迅速扭转经济下滑趋势，率先实现经济回升向好。中国经济对世界经济增长贡献率超过30%，成为近几年拉动世界经济增长的第一动力。

　　第三，中国成功实现了从经济弱国向经济大国的伟大历史转变，经济实力和综合国力显著增强，彻底改变了19世纪中叶鸦片战争以来积贫积弱的局面。在改革开放长达40年的时间里，中国国民经济保持了高速增长，创造了世界经济史上的奇迹，开创了现代化建设的新局面。从1978年到2016年，国内生产总值由3645亿元增长到80万亿元，经济总量稳居世界第二位，增长了300多倍，年均增长达10%以上，是同期全球经济年均增长率的3倍多；吸收外资达1390亿美元，持有美国国债1.06万亿美元。人均国民收入8260美元，跨入中等收入国家行列。财政收入从1978年的1000亿元，增长到2016年的15.95万亿元，中国共产党对市场经济运行的驾驭能力、国家对经济发展的宏观调控能力显著增强。中国建立了门类齐全、具有较高国际竞争力的现代工业体系，成为世界加工制

造基地,制造业产值跃居世界第一位。在制造业行业分类的30多个大类中,已有半数以上行业生产规模居世界第一位,220种工业品产量居世界第一位。农业连年增产,用占世界7%的耕地解决了世界五分之一人口的吃饭问题。载人航天、大型计算机、高速铁路、装备制造、通信设备等领域的科技创新能力已达到世界领先水平,向创新型国家大步迈进。中国还用较短时间突破基础设施瓶颈,建设了三峡工程、南水北调、西气东输、青藏铁路等重大工程;铁路、公路、机场、港口等长足发展。目前,中国沿海港口吞吐能力、高速铁路通车里程已居世界第一位,高速公路和铁路通车里程居世界第二位。

这些伟大成就无可辩驳地证明,改革开放的历史决策是正确的,走自己的路、建设中国特色社会主义的历史决策是正确的。中国共产党的面貌、中国的面貌、中国人民的面貌,已经发生前所未有的变化,中华民族正以崭新姿态屹立于世界的东方。

中国共产党领导中国经济改革和发展的历史逻辑

40年经济改革和发展的伟大实践证明,中国共产党在引领当代中国发展进步中始终走在时代前列,是实现中华民族伟大复兴的历史担当者和卓越领导者。

第一,中国共产党坚持把发展作为党执政兴国的第一要务,作为解决当代中国所有问题的关键,不断解放和发展生产力。党和国家紧紧扭住经济建设这个中心,打破生产关系和上层建筑中一切阻碍生产力发展的体制和弊端,不断解放和发展生产力,赋予社会主义新的生机活力。中国共产党始终把先进生产力的释放,作为最活跃最革命的因素,作为社会发展的最终决定性力量,作为社会主义初级阶段最根本的任务,作为推动改革开放这场伟大革命的关键。坚持发展是硬道理,把发展作为党执政兴国的第一要务,切实转变经济发展方式,不断开拓发展思路,丰富发展内涵。

　　第二，中国共产党坚持尊重人民群众的历史主体地位，提出和落实以人民为中心的发展思想提升人民生活水平。在经济改革和发展过程中，中国共产党坚持一切为了群众、一切依靠群众，尊重和发挥人民群众的首创精神，放手让一切劳动、知识、技术、管理和资本的活力竞相迸发，让一切创造社会财富的源泉充分涌流。国家贯彻"尊重劳动、尊重知识、尊重人才、尊重创造"的方针，激发出人民群众中蕴藏已久的创业、创新、创造的主动性和热情，释放出排山倒海般的巨大力量，形成全民族共同推动改革发展的强大合力。同时，中国共产党始终不放弃共同富裕的思想导向，保证人民群众共享经济改革和发展的成果。正如习近平所指出的："人民对美好生活的向往，就是我们的奋斗目标"，"坚持以人民为中心的发展思想，把增进人民福祉、促进人的全面发展、朝着共同富裕方向稳步前进作为经济发展的出发点和落脚点。这一点，我们任何时候都不能忘记，部署经济工作、制定经济政策、推动经济发展都要牢牢坚持这个根本立场"。党的十八大以来，党和国家注重统筹民生改善与经济发展，着力补齐民生领域短板，特别是大力推动精准扶贫、精准脱贫，全面打响脱贫攻坚战等举措，使人民群众从经济发展中有了更多的获得感、幸福感。这是对历史最好的注脚。

　　第三，中国共产党努力使党的经济思想适应不断变化的发展实际，正确判断国际国内形势，抓住重大历史机遇加快发展。改革开放是中国共产党人认识世界、改造世界的伟大创举。在改革开放初期，中国共产党作出我国处于并将长期处于社会主义初级阶段的基本判断，提出当前的主要任务是解决人民群众日益增长的物质文化需要同落后生产力之间的矛盾，提出以"三个有利于"作为判断改革开放成败得失的标准。世纪之交，面对国内外形势的深刻变化，中国共产党又提出必须紧紧抓住21世纪头20年这个可以大有作为的重要战略机遇期，一定要集中力量加快发展，全面建设更高水平的小康社会。在新世纪新阶段，中国共产党又针对我国经济社会发展中的深层次矛盾和问题，提出必须坚持以人为

本、全面协调可持续的科学发展方针，确保经济发展始终沿着正确的方向前进。党的十八大以来，中国共产党又在以习近平同志为核心的党中央坚强领导下，作出经济发展进入新常态的重大判断，提出主动适应和引领经济发展新常态，使市场在资源配置中起决定性作用和更好发挥政府作用，取得经济发展的新辉煌，为实现"两个一百年"奋斗目标和中华民族伟大复兴中国梦打下坚实基础。

第四，中国共产党在领导经济改革和发展的实践过程中，形成了自身独特的领导经济工作的思想认识。如果对此作一逻辑化梳理和类型化分析，可以归纳为三对范畴，从中可以看出中国共产党领导经济改革和发展的历史逻辑。

其一是关于政府与市场。从历史的脉络看，中国经济改革始终是围绕如何处理好政府和市场关系展开的。囿于计划经济是社会主义经济制度一个本质特征的传统认识，中国的经济体制改革起始于对计划经济体制的调整和修补，诸如下放中央的经济管理权、扩大企业自主权等。然而，单纯的分权放活改革，并不足以消除现实生产关系中阻碍社会生产力发展和扭曲资源配置的各个环节。此后，党的十二大提出"计划经济为主、市场调节为辅"的改革方向；党的十二届三中全会通过《关于经济体制改革的决定》，提出社会主义经济"是在公有制基础上的有计划的商品经济"；党的十三大进一步提出建立"计划与市场内在统一的体制"和"国家调节市场，市场引导企业"的机制。经过多年的改革和发展实践，也经过几番理论争论，1992年初，邓小平在南方谈话中明确提出，"计划多一点还是市场多一点，不是社会主义与资本主义的本质区别。计划经济不等于社会主义，资本主义也有计划；市场经济不等于资本主义，社会主义也有市场。计划和市场都是经济手段。"这就解除了人们思想上的一个禁锢。在此基础上，党的十四大明确"我国经济体制改革的目标是建立社会主义市场经济体制"，党的十四届三中全会通过《关于建立社会主义市场经济体制若干问题的决定》，构建起建立社会主义市场经济体制的政策体系，实现了对传统计划经济思想的根本突破。

此后经过20多年实践，中国社会主义市场经济体制初步建立起来。但是这一体制并不完善，不仅生产要素市场发展滞后，即使是产品市场也因某些行政垄断而存在不公平竞争。有鉴于此，党的十四大之后党的历届全国代表大会都对市场作用作出逐步升级的强调：党的十五大提出"使市场在国家宏观调控下对资源配置起基础性作用"；党的十六大提出"在更大程度上发挥市场在资源配置中的基础性作用"；党的十七大提出"从制度上更好发挥市场在资源配置中的基础性作用"；党的十八大提出"更大程度更广范围发挥市场在资源配置中的基础性作用"。正是在上述有关市场和政府关系的认识不断深化的基础上，党的十八届三中全会把市场在资源配置中的"基础性作用"修改为"决定性作用"。虽然只有两字之差，却反映了新一届党中央对市场经济的认识产生了一个质的飞跃。

中国共产党对于政府在经济发展中作用的认识和实践，走过了一段曲折历程。在计划经济体制下，政府对经济发展的作用得到超越正常范畴的发挥。在20余年时间里，计划经济体制取得了巨大成就，奠定了中国工业化的坚实基础，但也造成了资源配置的长期严重不合理。正因为此，中国在改革伊始就将着力点放在限制政府对经济的管理权上。随着经济体制改革的深入推进，政府对经济发展的作用逐步退缩和弱化。这种退缩和弱化超过一定限度之后，对国民经济同样带来了损害。典型的是20世纪80年代中后期，以价格"闯关"为代表的向市场盲目放手的改革举措，引发了严重的通货膨胀和经济秩序混乱。此后，随着社会主义市场经济体制目标的确立，政府对于经济发展的作用再次被重视起来。这种重视在20世纪90年代中后期和本世纪初的几次经济波动中起到了极为重要的作用。在这一过程中，政府的经济控制力走过了一幅"高→削弱→进一步削弱→依靠现代经济手段重新增强"的路线图。

政府与市场是改革开放以来中国共产党经济思想中的"鸟之两翼、

车之双轮"。"车之双轮,鸟之两翼,若偏修习,即堕邪倒"。虽然在改革和发展进程中,中国共产党对于发挥市场和政府作用都进行了成功的探索和实践,但远未穷尽这一问题。正如习近平指出的:"使市场在资源配置中起决定性作用、更好发挥政府作用,既是一个重大理论命题,又是一个重大实践命题。科学认识这一命题,准确把握其内涵,对全面深化改革、推动社会主义市场经济健康有序发展具有重大意义。在市场作用和政府作用的问题上,要讲辩证法、两点论,'看不见的手'和'看得见的手'都要用好,努力形成市场作用和政府作用有机统一、相互补充、相互协调、相互促进的格局,推动经济社会持续健康发展。"市场与政府的关系问题一定程度上成为经济发展中的核心命题、永恒命题。要处理好市场和政府二者之间的关系,充分发挥各自的作用,中国共产党在思想和实践上都还有很长的路要走。

其二是关于改革与增长。经济体制改革的目的是实现经济增长,实现增长的路径是改革。改革与增长之间有着相互依存的关系,同时也有着非均衡的张力。在特定的条件下,要想推进转变方式和调整结构,必须要牺牲掉一定的经济增长速度;同时,还有一些改革措施的效果是长期性的、隐性的,对经济增长的效果比较缓慢,需要一定时间段的累积。改革开放启动后的每一次经济调整之后,都会迎来改革良机,但都被增长的需求所掩盖、所抑制;然而增长的真正动力恰恰在于改革。

1984年中国经济体制改革的重点由农村转向城市,形势一度很好。但是,当年第四季度出现了银行信贷、工资奖金两个失控,银行信贷金额比上年同期增长164%,职工奖金比上年同期增长一倍以上。这种势头到1985年第一季度仍未完全刹住。信贷和奖金的失控引起1985年上半年工业生产以不正常的超高速增长,比上年同期增长23%以上。不但能源和原材料因此紧张,流动资金也严重短缺。此前党内领导层设想的利用80年代初经济调整所形成的比较宽松的环境进行价格改革,也因各方面的紧张情况所导致的自发涨价盛行,而不得不搁置,失去了改革良机。

这种情况随着社会主义市场经济体制的建立和经济增长动力的减弱越来越突出。1997年的县级干部群众座谈会还在讨论一些意识形态问题，还在讨论国有企业效益下滑问题，还在思索"中国还能养活自己吗"的问题。到了21世纪，这些已都不是问题。然而，改革与增长的张力仍未消失，某种条件下还会扩大。在2008年国际金融危机的背景下，中国稳定经济增长的举措，不能不说是这种张力的表现。当二者的张力扩大到一定程度时，经济的质量问题也就凸显出来。这也是党的十九大作出社会主要矛盾转化和建设现代化经济体系的重要依据。

基于这样的历史逻辑，中国共产党坚持正确处理改革、发展、稳定的关系，走出了中国独特的、成功的经济改革和发展之路。中国共产党深刻把握改革开放进程中面临的挑战和机遇，注重协调改革力度、发展速度同社会可承受程度的关系，把改善人民生活作为处理这三者关系的重要结合点，采取先易后难、由点到面，从局部到全局、分阶段有步骤循序渐进推进的方法，既避免了一些转型国家出现过的经济严重衰退和社会剧烈震荡，又使改革开放和经济发展取得了世人瞩目的成就。

经济改革和发展的成功，使中国共产党找到了一条在改革与增长中的协调原则，那就是"稳中求进"。2017年12月的中央经济工作会议再次强调，稳中求进工作总基调是治国理政的重要原则，要长期坚持。"稳"和"进"是辩证统一的，要作为一个整体来把握，把握好工作节奏和力度。要统筹各项政策，加强政策协同。同时，这次会议还在总结中国经济改革历史经验的基础上提出，积极的财政政策取向不变，调整优化财政支出结构，确保对重点领域和项目的支持力度，压缩一般性支出，切实加强地方政府债务管理。稳健的货币政策要保持中性，管住货币供给总闸门，保持货币信贷和社会融资规模合理增长，保持人民币汇率在合理均衡水平上的基本稳定，促进多层次资本市场健康发展，更好为实体经济服务，守住不发生系统性金融风险的底线。结构性政策要发挥更大作

用,强化实体经济吸引力和竞争力,优化存量资源配置,强化创新驱动,发挥好消费的基础性作用,促进有效投资特别是民间投资合理增长。社会政策要注重解决突出民生问题,积极主动回应群众关切,加强基本公共服务,加强基本民生保障,及时化解社会矛盾。改革开放要加大力度,在经济体制改革上步子再快一些,以完善产权制度和要素市场化配置为重点,推进基础性关键领域改革取得新的突破。扩大对外开放,大幅放宽市场准入,加快形成全面开放新格局。这是中国共产党关于改革与增长关系的新认识。

其三是关于经济建设与党的建设。在当代中国,经济层面的制度变迁总是依赖于政治层面的制度变迁,政治体制从来不是经济体制的"配角",相反是"主角"。中国的经济史就是这样一部具有"政治经济史"属性的历史,中国共产党的"党建史"深深影响着当代中国的"经济史"。中国的整个改革开放历程,从宏观上体现出鲜明的具有双重维度或曰双重逻辑的历史叙事脉络,即行政层面的政府对经济领导权力的缩减史与政治层面的党对意识形态和社会发展领导权力的扩展史。第一重维度表现为不断深化、不断放权、不断活跃的经济体制改革;第二重维度表现为不断加强、不断改进、不断完善的党的自身建设和党的建设制度改革。改革取得的绩效,一方面是经济体制已经具备现代化的基本元素;另一方面是党也在改革中逐步转型,然二者自身以及二者之间的协调性都还有很大差距,即党的领导体系和国家治理体系现代化尚不足。与党之前在政治领域经常展现出来的负和博弈不同,经济发展所展现的是典型的正和博弈。产权的重要性在改革开放初期是最高的,随着改革的深入,产权的重要性实际上是逐渐下滑的,是边际效用递减的;相反,资源配置方式的重要性才是递增的。这也预示着,随着历史的前进,中国经济改革和发展越来越依赖于政治层面和执政党本身的变革和发展。

中国共产党加强自身建设,全面提高党领导经济工作水平的最新努力，恰恰证明了这一点。中国共产党坚持把党的建设新的伟大工程和党领导的中国特色社会主义伟大事业结合起来。为了保证自己始终站在时代前列，中国共产党结合中国实际不断探索和遵循共产党执政规律、社会主义建设规律、人类社会发展规律，提高领导和驾驭市场经济、开放型经济的能力，使党始终成为领导改革开放和中国特色社会主义事业的坚强领导核心。这在党的十八大以来中国共产党的认识和实践中尤为突出。习近平指出："我们党是执政党，抓好经济工作责无旁贷、义不容辞。""能不能驾驭好世界第二大经济体，能不能保持经济社会持续健康发展，从根本上讲取决于党在经济社会发展中的领导核心作用发挥得好不好。"根据全面从严治党的战略部署，中国共产党要求"党领导经济工作的观念、体制、方式方法也要与时俱进"，"要摆脱旧的路径依赖，掌握认识发展趋势和准确分析经济形势、营造良好市场环境"等新本领，要"更加注重按'三严三实'要求做好经济工作，精准分析和深入判断经济发展趋向、基本特征和各方面影响，提高政策质量和可操作性，扎扎实实把事情办好"。特别是在新常态条件下，经济发展需要从传统增长动能转向新的增长动能，各级领导干部推动经济增长的动力受到了阻滞和挑战，为官不为、不敢为、不会为的现象在很多领域滋生蔓延。为此，中国共产党通过全面从严治党，使党员干部进一步认清为政之道和成事之要，打造出新的干部激励机制和容错、纠错的保护机制，推动形成担事、干事、成事的完整制度闭环。同时，通过强有力的党风廉政建设和反腐败斗争，以风清气正的政治环境为经济发展保驾护航。

这些既是中国共产党在领导经济改革和发展的历程中积累的弥足珍贵的历史经验，也是对于整个国家影响深远的精神财富。历史将继续证明，中国共产党是推动中国经济改革和发展、实现国家经济腾飞的坚强核心。

中国共产党领导中国经济改革和发展的新起点

中国共产党领导中国经济改革和发展正站在一个新的历史起点上，面临着难得的历史机遇和全新的风险挑战，历史和时代赋予中国共产党的使命更加庄严。

40年波澜壮阔的改革发展，中国经历和战胜了前所未有的挑战，进入了中国特色社会主义新时代，社会主要矛盾也发生转化，面临着新目标，开启了新征程。从现在到本世纪中叶，中国仍将长期处于工业化、信息化、城镇化、市场化、国际化深入发展的阶段，仍具有发展的巨大潜力和优势，这是中国经济的基本盘。同时，中国经济的改革与发展也面临着两个转化。

首先是从"做大蛋糕"、物质追求到"分好蛋糕"、全面发展的转化。在社会生产力总体水平低下的时代，社会发展首先要保证的是人们能够获得基本的物质财富。因此关键是快速发展生产力，做大经济蛋糕。而当经济总量达到一定程度时，如何提升经济的质量、如何公平地分配蛋糕，就成为主要问题。同时，物质文明是精神文明、政治文明、社会文明和生态文明的基础。当社会物质文明达到一定高度后，人们对包括精神文明、政治文明、社会文明和生态文明在内的全面发展的追求，成为更高层次的需求。经过改革开放，中国社会生产力水平得到了极大提高，GDP总量位居世界第二，总体物质财富比较丰富，贫困人口下降到极少数。物质层面的供求不平衡矛盾已经解决，取而代之的是人民群众内部需求满足程度的矛盾。所有人都有追求美好生活的权利，但由于发展起点不相同、发展速度不相等、发展程度不均衡，人民群众对美好生活的很多需求尚且没有得到满足或者没有得到充分满足。这意味着中国共产党下一步奋斗的着眼点，就是在继续保持社会生产力发展进步的同时，让更多人对美好生活和全面发展的需求得到更大程度的满足。

其次是从改革旧体制、建立新体制到在新体制下实现不断完善和发展的转化。改革是新时期中国共产党历史最鲜活的特点。中国共产党坚持对社会主义制度进行自我完善和发展，不断突破旧体制下的规则体系和利益结构，接纳和建立新的体制机制，逐步实现对计划体制的革命性改变，赋予社会主义新的生机活力，引领中国的发展进步。自20世纪70年代末以来，从农村到城市、从经济领域到其他各个领域，改革大破大立，开放由浅入深。经过多年努力，以社会主义市场经济体制为代表的各项新体制新机制在中国已经牢固确立，中国特色社会主义制度已经基本成型，中国特色社会主义发展道路已经成功开辟。中国共产党和中国人民在"摸着石头过河"中到达成功的彼岸。这意味着中国共产党下一步领导改革的重心，是在中国特色社会主义制度和新体制下，根据生产力的发展进步，对生产关系和生产方式、组织方式、生活方式进行全面改革和不断完善，将改革和开放内化为实现全面发展的必要手段。这其中更多的是进行以存量为主的改革，进行全面、平衡而不是优先某一两个领域的改革，着力解决以前改革和发展中出现的新矛盾新问题，更加突出"以人民为中心"的思想，既让改革措施满足人民所想，也让改革成果为人民所分享。

改革与发展的成功只能说明过去，面对未来中国共产党和国家需要付出的努力将更为艰辛。实践永无止境，改革创新也永无止境。随着历史的发展，党和国家肯定要在新的更高起点上推进和深化改革，把改革作为加快转变经济发展方式的强大动力，作为解决当前中国经济社会发展中一系列深层次矛盾和问题的有力武器。在改革开放40周年之际，我们有充分的理由相信，中国共产党必将以更大的决心和勇气全面推进改革，中国经济改革发展的前景必将无比光明。

第一章

经济改革的开启

（1978~1984）

党的十一届三中全会重新确立马克思主义的思想路线、政治路线和组织路线，作出把党和国家工作重点转移到社会主义现代化建设上来、实行改革开放的历史性决策，实现了中华人民共和国成立以来党的历史上具有深远意义的伟大转折，开启了中国社会主义事业发展新时期。在以邓小平为核心的第二代中央领导集体领导下，在党的解放思想、实事求是思想路线指引下，经济领域拨乱反正全面展开，经济体制改革和对外开放的大幕渐次拉开，经济发展出现崭新局面。党的十一届三中全会作出的改革开放重大决策成为决定当代中国命运的关键抉择。1979年到1984年是经济体制改革的起步阶段，初期的改革主要体现在理论的争鸣、思想的转变和实践中的探索上。为了经济的发展、生活的改善，改革从农村起步，逐步向城市转移。

一、伟大历史转折

　　1978年12月召开的党的十一届三中全会，是中华人民共和国成立以来中国共产党历史上具有深远意义的伟大转折。这次全会的召开，标志着改革开放和社会主义现代化建设新时期的开启。从这时起，中国共产党人和中国人民踏上建设中国特色社会主义新的伟大征程，以一往无前的进取精神和波澜壮阔的创新实践,谱写了中华民族自强不息、顽强奋进的新的壮丽史诗。

改革开放前的中国经济

中国经济自近代以来,因为底子薄、基础弱,加上长期饱受战争和自然灾害影响,一直处于贫困落后状态。中华人民共和国成立之时,国家不但要面对一个"一穷二白"的经济底子,而且还面临连年战争所导致的物价飞涨、恶性通货膨胀和严重的财政困难局面。在这种"负数阈值"的经济基础上,中国共产党领导全国人民,经过三年时间,迅速恢复国民经济,极大解放生产力,使中国经济走出残破混乱的状态。随后,党和国家实施第一个五年计划,对农业、手工业和资本主义工商业实施社会主义改造,在1956年底建立起社会主义基本经济制度,同时建立起高度集中的计划经济体制,确保政府拥有了完整的资源配置和动员能力。此后,党和国家在探索适合中国国情的社会主义建设道路问题上遭遇曲折,在阶级斗争和建设规模速度两大问题上一再发生严重失误,社会主义道路探索过程中出现歧途和曲折。这就使得我们没有取得本来应该取得的更大成就。特别是长达十年的"文化大革命",严重打扰了国内的政治、经济秩序,降低了整个国民经济发展水平。

改革开放前,全民所有制和集体所有制占到经济部门的90%以上,除公私合营企业的原私营企业主拿定息、居民储蓄存款有很少利息外,工矿企业一律按八级工资制拿工资,农村则根据出工情况拿工分,收入差距不大,"铁饭碗""大锅饭"现象普遍存在。经济增长在决策失误和政治动乱中大起大落,波动之剧烈在世界经济史上罕见。主要的波动周期有1956—1958年、1958—1966年、1966—1970年、1970—1973年、1973—1975年、1975—1978年6个。22年中6个周期,平均每个周期3.7年。其中,有3个属于经济增长绝对下降的古典周期,即1958—1966年周期、1966—1970年周期、1975—1978年周期。中华人民共和国成立以后

经济增长最高的年份、最低的年份、负增长的年份，都出现在这个时期。1960、1961、1962、1967、1968、1976年6个年份均属负增长。各个周期的波幅很大，分别达到17.5%、46.7%、30.5%、5.4%、7.2%、14.4%。各周期内平均增长率，即波位分别是13.25%、3.975%、7.225%、6.1%、4.7%、5.6%，各个周期的波位相差较大。这从侧面反映了经济波动的剧烈。[1]

由于片面追求总产值的增长速度，实行粗放式扩大再生产，忽略了对经济效率和经济效益的追求，导致这一时期的经济增长质量很差。这首先表现为经济增长的效率低下。1952—1978年，全要素生产率年均增长为—0.32%，对总产出增长贡献的份额为—5.3%。[2]1958—1965年、1966—1977年，全要素生产率对国民收入增长的贡献分别为—130.15%、7.15%。1978年以前，全要素生产率对国民收入增长的贡献仅为0.16%。而1953—1957年全要素生产率对经济增长的贡献为8.7%。[3]

分产业部门来看，工业方面按净产值计算的全员劳动生产率，1957—1978年平均增长3.4%。其中独立核算全民所有制工业企业全员劳动生产率年均仅增长2.6%。1966—1978年间，工业劳动生产率年均仅增长1.5%。农业方面，由于人口的膨胀、土地资源的紧缺和以粮为纲的农业政策，农业劳动边际生产率逐年递减。按净产值计算的农业劳动生产率，1978年仅为1957年的94.8%，年均每年下降0.2%。由于增长效率低，到1978年，全社会每个就业人口所生产的国民生产总值为632美元，仅为世界平均水平的10%，发展中国家平均水平的34%。

这个阶段经济增长质量差还表现为经济效益低下。每100元积累增加的国民收入，1957—1978年为19元。几个五年计划时期的实际情况是："一五"时期（1953—1957年）为32元，"二五"时期（1958—

---

① 数据出自国家统计局国民经济综合统计司编：《新中国六十年统计资料汇编》，中国统计出版社2010年版，第9、11、12页。

② 郭庆、胡鞍钢：《中国工业经济问题初探》，中国科学技术出版社1991年版，第30页。

③ 张军扩：《七五期间经济效益的综合分析》，《经济研究》1991年第4期。

1962年）只有0.9元，"三五"时期（1966—1970年）为22.4元，"四五"时期（1971—1975年）为15.8元。平均每增加100元的国民收入所需积累额，"一五"时期为312元，1957—1978年则为526元。[①]从能源、原材料的利用效益看，资金使用效果也不大相同。如每吨标准煤所生产的国民收入，"一五"时期为1086元，"二五"、1963—1965年、"三五""四五""五五""六五"各个时期分别为504元、695元、737元、579元、547元、767元，远远低于1957年以前的时期。[②]由于政治动荡对经济建设的冲击，这一时期的固定资产形成率、交付使用率、投资回收期受到很大影响。大量的产品积压，不少产品质量低劣。1957—1978年，中国经济增长速度约为6.1%（以1956年为基期，则为6.36%。按国民收入计算为5.57%)[③]，增速虽然不低，但若将增长速度与增长质量结合起来看，这22年中国经济基本上处于徘徊、停滞状态。

经济发展质量不好直接导致人民生活水平不高。由于从1953年起长期实行重工业优先发展战略，为了给重工业建设筹集资金，国家实行以牺牲当前消费为手段的高积累政策。再加上"大跃进"和"文化大革命"的破坏，人民生活提高缓慢。1957—1978年22年间，全民所有制单位职工名义工资由637元增加到644元，仅增加7元。就实际工资而言，1978年仅为1957年的85.2%，22年间减少了14.8%。若就实际消费量而言，全国平均每人每年消费的主要消费品，1978年与1957年相比，除猪肉与食糖略有增加外，粮食由203.06公斤降到195.46公斤，食用植物油由2.42公斤降到1.60公斤，牛羊肉由1.11公斤降到0.75公斤，家禽由0.50公斤降到0.44公斤，水产品由4.34公斤降到3.42公斤。总体而言，农民家庭平均每年纯收入由72.95元增加到133.57元，年均仅增加2.9%；而城镇居民的消费水

---

① 郭庆、胡鞍钢：《中国工业经济问题初探》，中国科学技术出版社1991年版，第31—32页。
② 张军扩：《七五期间经济效益的综合分析》，《经济研究》1991年第4期。
③ 张军扩：《七五期间经济效益的综合分析》，《经济研究》1991年第4期。

平共提高47.5%，平均每年仅增长1.8%。居住水平也在下降。1978年城镇居民的人均居住面积仅为3.6平方米，低于1952年的4.5平方米。农村居民平均每人使用房屋面积，1978年为10.17平方米，比1957年少1.13平方米。在生活服务条件上，每万人拥有的零售商业、饮食、服务网点及其从业人员，1957年分别为41.81个、117.17人，到1978年则减少到13.04个、63.14人。①这给居民生活带来极大的不便。从总体上说，1957—1978年，居民物质文化生活水平处于徘徊、停滞状态。经济增长给社会带来的福利水平很低。

中国经济与世界的差距也在日益拉大。20世纪六七十年代正是许多国家经济起飞或持续发展的黄金时期。中国大陆的四周出现了经济迅猛发展的亚洲四小龙。而作为东亚地区最有发展潜力的中国，却因内乱的影响丧失了宝贵的历史机遇。正如邓小平所说："中国六十年代初期同世界上有差距，但不太大。六十年代末期到七十年代这十一二年，我们同世界的差距拉得太大了"；中国"五十年代在技术方面与日本差距也不是那么大"，"而日本却在这个期间变成了经济大国"。与其他一些国家相比，在世界经济、科技蓬勃发展的时候，中国的发展却遭受巨大挫折。

经过了长达十年的磨难之后，中国民众都期盼着新的生活快些到来。改变束缚经济社会发展的旧思想、旧体制，就变得势在必行且迫在眉睫。但是，很快出台的"两个凡是"，再次让人们陷入困惑："凡是毛主席作出的决策，我们都坚决拥护；凡是毛主席的指示，我们都始终不渝地遵循。""两个凡是"的错误思想严重妨碍了在思想上和经济上进行的拨乱反正工作。同时，面对经济被严重破坏的现状，中共中央希望能尽快恢复经济，全国人民也希望尽快改善生活，弥补十年动乱的损失。于是，急于求成的冒进思想再次出现，出现了"洋跃进"的风潮。由于盲

---

① 国家统计局国民经济综合统计司编：《新中国六十年统计资料汇编》，中国统计出版社2010年版，第8、12、14、23、28、48页。

目扩大基本建设规模，大量投入开发新项目，远远超出了国家的实际承受能力，这轮"洋跃进"使得国民经济的恢复和发展遭遇寒流，给激进的冒进主义者泼了一头冷水。问题的实质还在于"左"倾思想并未得到彻底清除。坚持"左"的错误思想的指导，脱离现实，违背经济规律，必然遭遇失败。因而，要走出困境，获得发展，必须解放思想。

邓小平、陈云等党内老一辈领导人坚决反对"两个凡是"，认为毛泽东是人，不是神，中国要前进，必须突破思想框框，用更有弹性的思想政策，更加积极地提高经济活力。1977年秋天，中共中央在刚刚恢复党和国家领导职务的邓小平主导下，决定恢复因"文化大革命"而中断了十年的高考制度，使570万中国青年获得平等考试的权利。1978年3月，邓小平在全国科学大会上提出了"科学技术是生产力"的口号，数千名回到工作岗位的科学家获得了新生，科教领域的拨乱反正逐步展开。人心所向，汇成了一股推动中国社会前进的力量。

1978年5月，《光明日报》发表了特约评论员文章《实践是检验真理的唯一标准》，用理论的形态来批驳"两个凡是"。随着该文章被新华社、《人民日报》和《解放军报》转载和转发，全社会展开了一场关于真理标准的大讨论。邓小平说："现在发生了一个问题，连实践是检验真理的标准都成了问题，简直是莫名其妙！""我们的脑子里还都是些老东西，不会研究现在的问题，不从现在的实际出发来提出问题，解决问题。这样天天讲四个现代化，讲来讲去都是空的。"随后，各省、市、自治区和各大军区主要负责人纷纷表示支持。这场讨论冲破了长期形成的个人崇拜的思想禁锢，打开了中国民众思想解放的闸门，也推动着各个领域的拨乱反正。

1977年11月，中共安徽省委制定了《关于当前农村经济政策几个问题的规定》，允许生产队根据农活特点建立不同的生产责任制，尊重生产队的自主权，允许和鼓励社员经营自留地、家庭副业，开放集市贸易。这在全国率先开始纠正农村经济发展中的错误政策。随后，四川、甘肃、

广东等省也开始了类似的尝试。1978年夏秋之际，安徽省遇到了百年罕见的大旱。面对严重灾情，中共安徽省委决定将凡是集体无法耕种的土地，借给社员耕种，谁种谁收，国家不征公粮，不派统购任务。这一决定立即激发起农民的抗灾和秋种积极性。在实行"借地度荒"过程中，安徽肥西县山南公社的部分社队仿照20世纪60年代初实行过的"责任田"，搞起了包产到户。此举引发了争论，时任中共安徽省委书记万里对这一做法进行了保护。此后，凤阳县梨园公社小岗村生产队又秘密将耕地全部分到农户，允许各家在完成上交国家、集体的任务后，所得收成全部归己。这种包干到户的做法，彻底改变了农村原有的统一经营、统一核算、统一分配的生产管理体制，且收到了非常好的效果。

与此同时，中共中央改变了对世界局势的看法，开始拓展对外交往，不仅多次邀请外国元首和政府首脑访华，而且党和国家领导人及地区、部门负责人也多次出国访问。1978年，仅副总理和副委员长以上领导人的出访就有20多次，访问的国家达50多个。这其中，最为重要的就是邓小平1978年10月对日本的访问。访问期间，邓小平专门对日本具有国际先进水平的现代化企业、高科技设施等进行详细考察，还多次表达了希望加强同日本在经济技术方面的合作、学习外国先进经验和技术的愿望。这次访问同中共其他领导人对西欧的访问一道为中国引进外国先进的技术设备和管理方法打开了局面。

通过同世界发达国家的比较，中共中央认识到中国不但在技术水平上落后，而且在管理水平上同样落后，因此在学习和引进先进科学技术的同时，必须进行管理体制上的改革。党内和社会上要求结束"以阶级斗争为纲"的政策路线，将精力放到经济建设上，实行全面改革开放的呼声越来越高。党的十一届三中全会就是在这种形势下召开的。

党的十一届三中全会的历史性决策

党的十一届三中全会召开前，邓小平就从对"以什么为纲"的思考入手，率先提出要适时地结束揭批"四人帮"运动、实行工作重点转移的问题。邓小平从1957年以后特别是"文化大革命"中搞"以阶级斗争为纲"、忽视发展生产力的教训中，从中国丧失发展机遇、与世界发达国家及周边国家和地区经济发展水平的差距越拉越大的现实中，从对国际形势对我有利、"战争可能延缓爆发"[①]的准确判断中，强烈地意识到集中精力把国民经济搞上去、改变贫穷落后面貌的紧迫性和可能性，敏锐地感觉到要尽早实行工作重点转移的重大意义。

早在1977年8月23日，他在中共中央军委座谈会上讲话时就指出："某一个时期总有某一个时期的纲，某一个部门总有某一个部门的纲。就当前来说，揭批'四人帮'的斗争是我们的纲，一定要把这场斗争进行到底，但总要有一个时间限制。"[②]11月8日，邓小平起程去广州。途中，他在同华楠等人谈起草叶剑英在即将召开的中共中央军委全体会议上的主题报告《抓纲治军，准备打仗》问题时说：这个文件以什么为纲？怎么叫个纲？揭批林彪、"四人帮"可以叫纲，但这是暂时的，我们还有长远的考虑。他问随行的罗瑞卿等人：阶级斗争为纲怎么样？到达广州后，他在讨论中明确指出：看起来，我们以揭批林彪、"四人帮"为纲可以。但是很快要转，要结束，要转到经济建设上来，再不能提"以阶级斗争为纲"了。1978年3月10日，他在国务院第一次全体会议上发言，指出：从中共十一大到这次五届全国人大（一次会议），开了一系列的会议。我们还要开全国科学大会、全国教育工作会议，这都是非开不可的。现在大的方针、政策，我看基本上理出来了……现在的关键问题，就是要扎扎实实地干。什么叫社会主义，社会主义总是要表现它的优越性嘛……干社会主义，要有具体体现，生产要真正发展起来，相应的全国人民的生活

① 《邓小平文选》第2卷，人民出版社1994年版，第77页。
② 中共中央文献研究室编：《邓小平年谱（1975—1997）》上卷，中央文献出版社2004年版，第186—187页。

水平能够逐步提高,这才能表现社会主义制度的优越性。^①3月18日,他在全国科学大会开幕式上讲话时更加明确地指出:"我们的国家进入了新的发展时期,我们党的工作重点、工作作风都应该有相应的转变。"^②

到1978年下半年,在真理标准问题的讨论开展之后,已有许多人意识到揭批"四人帮"已进行近两年,党的工作重点应当有所变化。9月间国务院召开的全国计划会议提出,经济战线必须实行三个转变,其中第一个转变就是从上到下都要把注意力转到生产斗争和技术革命上来。尽管还不能认为这种转变指的就是党的工作重点转移,但说明当时确实注意到了这个问题。

真正从全党工作的指导思想上提出重点转移问题,是在邓小平1978年9月的东北之行过程中。9月16日,他在长春说:我们是社会主义国家,社会主义制度优越性的根本表现,就是能够允许社会生产力以旧社会所没有的速度迅速发展,使人民不断增长的物质文化生活需要能够逐步得到满足。按照历史唯物主义的观点来讲,正确的政治领导的成果,归根到底要表现在社会生产力的发展上,人民物质文化生活的改善上。生产力发展的速度比资本主义慢,那就没有优越性,这是最大的政治,这是社会主义和资本主义谁战胜谁的问题。生产力总是需要发展的。外国人议论中国人究竟能够忍耐多久,我们要注意这个话、我们要想一想,我们给人民究竟做了多少事情呢?我们一定要根据现在的有利条件加速发展生产力,使人民的物质生活好一些,使人民的文化生活、精神面貌好一些。^③9月17日,他在沈阳说:马克思主义认为,归根到底要发展生产力。我们太穷了,太落后了,老实说对不起人民。我们现在必须发展

———————————

①　中共中央文献研究室编:《邓小平年谱(1975—1997)》上卷,中央文献出版社2004年版,第277页。

②　《邓小平文选》第2卷,人民出版社1994年版,第96—97页。

③　中共中央文献研究室编:《邓小平年谱(1975—1997)》上卷,中央文献出版社2004年版,第379—380页。

生产力,改善人民生活条件。[1]当天,他在沈阳军区说:批林彪也好,批
"四人帮"也好,怎样才叫搞好了,要有几条标准。对搞运动,你们可以
研究,什么叫底?永远没有彻底的事……运动不能搞得时间过长,过长
就厌倦了。不痛不痒,没有目的,搞成形式主义,这也不行。也不能一个
号令,一天结束。究竟搞多久,你们研究。[2]9月18日,他在鞍山说:社会
主义要表现出它的优越性,哪能像现在这样,搞了二十多年还这么穷,
那要社会主义干什么?[3]9月20日,他在天津听取揭批查运动的汇报时
说:沈阳军区出现这么一种情况,有的单位没有什么问题,也跟有问题的
一样搞,干部就产生厌烦情绪。你们可以考虑一下,如果有百分之十、百
分之二十的单位运动搞好了,就可以转为搞业务,搞久了不行。这是全国
性的问题。[4]

　　邓小平的这些谈话,是紧紧围绕适时地结束揭批"四人帮"运动、
大力发展生产力、改善人民的物质文化生活、体现社会主义制度的优越
性这个主题展开的。把社会主义优越性的根本表现归结为高速度发展
社会生产力,把经济建设、发展生产力说成是"最大的政治",显然不属
于工作安排性质的"转移",而是属于全党工作指导思想上的"重点转
移",是要从根本上转变党的政治路线。尽管当时还没有明确地用把党
的工作重点转移到经济建设上来这样的词句,但工作重点转移的思想
是确定无疑的。现有材料说明,最迟在1978年10月份,邓小平关于党的
工作重点转移的倡议已得到中共中央政治局常委和中央政治局的赞同,
决定在11月召开的中央工作会议上讨论全党工作着重点转移到社会主

---

[1]　中共中央文献研究室编:《邓小平年谱（1975—1997）》上卷,中央文献出版社
　　2004年版,第381页。
[2]　中共中央文献研究室编:《邓小平年谱（1975—1997）》上卷,中央文献出版社
　　2004年版,第382、383页。
[3]　中共中央文献研究室编:《邓小平年谱（1975—1997）》上卷,中央文献出版社
　　2004年版,第384页。
[4]　中共中央文献研究室编:《邓小平年谱（1975—1997）》上卷,中央文献出版社
　　2004年版,第387—388页。

义现代化建设上来的问题。

从1978年11月10日到12月15日，中央工作会议召开了36天，为党的十一届三中全会做了充分准备。这次会议原定讨论经济工作。会前，根据邓小平的提议，中央政治局常委会议、政治局会议决定，中央工作会议先讨论从1979年起把全党工作重点转移到社会主义现代化建设上来的问题。会议就这个问题展开了认真讨论。绝大多数与会者畅谈了对于工作重点转移意义的认识。主要的观点是：这确实是一场根本改变我国经济和技术落后面貌，进一步巩固无产阶级专政的伟大革命。这场革命规模的巨大，变化的广泛、激烈、深刻，任务的繁重、紧迫，意义的深远，都不下于我们党过去领导的任何革命，某些方面还要超过过去的革命。这场革命，不仅在经济上、技术上是伟大的、广泛的、艰巨的，在思想上也将有极其深刻的变化，并且必然会反映到党内来。在党内，将有正确认识与错误认识的斗争、先进与落后的斗争。我们应当认清形势，解放思想，克服僵化观念，站在这场伟大革命的前列。许多与会者结合本地区、本部门的实际情况，畅谈了下一步实施工作重点转移的打算。胡耀邦在西北组的发言很有代表性，他指出，中央不失时机地提出工作着重点的转移，这就能动员全国人民，放开手脚，集中主要力量，为实现社会主义的四个现代化这个总目标而奋斗了。从这个意义上说，又是一个根本的转折。它必将对全党、全国、全世界产生巨大的影响。会上，陈云等老一辈革命家纷纷提出当时党内外普遍关心的一些重大问题，主张彻底纠正"文化大革命"的错误，为"文化大革命"及其以前的一些冤假错案平反，并就"两个凡是"问题及两年来党的领导工作中的失误等问题提出了许多中肯的批评和建议。在中央工作会议闭幕会上，邓小平作了题为《解放思想，实事求是，团结一致向前看》的重要讲话。这个讲话实际上成了随后召开的党的十一届三中全会的主题报告。

12月18日到22日，党的十一届三中全会在北京召开。出席会议的中央委员有169人、候补中央委员112人。会议的主要任务是确定把全党工作重点转移到社会主义现代化建设上来。

全会一致同意，适应国内外形势发展变化，及时地、果断地结束全国范围的大规模揭批林彪、"四人帮"的群众运动，从1979年起，把全党的工作重点和全国人民的注意力转移到社会主义现代化建设上。全会作出的这个决策，解决了从1957年以来没有解决好的工作重点转移问题，是党的政治路线的最根本的拨乱反正。围绕实现全党工作重点转移，全会在一系列重大历史和现实问题上形成了共识，作出了重要决策。

全会提出了改革开放的任务。全会指出，实现四个现代化，要求大幅度地提高生产力，也就必然要求多方面地改变同生产力发展不适应的生产关系和上层建筑，改变一切不适应的管理方式、活动方式和思想方式，因而是一场广泛、深刻的革命。全会强调，根据新的历史条件和实践经验，采取一系列新的重大的经济措施，对经济管理体制和经营管理方法着手认真的改革，在自力更生的基础上积极发展同世界各国平等互利的经济合作，努力采用世界先进技术和先进设备，我国经济建设必将重新高速度地、稳定地向前发展。

全会在讨论经济问题时完全同意邓小平对经济民主问题的阐发。邓小平说，现在我国经济体制权力过于集中，应该有计划地大胆下放，这样才有利于充分发挥国家、地方、企业和劳动者个人四个方面的积极性；当前最迫切的是扩大厂矿企业和生产队的自主权，使每一个工厂和生产队能够千方百计地发挥主动创造精神。全会肯定了权力下放的原则，并且指出：应该着手大力精简各级经济行政机构；应该坚决按经济规律办事，重视价值规律的作用；应该认真解决党政企不分、以党代政、以政代企的现象。

全会十分重视作为国民经济基础的农业。为调动几亿农民的社会主义积极性，全会提出一系列政策措施，包括提高粮食统购价格和降低农用工业品销售价格。全会原则通过的《关于加快农业发展若干问题的决定（草案）》尽管依然规定"不许分田单干，不许'包产到户'"，但是也

开始清算农业工作中的"左"的错误,明确提出要"加强劳动组织,建立严格的生产责任制",并肯定了包工到组、联产计酬等形式。

邓小平在讲话中提出了一个"大政策"。他说:"我认为要允许一部分地区、一部分企业、一部分工人农民,由于辛勤努力成绩大而收入先多一些,生活先好起来。一部分人生活先好起来,就必然产生极大的示范力量,影响左邻右舍,带动其他地区、其他单位的人们向他们学习。这样,就会使整个国民经济不断地波浪式地向前发展,使全国各族人民都能比较快地富裕起来。"他说:这是个"能够影响和带动整个国民经济的政策"[①]。后来的事实证明,这个政策是起了很大的积极作用的。

这些新的思想和方针政策的提出表明,全会在坚持社会主义的前提下,已经迈出了经济体制改革以及与之相适应的政治体制改革的具有决定性意义的第一步。

针对当时经济领域内的实际情况,全会要求在几年中逐步改变重大比例失调状况,消除生产、建设、流通、分配中的混乱现象,解决人民生活中多年积累下来的一些问题。针对两年徘徊期间出现的冒进问题,全会强调要做到综合平衡,基本建设必须积极而又量力地循序进行。

全会阐发了对外开放方针和重视科学、教育的方针。全会公报指出,要在自力更生的基础上积极发展同世界各国平等互利的经济合作,努力采用世界先进技术和先进设备,并大力加强实现现代化所必需的科学和教育工作。

由于一系列的根本性转变,党的十一届三中全会结束了粉碎"四人帮"后党的工作在徘徊中前进的局面。党在思想、政治、组织等领域的拨乱反正从这次全会开始全面展开;伟大的改革开放由这次全会揭开序幕;中国特色社会主义新道路以这次全会为起点成功开辟;邓小平理论在这次全会前后逐步形成和发展起来。这一切,标志着中国共产党人在

---

① 《邓小平文选》第2卷,人民出版社1994年版,第152页。

新的时代条件下的伟大觉醒，显示了党顺应时代潮流和人民愿望、勇敢开辟建设社会主义新路的坚强决心。党的十一届三中全会作为一个伟大转折点而载入党的光辉史册。

二、改革开放的起步

党的十一届三中全会后对国民经济比例关系进行的调整，为党的工作重点转移创造了良好条件，有力推动了改革开放和社会主义现代化建设的进程。

国民经济比例关系的调整

党的十一届三中全会后，当党和国家把工作重点转移到社会主义现代化建设上来的时候，经济发展方面面临的突出问题是重大比例关系失调的情况仍然相当严重。从1978年12月制定的1979年、1980年国民经济计划看，由于生产建设任务安排过大，物资、财政、外汇都留了相当大的缺口。1979年初，陈云提出，有物资缺口的计划，不是真正可靠的计划。他和李先念就财经工作致信中央，提出现在的国民经济是没有综合平衡的，"要有两三年的调整时期，才能把各方面的比例失调情况大体上调整过来"[1]。李先念还说，只有解决好这个问题，才能为今后国民经济的发展创造更好的条件，为我们在实行全党全国工作重点的转移之后创造一个良好的新开端。[2]这个时期，邓小平也多次指出，对经济建设的方针、规划要进行一些调整。有些指标要压缩一下，不然不踏实、不可靠。根据邓小平、陈云等的指示和建议，国家计划委员会同有关部门，着手研究调整1979年国民经济计划。

3月21日至23日，中央政治局召开会议，讨论国家计委修改过的1979

---

[1] 《陈云文选》第3卷，人民出版社1995年版，第248页。

[2] 《李先念文选（1935—1988）》，人民出版社1989年版，第367页。

年国民经济计划和对整个国民经济的调整问题。陈云在会上再次就我国经济建设的指导方针作了阐述。他强调：我们搞四个现代化，要讲实事求是。先要把"实事"搞清楚。这个问题不搞清楚，什么事情也搞不好。要有两三年调整时间，最好三年。调整的目的，就是要达到按比例，能比较按比例地前进。邓小平在讲话中指出，现在中心任务是调整，首先要有决心，东照顾、西照顾不行。过去提以粮为纲，以钢为纲，是到该总结的时候了。一个国家的工业水平，不是决定于钢。把钢的指标减下来，搞一些别的。陈云和邓小平的意见，得到中央政治局多数同志的赞同。会议通过的修改后的1979年国民经济计划对有关指标作了较大幅度下调，主要是降低重工业增长速度，轻工业增长速度安排快于重工业的增长；国家预算直接安排的基本建设投资总规模保持1978年的实际水平。中央政治局同意国家计委提出的用三年时间调整国民经济的方案。

1979年4月5日至28日，中共中央召开工作会议，正式确立了对国民经济实行"调整、改革、整顿、提高"的方针，通称为新"八字方针"①。贯彻新"八字方针"，现实的目的是为了纠正此前两年工作中的失误，摆脱面临的困难，巩固和发展经济恢复的成绩。同时在决定和部署调整过程中，中央已经明确意识到，要纠正过去那种脱离实际、急于求成、盲目追求高速度的经济建设的指导思想，在经济工作中认真贯彻实事求是的指导方针。因此，贯彻新"八字方针"的过程，不但是调整经济关系的重要步骤，也是端正经济建设指导方针、探索适合中国国情的社会主义现代化建设道路的过程，是推进改革开放的过程。

在调整经济开始的时候，邓小平就指出："搞建设，也要适合中国情

---

① 1960年9月30日，在中共中央批转的国家计委党组《关于1961年国民经济计划控制数字的报告》中，针对"大跃进"后经济严重困难的形势，提出"调整、巩固、充实、提高"的方针，简称"八字方针"。为了区别于此，1979年4月提出的"调整、改革、整顿、提高"的方针，被称为新"八字方针"。

况，走出一条中国式的现代化道路。"[1]他认为，要使中国现代化，至少有两个主要特点是要注意的。一个是底子薄；一个是人口多，耕地少。陈云也指出，我国社会经济的主要特点是农村人口占80%，而且人口多，耕地少。要认清，我们是在这种情况下搞四个现代化的。在调整中，中央坚决纠正前些年经济工作中的急躁冒进的失误，认真清理过去在这方面长期存在的"左"倾错误的影响，并初步总结了新中国成立以来经济建设中的经验教训，指出，经济建设必须从我国国情出发，符合经济规律和自然规律；必须量力而行，循序前进，经过论证，讲求实效，使生产的发展同人民生活的改善密切结合；必须在坚持独立自主、自力更生的基础上，积极开展对外经济合作和技术交流。整个国民经济的调整工作，是在这些方针的指导下进行的。

1979年至1980年贯彻新"八字方针"头一年取得了一些成绩。但是，长期形成的国民经济比例失调的问题很难在短期内完全纠正过来，长期存在的经济工作中"左"倾错误的影响也很难立即完全消除，在调整中又出现一些新的问题和困难，主要是基本建设规模没有压下来，财政支出过多和出现巨额财政赤字，能源和交通紧张，物价上涨较快，影响了社会安定。此外，在调整开始时，党的各级领导同志大多对经济形势的严重性认识不足，因而行动迟缓。因此，必须统一思想，采取更坚决的措施，进一步调整国民经济。

1980年11月，国务院召开省长、市长、自治区主席会议和全国计划会议，深入分析经济形势，决定调整1981年国民经济计划和财政预算。12月，党中央召开工作会议，决定从1981年起对国民经济实行进一步调整，以争取经济工作全局的稳定和主动，使整个国民经济转上健康发展的轨道。

这次中央工作会议取得的一个重要成果，是对中华人民共和国成立

---

[1]　《邓小平文选》第2卷，人民出版社1994年版，第163页。

以来经济建设的经验教训作了进一步总结，深刻分析了导致经济比例失调的根源。陈云在讲话中强调，新中国成立以来经济建设方面主要错误是"左"的错误，1957年以前一段情况比较好些，1958年以后"左"的错误就严重起来了。这是主体方面的错误。在"左"的错误领导下，也不可能总结经验。我们是十亿人口，八亿农民的国家。我们是在这样一个国家中进行建设，必须看到这种困难。对实现四个现代化，决不要再作不切实际的预言。他指出，今后若干年中央和地方财政在开支方面都要大大紧缩，好事要做，又要量力而行。调整意味着某些方面的后退，而且要退够，不要害怕这个清醒的健康的调整。调整不是耽误，不调整才会造成更大的耽误。邓小平表示完全同意陈云的讲话，指出，这次对经济进一步的调整，是为了站稳脚跟，稳步前进，更有把握地实现四个现代化。至于走什么样的路子，采取什么样子的步骤实现现代化，这要继续摆脱一切老的和新的框框的束缚，真正摸准、摸清我国的国情和经济活动中各种因素的相互关系，据以正确决定我们的长远规划的原则，然后着手编制切实可行的第六个五年计划。他还指出，这次调整是三中全会以来的各项方针、政策的继续和发展，是三中全会实事求是、纠正"左"倾错误的指导思想的进一步贯彻。邓小平在讲话中还强调调整工作要坚持四项基本原则，特别强调了要坚持共产党的领导。

这次中央工作会议进一步清理了经济工作中的"左"倾错误，使全党对于实行经济调整方针的紧迫性、必要性有了进一步认识。会后，各地区各部门加大贯彻新"八字方针"的力度，国民经济调整的积极效果逐渐显现出来。从1981年起，积累和消费间、农业工业间、轻重工业间的比例关系逐渐趋于合理，长期存在的积累率过高和农业、轻工业严重落后的情况有了很大改变。国家财政金融状况也随之得到改善。在国民经济继续增长的同时，物价趋于稳定。

1981年11月，五届全国人大四次会议通过的《当前的经济形势和今后经济建设的方针》的政府工作报告，对一年来经济调整作了总结，肯定了调整工作取得的成绩，宣布1981年国民经济计划预计可以胜利完成，稳定经济的目标能够基本实现。根据几年来经济调整的经验教训，报告进一步阐明了中国今后经济发展的道路，这就是：要切实改变长期以来在"左"的思想指导下的一套老的做法，真正从我国实际情况出发，走出一条速度比较实在、经济效益比较好、人民可以得到更多实惠的新路子。报告指出，围绕着提高经济效益，走出一条经济建设的新路子，必须认真贯彻执行十条方针：依靠政策和科学，加快农业的发展；把消费品工业的发展放到重要地位，进一步调整重工业的服务方向；提高能源的利用效率，加强能源工业和交通运输业的建设；有重点有步骤地进行技术改造，充分发挥现有企业的作用；分批进行企业的全面整顿和必要改组；讲究生财、聚财、用财之道，增加和节省建设资金；坚持对外开放政策，增强我国自力更生的能力；积极稳妥地改革经济体制，充分有效地调动各方面的积极性；提高全体劳动者的科学文化水平，大力组织科研攻关；从一切为人民的思想出发，统筹安排生产建设和人民生活。这十条方针，是"调整、改革、整顿、提高"方针的具体体现，是新中国30多年来特别是近三年来的经验总结。它表明，中国共产党对探索一条适合中国国情的社会主义现代化建设道路开始有了一些初步认识。

在调整经济取得成就的同时，中共中央、国务院清醒地看到，调整工作的成绩在很大程度上是依靠运用行政强制手段、靠紧缩必要开支来实现的，因而是不巩固的。因此，有必要再用五年或者更多一点的时间，继续贯彻执行"调整、改革、整顿、提高"的方针，这样才能真正站稳脚跟，打好基础，更好地前进。中央明确提出，在整个第六个五年计划期间，要继续坚定不移地贯彻执行"调整、改革、整顿、提高"的方针，把全部经济工作转到以提高经济效益为中心的轨道上来。这就是说，调整不仅仅是要解决主要的比例关系，克服眼前的困难，而是要使调整的任务逐步深入，通过调整逐步克服经济建设中"左"的指导思想，真正确立实事求是、量力而行的建设方针，从而使中国经济建设走上健康发展的轨道。

农村改革率先取得突破

在调整国民经济的同时,改革开放的步伐在全国范围内迈开了。在调整工作开始时,邓小平即强调指出:"为了有效地实现四个现代化,必须认真解决各种经济体制问题。"[①]当然,改革是一项艰巨复杂的事业。如何正确地实行改革开放?如何通过改革开放既促进经济社会发展,又巩固和发展社会主义?这是摆在党和人民面前的一个全新的课题。这一课题的解决,需要有一个探索的过程,一个在实践基础上积累经验的过程。此后,改革开放在各个领域逐步展开。对于经济体制改革,则首先是在农村取得突破性的进展。

党的十一届三中全会在充分肯定中华人民共和国成立以来农业发展取得很大成就的基础上,也深刻指出:"总的看来,我国农业近二十年来的发展速度不快,它同人民的需要和四个现代化的需要之间存在着极其尖锐的矛盾。"[②]"政社合一"的人民公社,经营管理过于集中,分配上存在着严重平均主义倾向,这种体制不利于调动农民的积极性,在很大程度上抵销了国家对农业的巨大投入,致使农业生产的发展和农民生活的改善都比较缓慢。1978年,还有2.5亿人口没有解决温饱问题。党中央明确指出:"我国农业问题的这种严重性、紧迫性,必须引起全党同志的充分注意。"[③]

党的十一届三中全会前,面对严重的农村经济形势,有的地方实行

---

① 《邓小平文选》第2卷,人民出版社1994年版,第161页。
② 《中共中央关于加快农业发展若干问题的决定》(1979年9月28日),中共中央文献研究室编:《三中全会以来重要文献选编》(上),人民出版社1982年版,第166页。
③ 《中共中央关于加快农业发展若干问题的决定》(1979年9月28日),中共中央文献研究室编:《三中全会以来重要文献选编》(上),人民出版社1982年版,第166页。

"放宽政策""休养生息"的方针，已经开始率先进行改革试验。1978年，安徽省遭受大旱灾，秋种遇到严重困难。在严峻的形势下，中共安徽省委决定把部分土地借给农民种麦种菜，所产粮菜不征购，不计口粮。这样，一下子把群众的积极性调动起来，各地出现了全家男女老幼齐下地的生动景象。这年11月，借地农民普遍获得好收成。在借地唤起农民生产积极性的启发下，有些地方的基层干部和农民大胆突破旧体制的限制，采取包干到组和包产、包干到户等做法。与此同时，中共四川省委也支持农民搞包产到组，允许和鼓励社员经营正当的家庭副业。这些省份所作的积极探索，揭开了中国农村改革的序幕。

党的十一届三中全会原则通过的《关于加快农业发展若干问题的决定（草案）》和《农村人民公社条例（试行草案）》，尽管规定只有因某些副业生产的特殊需要和边远山区、交通不便的单家独户可以实行包产到户，一般并不加以提倡。但是文件明确指出："我们的一切政策是否符合发展生产力的需要，就是要看这种政策能否调动劳动者的生产积极性。""除有法律规定者外，不得用行政命令的方法强制社、队执行，应该允许他们在国家统一计划的指导下因时因地制宜，保障他们在这方面的自主权，发挥他们的主动性。"[1]这就为鼓舞广大农民在实践中创造新的经验，并据以进行农村体制改革敞开了大门。

在解放思想、实事求是思想路线推动下，围绕调动农民积极性，发展农业生产，一些农村改革先行省份的改革措施不断深入。安徽省从1979年1月起，扩大农村体制改革的试验范围，在实行生产责任制搞得比较早的肥西县和凤阳县，允许生产队打破土地管理使用上的"禁区"，实行"分地到组，以产计工"的责任制。有些生产队则继续进行包产到户或包干到户的试验。四川省进一步鼓励一些生产队进行包产到组和

---

[1] 《中共中央关于加快农业发展若干问题的决定》（1979年9月28日），中共中央文献研究室编：《三中全会以来重要文献选编》（上），人民出版社1982年版，第171、188页。

"以产定工、超额奖励"的试验，并在全省扩大试验范围。与此同时，云南省楚雄彝族自治州等地推广包产到组的管理责任制，广东省在农村社队普遍推动"五定一奖"[①]的经营管理制度。从1979年1月起，《人民日报》对这四个省实行农村生产责任制的情况和经验，陆续进行了报道，明确肯定这是我国农村体制改革的最初实验。

包工到组和包产到组在调动农民积极性、发展农业生产上显示了很大的优越性，但是这种已经被实践证明是行之有效的改革措施在推广过程中却遇到阻碍。1979年3月15日，《人民日报》发表题为《"三级所有，队为基础"应当稳定》的读者来信。来信指责包产到组或定产到组不符合中央农业文件精神，搞乱干部和群众的思想，挫伤群众积极性，给生产造成危害，对农业机械化也很不利，是脱离群众、不得人心的。为这封信编发的"编者按"要求已经出现包产到组的地方应当"坚决纠正错误做法"。读者来信及《人民日报》"编者按"，引起基层农村干部和群众很大的思想波动，一些地方甚至闻风而动对包产到组开始进行纠"偏"。

但是，一些改革实践比较深入的地区，坚持从实际出发，从改革的实际效果出发，继续推进改革，农村面貌越来越显现出生机和活力。四川省坚持推进生产责任制和实行休养生息方针，1979年虽然遇到多种自然灾害，粮食产量仍比新中国成立以来的最高年份多出10亿斤。1980年，贵州省98%以上的生产队建立各种形式的生产责任制，当年粮食总产量达到129.6亿多斤[②]，成为新中国成立以来第二个高产年。

以包工到组和包产到组为主要形式的责任制，在生产指挥上实行因组制宜，在分配上解决作业组间的平均主义，对生产发展起了积极推动作用。但是，如何从根本上克服生产管理上过分集中的弊病，解决

---

① 即：定劳动、定地段、定成本、定分工、定产量，超产奖励。
② 国家经济体制改革委员会编：《中国经济体制改革十年》，经济管理出版社、改革出版社1988年版，第157页。

农户和农户间分配上的平均主义，更加充分调动农民的生产积极性，仍然需要继续探索，形成更加具有生机活力的体制和机制。安徽省农村早已出现的包产到户和包干到户（简称"双包"）的生产责任制引起广泛关注。"双包"责任制，由于把生产队的统一经营与家庭的分户经营结合起来，把每个农户的切身利益同完成承包农活的成效结合起来，因而更大地调动起每个农户的人力和财力为发展农业生产服务，所以成效更为显著。在最早实行"双包"责任制的凤阳县，1980年粮食总产量比历史最高水平的1979年又增长了14.2%[1]，许多生产队和农户实现了"一季翻身""一年翻身"。由于"双包"责任制推动生产发展效果明显，全国许多地方纷纷仿效。到1981年底，实行包产到户和包干到户责任制的生产队已占全国生产队的50%，并有继续上升的趋势。不仅穷困地区的生产队纷纷实行这种责任制，比较富裕地区的生产队也开始实行这种责任制。

对于采取"双包"这种责任制形式，当时党内外不少干部存在着相当大的疑虑，担心这样做会不会离开社会主义。1980年2月国家农委主办的《农村工作通讯》第二期发表题为《分田单干必须纠正》的文章，提出要坚决纠正和防止"分田单干和包产到户的错误做法"。

在"双包"责任制受到责难的关键时刻，1980年5月31日，邓小平发表《关于农村政策问题》的谈话，讲到"农村政策放宽以后，一些适宜搞包产到户的地方搞了包产到户，效果很好，变化很快"。他指出，关于这样搞会不会影响集体经济的担心是不必要的，这些地方只要生产发展了，农村的社会分工和商品经济发展了，低水平的集体化就会发展到高水平的集体化，集体经济不巩固的也会巩固起来。[2]邓小平旗帜鲜明地支持农村改革实践，对于打破一些人的思想僵化，推动"双包"责任

---

[1] 《邓小平文选》第2卷，人民出版社1994年版，第315页。

[2] 国家经济体制改革委员会编：《中国经济体制改革十年》，经济管理出版社、改革出版社1988年版，第157页。

制改革发挥了重要作用。1980年9月，中共中央印发《关于进一步加强和完善农业生产责任制的几个问题》，在强调进一步搞好集体经济的同时，指出："在生产队领导下实行的包产到户是依存于社会主义经济，而不会脱离社会主义轨道的，没有什么复辟资本主义的危险。"[①]1982年元旦，中央一号文件批转《全国农村工作会议纪要》，明确指出，目前实行的各种责任制，包括小段包工定额计酬，专业承包联产计酬，联产到劳，包产到户、到组，包干到户、到组，等等，都是社会主义集体经济的生产责任制。

在中央的支持和推动下，实行包产到户和包干到户的生产队迅速由1980年占全国生产队的50%，上升到1982年6月占全国生产队的86.7%。[②]以家庭承包为基础、统分结合的合作经济新体制，代替旧的三级所有、队为基础的人民公社体制的趋势，已势不可挡。

以包产到户、包干到户为主要形式的农村家庭联产承包责任制实行以后，把集体所有的土地长期包给各家农户使用，农业生产基本上变为分户经营、自负盈亏，农民生产的东西，"保证国家的，留足集体的，剩下都是自己的"。这种责任制使农民获得生产和分配的自主权，把农民的责、权、利紧密结合起来，不仅克服了以往分配中的平均主义、"吃大锅饭"等弊病，而且纠正了管理过分集中、经营方式过分单一等缺点。这种责任制是建立在土地公有制基础上的，集体和农户保持着发包和承包关系。集体统一管理、使用大型农机具和水利设施，有一定的公共提留，统一安排烈属、军属、五保户、困难户的生活，有的还统一规划农田基本建设。所以，这种家庭联产承包责任制不同于农业合作化以前的小私有经济，它没有否定合作化以来集体经济的优越性，而是做到有统有

---

① 《中共中央关于进一步加强和完善农业生产责任制的几个问题》（1980年9月27日），中共中央文献研究室编：《三中全会以来重要文献选编》（上），人民出版社1982年版，第508页。

② 周太和主编：《当代中国的经济体制改革》，中国社会科学出版社1984年版，第273、274页。

分、统分结合，既发挥集体经济的优越性，又发挥农民家庭经营的积极性。这种制度受到农民的普遍欢迎，提高了农民的劳动热情，促进了农业生产的发展，其见效之快，是人们没有预想到的。许多地方一年就见效，农民收入大幅度增长，甚至翻了一番或两番。

随着家庭联产承包责任制普遍推行，农业生产效率大大提高，促进广大农民利用剩余劳力和资金去发展多种经营，分工分业，从事经营性生产，涌现出一大批专业户、重点户。这是农村商品生产发展的一个重要标志，它表明中国农村正在由自给半自给生产，向着专业化、商品化、社会化生产方向转变。

鉴于过去的教训，农村改革在推进过程中没有搞"一刀切"，而是因地制宜，尊重人民群众的选择，实行多种形式责任制并存。同时，全国农村中也有些生产队、生产大队乃至公社，没有实行家庭联产承包制，而是在过去集体经济基础上继续实行集体经营，坚持发展和壮大新型集体经济。

改革首先在农村取得突破并不是偶然的。它是中国基本国情和当时农村经济发展困境决定的，是广大农村基层干部和亿万农民对改革作出的重要贡献。而从大的环境看，党的十一届三中全会为农村改革突破提供了重要的思想前提，创造了良好的政治环境。

城市经济体制改革的初步展开

城市经济体制改革远比农村改革复杂。党的十一届三中全会前，就已经开始在局部地区进行试点。在农村改革不断深入的形势下，人民群众迫切希望能够对城市经济工作和经济组织放宽政策、实行改革，克服管理体制上的弊端和分配上的平均主义，发展生产力，改善人民生活。

党的十一届三中全会后，在对改革试点经验进行初步总结基础上，开始了对城市经济体制改革的探索。1979年4月，中央工作会议对中国经济体制改革的方向、步骤作了原则规定。会议确定，鉴于在最近几年内，

国民经济将以调整为中心,城市改革只能在局部领域进行,认真调查研究,搞好试点。改革要侧重于扩大企业自主权,增强企业活力,实行严格的经济核算,认真执行按劳分配原则,把企业经营好坏同职工的物质利益挂起钩来。要划分中央和地方的管理权限,在中央统一领导下,调动地方管理经济的积极性。要精简行政机构,更好地运用经济手段来管理经济。要在整个国民经济中,以计划经济为主,同时充分重视市场调节的作用。在这次会议精神指导下,城市经济体制改革以扩大企业自主权为内容,逐步在局部范围开展起来。

早在1978年10月,四川省就确定六家企业在全国率先进行扩大企业自主权改革试点。中央对扩大企业自主权改革的支持,给四川省委以鼓舞,决定进一步扩大试点企业范围。与此同时,全国范围的试点改革也开始启动。1979年5月,国家经委等六部门选择首都钢铁公司、天津自行车厂、上海柴油机厂等八家企业进行扩大企业自主权改革试点。同年7月,国务院印发《关于扩大国营工业企业经营管理自主权的若干规定》《关于国营企业实行利润留成的规定》《关于开征国营工业企业固定资产税的暂行规定》《关于提高国营工业企业固定资产折旧率和改进折旧费使用办法的规定》《关于国营工业企业实行流动资金全额信贷的暂行规定》五个文件,指导改革,并要求一些地方和部门再选择一些企业进行试点。1979年底,全国试点企业扩大到4200个,1980年6月发展到6600个,约占全国预算内工业企业数的16%左右,产值和利润分别占60%和70%左右。①

扩大企业自主权改革在传统的计划经济体制上打开了一个缺口,使企业有了部分的自主计划权、产品销售权和资金使用权,以及部分的干部任免权等。改革的结果,初步改变了企业只按照国家指令性计划生产,不了解市场需要,不关心产品销路,不关心盈利亏损的情况,增强了

---

① 《中国经济年鉴(1981)》,经济管理杂志社1981年版,第Ⅲ—59页。

企业的经营观念和市场观念，推动了企业生产发展，利润也有了较大幅度的增加。1980年12月中央工作会议提出，为了集中精力搞好调整，扩大企业自主权改革试点主要在6600个企业中继续进行，试点面不再扩大，以利于总结经验，巩固提高。此后，在总结经验基础上，从中央到地方，逐步把改革推向经济责任制和财政体制方面来。改革向这方面扩展，是因为国家让利放权给企业，只是改善国家同企业的关系，赋予企业以搞活自身的权利，为搞活企业创造了条件。然而，企业能否真正搞活，还要深入到企业内部进行改革，实行各种形式的经济责任制，正确处理企业与职工的关系。与之相适应，还要建立新的财政体制，正确处理中央和地方的关系，调动地方的积极性。

从1981年春季开始，经济责任制改革首先由山东省在企业中试行。主要内容是通过承包划分国家同企业之间、企业同职工之间的责权利关系，贯彻联产承包、按劳分配的原则，进一步调动企业和职工的积极性。经济责任制改革在增收节支、提高财政收入方面效果明显，因而对全国工业企业产生很大影响。1981年10月，国务院将国家经委、国务院体制改革办公室制定的《关于实行工业生产责任制若干问题的意见》转发各地区各部门，要求在各工业企业中研究执行。这一文件提出实行经济责任制要抓好两个环节：一是国家对企业实行的经济责任制，处理好国家同企业之间的关系，解决企业经营好坏一个样的问题；二是建立企业内部的经济责任制，处理好企业内部的关系，解决好职工干好干坏一个样的问题。总的要求是通过经济责任制，把企业和职工的经济利益同他们所承担的责任和实现的经济效果联系起来，使广大职工以主人翁的态度，用最小的人力物力消耗取得最大的经济效益。此后，经济责任制很快推行到全国3.6万个工业企业。

在这期间，从1980年起，全国开始实行"分灶吃饭"的新财政体制，主要特点是划分收支，分级包干，多收可以多支。这样做，扩大了地方的经济自主权，有利于调动地方增产增收的积极性。但是从后来的发展情

况看，"分灶吃饭"的财政体制导致了中央财政困难、财政预算外资金大幅度增加等一系列问题。

与扩大企业自主权改革一样，实行经济责任制是中国经济体制改革探索中的重要一步。它在一定时期内对推动经济发展、提高经济效益发挥了积极作用。但它依然存在局限性。由于责任制以包利润指标为基本特点，在实行工业经济责任制过程中，企业与主管部门之间为承包基数争执不休，有的企业不是努力改善经营、提高效益，而是通过涨价、拖欠或套取贷款等来追求利润的扩大，滥发奖金问题也未能有效制止。因此，经济责任制未能触及企业如何成为独立的市场主体这个根本问题，责利的划分也不规范。这些问题还有待于进一步深化改革加以解决。

与经济体制改革在工业企业不断推进相适应，商业流通体制改革也全面展开。长期以来，中国经济的流通体制存在着渠道单一、环节众多、产销脱节等弊端。商业流通体制改革就是要建立多渠道、少环节产销结合的流通体制。从1979年起，国务院有关部门先后重新限定农副产品的统购和派购范围，重申三类产品和完成派购任务后的二类产品可以自由上市。1980年又进一步放宽农副产品的购销政策，三类农副产品和完成征购、派购、计划收购任务以后的一、二类农副产品（除棉花外）都可以自由运销。此外，还规定基层社可以出县出省购销，集体所有制商业、个体商贩和农民也可以长途贩运，以及提倡厂店挂钩、队店挂钩、产销直接见面等。在改革农村商品流通体制的同时，对城市商品流通体制也进行了"一少三多"的改革，即减少工业品计划管理的品种，发展多种经济形式，采用多种购销方式，开辟多条流通渠道，建立城乡互相开放的新流通体制。这一改革为多渠道加快城乡商品流转创造了有利条件。

这一时期与工业、商业体制改革同时进行的，还有所有制结构的局部改革。中国的所有制经济形式，改革开放前在"左"的指导思想影响下，片面追求"一大二公"，人为地搞所有制形式的升级过渡，轻视集体经济，消灭个体经济，使所有制经济形式越来越向单一的全民所有制转化。这种情况，给国家经济建设、劳动就业和人民生活带来很多困难和问题。从1979年起，中共中央、国务院果断采取支持城镇集体经济和个体经济发展的方针，允许多种经济形式同时并存。这个方针最初以开辟劳动就业渠道和搞活经济为目的，并取得了积极成效。1980年上半年全国劳动就业会议召开，会后印发的《关于进一步做好城镇劳动就业工作》的文件重申：解决城镇就业问题，必须实行劳动部门介绍就业、自愿组织起来就业和自谋职业相结合的方针。为此，必须大力扶植兴办各种类型的自负盈亏的合作经济，鼓励和扶植城镇个体经济的发展。在新的方针指导下，劳动就业工作有了新发展。许多地方把改善所有制结构同扩大就业门路结合起来，对发展城镇集体经济和个体经济放宽政策，鼓励和扶持待业人员组织起来就业和自谋职业，为他们提供便利条件。到1980年底，通过兴办各种类型的集体经济，包括街道办集体企业和民办集体企业等形式，吸收了全国城镇待业人员651万人就业。这其中，当时最为突出的上山下乡知识青年回城后的就业问题，开始有了更多的解决渠道。

　　在发展多种经济形式解决劳动就业取得显著成绩的情况下，中共中央、国务院于1981年10月17日作出《关于广开门路，搞活经济，解决城镇就业问题的若干决定》。这个决定不仅对发展多种经济形式解决就业问题予以充分肯定，而且对发展多种经济形式的意义给了新的评价，指出："在社会主义公有制经济占优势的根本前提下，实行多种经济形式和多种经营方式长期并存，是我党的一项战略决策，决不是一种权宜之计。只有这样，才能搞活整个经济，较快较好地发展各项建设事业，扩大城镇劳动就业。"[1]这就是说，发展多种经济形式，不仅是为了广开就业门路，解决城镇就业人员的安置问题，而且是搞活整个经济、较快较

① 《中共中央、国务院关于广开门路，搞活经济，解决城镇就业问题的若干决定》（1981年10月17日），中共中央文献研究室编：《改革开放三十年重要文献选编》（上），中央文献出版社2008年版，第223页。

好地发展各项建设事业的一项战略决策。这一新的概括,奠定了中国经济结构应是公有制为主体、多种经济形式长期并存的基本政策思想,符合中国生产力水平低并且发展不平衡的实际情况。在新的政策思想指引下,集体经济、个体经济又有新的大发展,同时还出现全民、集体和个体联营的经济形式。在广东、福建两省,还出现了中外合资、中外合作和外资独营的经济形式。

为了取得城市改革的总体经验,从1981年起,国务院决定选择中小城市进行城市经济体制综合改革试验。城市经济体制综合改革,是指对城市经济的生产、流通、交换、分配等各个方面进行配套改革。1981年7月,国务院决定在湖北省沙市开始工业管理体制、计划体制、财政体制、银行体制、商业体制、物资体制、价格体制、劳动工资体制、科技体制和城市建设体制十个方面的综合配套改革。1982年3月,国务院决定在江苏省常州市进行综合改革试点。常州市综合改革的特点是以搞活企业、搞活流通为中心,进行工业管理体制、计划体制、劳动工资体制、银行信贷体制、商业体制、外贸体制、财政体制和企业改组联合等11项配套改革。为了更好地发挥中心城市的作用,这一时期在一些省还进行了撤销专区行署、由市领导县的体制改革试验。通过这项改革,在行政区划上撤销专区行署,将一些经济实力较强的市与它所在地区的县合并成一个经济区,由市领导县,统一组织生产和流通,把行政区划与经济区域协调起来,促进了城乡经济的共同繁荣。

1979年至1982年进行的城市经济体制改革试点取得了一定成效,但从所要达到的改革目标来说还只是初步的。改革对城市经济体制存在的主要弊端虽然不同程度地触及到了,但远没有从根本上解决问题,继续改革的任务依然十分艰巨。

调整国民经济,实行改革开放,开始收到好的效果。1982年,虽然调整工作尚未结束,但成绩已很明显。从1978年到1982年,工农业总产值平均每年增长7.3%。这一较高的发展速度,是在国民经济的重大比例关系趋于协调的情况下取得的。在此期间，人民生活改善的速度超过以往任何时期。以1982年为例，全国农民人均纯收入达到270元，比1978年增加一倍；城市职工家庭平均每人每年可用于生活费的收入为500元，扣除物价上涨因素，比1978年增长38.3%；城乡储蓄余额达到675亿元，比1978年增长2.2倍[1]。正是在这样的基础上，中央开始着手制定社会主义现代化建设的宏伟发展战略。

对外开放和兴办经济特区

实行对外开放，是中国共产党根据国际形势发展变化和适应党的工作重心转移需要而制定的重大战略，是加快中国社会主义现代化建设的必然选择。

党的十一届三中全会前后，在同国际社会日益密切的联系中，对外开放政策开始逐步实施。1978年10月，邓小平在接见外国代表团时，回答了刚刚开始实施的开放政策的情况。他说："你们问我们实行开放政策是否同过去的传统相违背。我们的作法是，好的传统必须保留，但要根据新的情况来确定新的政策。""要实现四个现代化，就要善于学习，大量取得国际上的帮助。要引进国际上的先进技术、先进装备，作为我们发展的起点。"[2]

对外开放之初，吸引和利用外资、兴办中外合资经营企业和中外合作经营企业（或项目）是具有开拓性的方式和步骤。在大规模引进国外先进技术设备的过程中，中国利用有利的国际环境，开始不断拓宽利用外资渠道，积极探索运用国际通行的外商投资方式来加快国家的现代化建设。从1979年起，除了利用自由外汇和买方信贷进口成套设备的形式外，中国开始接受世界银行和国际货币基金组织贷款，接受外国政府贷

---

[1]　国家统计局国民经济综合统计司编：《新中国六十年统计资料汇编》，中国统计出版社2010年版，第14、25页。

[2]　《邓小平文选》第2卷，人民出版社1994年版，第133页。

款,开展补偿贸易、海上石油合作勘探开发和其他资源开发、租赁业务、对外加工装配业务、国际信托投资业务,以及发行国外债券、兴办中外合资企业等。1979年底,中国从日本获得第一笔外国政府贷款。1980年至1982年间,又从科威特、比利时、丹麦等国获得政府无息贷款。1980年,中国恢复在世界银行、国际货币基金组织的代表权,并加入国际农业发展基金会,开始从这些国际金融机构得到贷款。1979年,成立中国国际信托投资公司,开展国际信托、投资、租赁等业务,并于1981年1月在日本成功发行100亿日元(约折合7000万美元)的私募债券。1980年至1982年,中国先后与日本、法国、美国公司签订五个协议,开始海上石油合作勘探开发。到1982年底,全国实际使用外资总额126亿多美元,其中借款108亿美元,吸收国外直接投资17.69亿美元(不包括接受一些无偿援助和赠送项目)①。

在各种利用外资的形式中,中外合资经营发展最为迅速。1978年10月,邓小平在有关简报上明确批示:"合资经营可以办。"11月初,邓小平就国家计委请示轿车项目可不可以搞中外合资一事答复说:可以,不但轿车可以,重型汽车也可以。邓小平还讲了中外合资经营的六大好处。②1979年7月7日,邓小平在第五次驻外使节会议上指出:"现在比较合适的是合资经营,比补偿贸易好。"③10月4日,邓小平在全国省、市、自治区第一书记座谈会上再次强调中外合资经营的好处,明确表示:利用外资"主要的方式是合营"。④

作为推动合资经营的关键步骤,是要制定相关法律,做到有法可依。1979年7月1日,五届全国人大二次会议通过《中华人民共和国中外合

① 《中国经济年鉴(1983)》,经济管理杂志社1983年版,第Ⅱ—6页。
② 参见中共中央文献研究室编:《邓小平年谱(1975—1997)》(上),中央文献出版社2004年版,第418页。
③ 中共中央文献研究室编:《邓小平年谱(1975—1997)》(上),中央文献出版社2004年版,第533页。
④ 《邓小平文选》第2卷,人民出版社1994年版,第198页。

资经营企业法》，并于7月8日施行。1980年7月26日，国务院印发《中外合资经营企业登记管理办法》《中外合资经营企业劳动管理规定》和《关于中外合营企业建设用地的暂行规定》。9月10日，五届全国人大三次会议通过《中华人民共和国中外合资经营企业所得税法》。

随着《中外合资经营企业法》等法律法规的出台，合资经营开始在中国从无到有地发展起来。到1981年底，经批准的中外合资经营企业就达到48家（不包括经济特区举办的35家）。

随着对外开放的实践，认识也在不断发展。1982年1月，胡耀邦在中央书记处会议上提出：中央书记处一致认为，我们的社会主义现代化建设，"要利用两种资源——国内资源和国外资源，要打开两个市场——国内市场和国际市场，要学会两套本领——组织国内建设的本领和发展对外经济关系的本领。"①这个意见，进一步拓展了对外开放的思路。

在对外开放过程中，兴办经济特区是一个伟大的创举。

早在1978年4月，国家计委、外贸部派遣的经济贸易考察组赴香港、澳门进行实地考察后，就向中央建议：借鉴港澳的经验，把靠近港澳的广东宝安、珠海划为出口基地，力争经过三五年努力，在内地建设具有相当水平的对外生产基地、加工基地和吸引港澳同胞的游览区。经中央批准，1979年1月，广东省决定将宝安县改为深圳市，珠海县改为珠海市，开发建设出口基地。

党的十一届三中全会后，广东省委从实际出发，提出广东的改革开放应该先走一步的构想。1979年4月中央工作会议期间，邓小平等中央领导同志听取广东省委负责人的汇报。省委书记习仲勋在汇报中提出，希望中央下放若干权力，让广东在对外经济活动中有必要的自主权；允许在毗邻港澳的深圳、珠海和侨乡汕头市举办出口加工区。邓小平明确表示赞同，并建议出口加工区名称就叫"特区"，还表示中央可以给政

---

① 中共中央文献研究室编：《三中全会以来重要文献选编》（下），中央文献出版社2011年版，第409页。

策，自己去搞，杀出一条血路来。在这次会议期间，福建省委也向中央提出了与广东省类似的设想。根据邓小平的提议，中央要求广东、福建两省省委进一步组织论证，提出具体实施方案。

1979年6月6日和9日，广东、福建两省分别向中央上报了《关于发挥广东优势条件，扩大对外贸易，加快经济发展的报告》和《关于利用侨资、外资，发展对外贸易，加快福建社会主义建设的请示报告》。7月15日，中共中央、国务院批转广东省委、福建省委的报告，确认"两省对外经济活动实行特殊政策和灵活措施，给地方以更多的主动权，使之发挥优越条件，抓紧当前有利的国际形势，先走一步，把经济尽快搞上去"，并指出"这是一个重要的决策，对加速我国的四个现代化建设，有重要的意义"①。中央还原则同意试行两省报告所建议的经济管理体制改革办法，即在中央统一领导下实行大包干的办法，并确定对两省的计划、外贸、财政、金融、物资、商业、劳动工资、物价等实行新的管理措施。

由于特殊政策和灵活措施是在根据广东、福建两省实际情况制定的，实行之后很快取得积极成效。1980年，广东、福建出口分别比上年增长27.9%和47.2%；实现财政收支平衡，外汇留成大幅度增长；由于"三来一补"②企业发展迅猛，广东新增就业17万人，福建新增就业3万人。

1980年5月，中共中央、国务院正式决定将"出口特区"定名为"经济特区"，并明确提出，特区要积极吸引侨资、外资，吸引国外先进技术和管理经验；必须采取既积极、又慎重的方针，逐步实施；特区的管理，在坚持四项基本原则和不损害国家主权的条件下，可以采取与内地不同的体制和政策；特区经济主要实行市场调节。中共中央、国务院的这个决定，进一步确立了特区的地位，同时又明确了特区的社会主义性质。同年8月，五届全国人大常委会第十五次会议作出决定，批准广东、福建两

---

① 中共中央文献研究室编：《改革开放三十年重要文献选编》（上），中央文献出版社2008年版，第53页。

② 即：来料加工、来样加工、来件装配，补偿贸易。

省在深圳、珠海、汕头、厦门设置经济特区，并通过了《广东省经济特区条例》。经济特区建设正式通过立法程序。

创办经济特区，就是要在特区内实行一系列不同于国内其他地区的特殊政策和管理体制，即实行以市场调节为主，在对外经济活动中实行更加开放的政策，以求找到一条打破僵化的计划管理体制、尽快把经济搞上去的新路。特区建设资金以引进外资为主，所有制结构以中外合资、合作经营企业和外商独资经营企业为主，产业结构以工业为主；特区的经济活动，在国家宏观指导下实行以国际市场调节为主。特区的产品以外销为主，其所需的设备及原材料要从国际市场上进口，产品要到国际市场上竞争；经济特区实行不同于内地的管理体制，有更大的自主权。除投资规模在1亿元以上项目要报国务院审批，轻工业投资3000万元以上、重工业投资5000万元以上项目要报国家计委审批外，其余项目不需国家综合平衡，特区可以自己审批。外汇实行包干上缴，超额留用。财政体制也实行大包干。可以自主经营进出口业务。进口生产所需的设备、生产资料和自用的生活资料除烟、酒等少数物品外，均免征进口税。对土地使用费区别行业给予优惠待遇。

兴办经济特区是一项新生事物，需要在探索中边总结经验边开拓发展。经济特区开发建设一年后，在广泛调查研究基础上，国务院于1981年5月下旬至6月中旬召开广东、福建两省和经济特区工作会议。会议着重检查、总结试办特区的情况和经验，拟定了十项政策措施，进一步明确了举办经济特区的指导思想、基本方针和政策措施。在中央政策的推动下，特区建设显现良好发展势头。深圳等昔日的边陲小镇、荒滩渔村，迅速成为国内外关注的改革开放的热土。

第二章
经济改革的全面展开

（1984~1991）

　　1978—1984年既是国民经济恢复、整顿和发展的转折阶段，也是经济体制改革的初步探索阶段。这一阶段的改革从总体上看是局部、个别、试探性地进行，改革的重心是农村改革，以解放生产力。随着国民经济的进一步发展，局部个别的分散改革的作用不能充分发挥，并且在改革中也伴随着新问题。为此，1984年10月，党的十二届三中全会通过《中共中央关于经济体制改革的决定》，按照建设有中国特色的社会主义的总目标，迈出了以城市为重点的整个经济体制改革的步伐。改革进入了全面展开的阶段。

一、改革思路的深化与"三步走"发展战略

　　1978—1984年的改革开放成果极大地鼓舞了中国共产党和中国人民的改革信心和热情，使社会主义中国展现新的面貌。全国上下满怀信心和希望，努力开创社会主义现代化建设新局面，积极探索建设社会主义新道路。1982年9月党的十二大明确提出一个决定中国未来发展的重大命题，即"走自己的道路，建设有中国特色的社会主义"。随后1984年10月党的十二届三中全会比较系统地阐明了经济体制改革的一系列重大问题，对经济体制改革进行了更全面的部署，制定了第一个经济体制改

革纲领。在此基础上，1987年9月党的十三大确定了"三步走"经济发展战略。

经济体制改革的纲领

1982年9月1日至11日，党的十二大召开。邓小平在开幕词中明确提出"建设有中国特色的社会主义"的重大命题。他指出："我们的现代化建设，必须从中国的实际出发。无论是革命还是建设，都要注意学习和借鉴外国经验。但是，照抄照搬别国经验、别国模式，从来不能得到成功。这方面我们有过不少教训。把马克思主义的普遍真理同我国的具体实际结合起来，走自己的道路，建设有中国特色的社会主义，这就是我们总结长期历史经验得出的基本结论。"[①] "建设有中国特色的社会主义"思想的提出，回答了进入改革开放新时期后中国走什么样的道路这一当时人们最为关心的重大问题，表明了中国共产党坚持从中国国情出发，团结带领人民走一条在社会主义现代化建设新道路的坚定决心。这一重要思想，是整个新时期改革开放和社会主义现代化建设的指导思想，也是中国的改革开放和现代化建设取得巨大成功的理论基点所在。

党的十二大提出中国共产党在新时期的总任务是：团结全国各族人民，自力更生，艰苦奋斗，逐步实现工业、农业、国防和科学技术现代化，把我国建设成为高度文明、高度民主的社会主义国家。围绕这个总任务，党的十二大对开创社会主义现代化建设新局面作出全面部署，把继续推进经济建设确定为全面开创新局面的首要任务。根据邓小平1979年以来的倡议，党的十二大明确，从1981年到20世纪末的20年，我国经济建设总的奋斗目标是，在不断提高经济效益的前提下，力争使全国工农业的年总产值翻两番，即由1980年的7100亿元增加到2000年的2.8万亿元左右，使人民生活达到小康水平。把20世纪末的奋斗目标由先

---

① 《邓小平文选》第3卷，人民出版社1993年版，第2—3页。

前的实现现代化改为实现小康,符合中国经济落后和发展很不平衡的实际情况,从战略指导上解决了长期存在的急于求成的问题。党的十二大实事求是地规定了经济发展的战略重点,即农业、能源、交通以及教育和科学技术。在战略部署上分两步走:前十年主要是打好基础,积蓄力量,创造条件;后十年要进入一个新的经济振兴时期。党的十二大还提出了改革经济、政治体制的任务,要求抓紧制订改革的总体方案和实施步骤,继续改革和完善国家的政治体制和领导体制。

为进一步细化和落实党的十二大关于经济改革的目标和决策,1984年10月,党的十二届三中全会通过了《中共中央关于经济体制改革的决定》(以下简称《决定》)。这个《决定》根据马克思主义基本原理同中国实际相结合的原则,阐明了加快以城市为重点,以对外开放为方针,进一步贯彻执行对内搞活经济的整个经济体制改革的必要性和紧迫性。这份《决定》因其具体而明确地规定了改革的方向、性质、任务和基本目标,成为指导中国经济体制改革的纲领性文件。

党的十二届三中全会的《决定》全面和系统地提出了经济体制改革的主要内容和任务,明确了改革的市场取向,确定社会主义经济是"公有制基础上的有计划的商品经济",突破了长期以来把计划经济同商品经济对立起来的传统观念,从理论上表述了社会主义经济的本质属性,是社会主义经济理论的一次重大突破。

《决定》在理论上的重大贡献是,突破了把计划经济同商品经济对立起来的传统观念,提出"建立自觉运用价值规律的计划体制,发展社会主义商品经济"。确认我国社会主义经济是"公有制基础上的有计划的商品经济"。这个论断,在理论上是一个重大突破,是《决定》用以立论的根本立足点,它表明过去那种认为社会主义经济只能是计划经济、否认商品经济的积极作用、限制商品经济发展的观念和政策是错误的,阻碍了社会主义经济的发展。这就为中国经济体制的改革指明了方向,提供了新的理论依据。

《决定》强调，"商品经济的充分发展，是社会经济发展的不可逾越的阶段，是实现我国经济现代化的必要条件。只有充分发展商品经济，才能把经济真正搞活，促使各个企业提高效率，灵活经营，灵敏地适应复杂多变的社会需求，而这是单纯依靠行政手段和指令性计划所不能做到的"。同时，《决定》也指出，社会主义商品经济的广泛发展也会产生某种盲目性，必须有计划的指导、调节和行政的管理，这在社会主义条件下是能够做到的。

《决定》首先提出经济体制改革的基本任务是：按照党历来要求的把马克思主义基本原理同中国实际相结合的原则，按照正确对待外国经验的原则，进一步解放思想，走自己的路，建立起具有中国特色的、充满生机和活力的社会主义经济体制，促进社会生产力的发展。①

《决定》根据"有计划的商品经济"的理论，对中国经济体制改革的主要内容作出规定。《决定》指出，改革"是在坚持社会主义制度的前提下，改革生产关系和上层建筑中不适应生产力发展的一系列相互联系的环节和方面。这种改革，是在党和政府的领导下有计划、有步骤、有秩序地进行的，是社会主义制度的自我完善和发展"。

《决定》对改革的一系列基本问题作了阐述，指出，增强企业活力是经济体制改革的中心环节；建立自觉运用价值规律的计划体制，发展社会主义商品经济；建立合理的价格体系，充分重视经济杠杆的作用；实行政企职责分开，正确发挥政府机构管理经济的职能，今后各级政府部门原则上不再直接经营管理企业；建立多种经济形式的经济责任制，认真贯彻按劳分配原则；积极发展多种经济形式，进一步扩大对外和国内的经济技术交流；启用一代新人，造就一支社会主义经济管理干部的宏大队伍；加强党的领导，保证改革的顺利进行。

《决定》对增强企业活力这个经济体制改革的中心环节作出了重要

---

① 中共中央文献研究室编：《十二大以来重要文献选编》（中），人民出版社1986年版，第558页。

说明和部署。主要解决好两个方面的关系问题：确立国家和全民所有制企业之间的正确关系，扩大企业自主权；确立职工和企业之间的正确关系，保证劳动者在企业中的主人翁地位。[1]

《决定》还认为，价格体系改革是整个经济体制改革成败的关键，要逐步缩小国家统一定价的范围，"使价格能够比较灵活地反映社会劳动生产率和市场供求关系的变化"。《决定》突破了过去传统体制改良的思路，触及传统体制的基本结构，是改革目标和模式选择的一个飞跃，距离中国的改革设想又更进了一步。

社会主义初级阶段理论与改革思路的深化

历史在前进，改革的思路也在进一步深化。党的十二大前后的几年，经济社会发展比较顺利。经济社会发展的成就，集中表现在国民经济和社会发展第六个五年计划的完成上。

"六五"期间，安定团结的政治局面得到进一步巩固，为经济社会发展提供了政治保证和根本前提。城乡经济体制改革和对外开放调动了各方面的积极性，为经济社会发展提供了强大的推动力。制订的计划切合实际，加之通过前几年的调整，重大比例关系得到改善、趋于协调，为经济社会发展创造了良好的环境。

到1985年底，"六五"计划的经济指标全面、超额完成。1985年同1980年相比，工农业总产值由7707亿元增加到13335亿元，按1980年不变价格计算，平均每年增长11%；国民生产总值由4470亿元增加到8568亿元，按1980年不变价格计算，平均每年增长10%，远远超过原计划每年增长4%—5%的速度。若干关系国计民生的重要产品的产量都实现了大幅度增长。国民经济活动的效益和效率有所提高，国家财政收入由

---

① 中共中央文献研究室编：《十二大以来重要文献选编》（中），人民出版社1986年版，第564—565页。

"五五"末期的连年下降转为逐年上升，实现了收支基本平衡。基本建设和技术改造取得重大进展，五年完成基本建设投资比"五五"时期增长46%，完成技术改造投资增长77%。[①]"六五"期间，对外经济贸易和技术交流打开新局面，进出口贸易总额比"五五"期间翻了一番，在世界上所占的位次明显提高。"六五"计划经济指标的完成，使过去长期感到困扰的一些经济问题得到比较好的解决。粮食和棉花产量的大幅度增长，为解决人民温饱问题提供了条件。由于日用消费品货源比较充足，过去许多定量分配和凭票供应的商品，除粮、油外已基本取消票证、敞开供应。这些成就和变化，无论同中华人民共和国成立以来几个五年计划时期的情况相比，还是同世界各国同期的经济发展情况相比，都是很突出的。

"六五"期间，经济社会发展也存在一些突出问题。主要是：经济发展模式向以提高经济效益为中心转变成效不大；固定资产投资规模过大，出现历史上少有的经济过热；农业生产中出现重副轻粮的倾向；一些企业特别是一些乡镇企业污染环境、浪费资源、滥占耕地现象严重等。在一些地区出现的这些问题，有的是旧体制留下的老问题，有的是改革发展中出现的新问题。这些问题也是此后中国改革发展中的重要问题，只有通过不断深化改革、推进发展、完善体制机制，才能逐步加以解决。

随着"六五"计划的顺利实施，早在1983年，中共中央就着手进行"七五"计划的制订工作。1985年9月，中国共产党全国代表会议通过《关于制定国民经济和社会发展第七个五年计划的建议》。《建议》提出了"七五"期间中国经济工作的基本指导思想，关系经济社会发展全局和方向的一些重要指标，经济社会发展的战略方针和主要政策措施，

[①] 国家统计局国民经济综合统计司编：《新中国五十年统计资料汇编》，中国统计出版社1999年版，第5、7、8、41、60页。

以及经济体制改革的设想和步骤。"七五"期间经济社会发展的主要奋斗目标是：争取基本上奠定有中国特色的新型社会主义经济体制的基础，大力促进科学技术进步和智力开发，不断提高经济效益，使1990年的工农业总产值和国民生产总值比1980年翻一番或者更多一些，使城乡居民的人均实际消费水平每年递增4%—5%，使人民的生活质量、生活环境和居住条件都有进一步的改善。随着生产的发展，中国人民的消费也将由温饱型逐步向小康型过渡。

根据中共中央的建议，国务院制订了《中华人民共和国国民经济和社会发展第七个五年计划纲要（草案）》。1986年4月，经六届全国人大四次会议批准实施。

到1987年，中国的改革开放已进入第九个年头。中国特色社会主义事业的不断推进，改革开放的全面展开，迫切需要在深刻分析基本国情、系统总结正反两方面经验基础上，对什么是社会主义、怎样建设社会主义，以及中国改革开放和社会主义现代化建设一系列理论和实践问题作进一步回答。

1987年10月25日至11月1日举行的党的十三大，在总结历史经验和改革开放新鲜经验基础上，系统阐述了社会主义初级阶段的理论，明确概括了党在社会主义初级阶段的基本路线。党的十三大提出，社会主义初级阶段的科学内涵包括两层含义：第一，我国社会已经是社会主义社会，我们必须坚持而不能离开社会主义；第二，我国的社会主义社会还处在初级阶段，我们必须从这个实际出发，而不能超越这个阶段。在近代中国的具体历史条件下，不承认中国人民可以不经过资本主义充分发展阶段而走上社会主义道路，是革命发展问题上的机械论，是右倾错误的重要认识根源；以为不经过生产力的巨大发展就可以越过社会主义初级阶段，是革命发展问题上的空想论，是"左"倾错误的重要认识根源。社会主义初级阶段不是泛指任何国家进入社会主义都会经历的起始阶段，而是特指我国在生产力落后、商品经济不发达条件下建设社会主义必然要经历的特定阶段。我国从20世纪50年代生产资料私有制的社会主义改造基本完成，到社会主义现代化的基本实现，至少需要上百年时间，都属于社会主义初级阶段。在社会主义初级阶段中，主要矛盾是人民日益增长的物质文化需要同落后的社会生产之间的矛盾。党和国家的主要任务是发展生产力，推进社会主义现代化建设。

党的十三大对当时的中国社会状况作了深刻分析，指出：一方面，以生产资料公有制为基础的社会主义经济制度、人民民主专政的社会主义政治制度和马克思主义在意识形态领域中的指导地位已经确立，剥削制度和剥削阶级已经消灭，国家经济实力有了巨大增长，教育科学文化事业有了相当发展。另一方面，人口多，底子薄，人均国民生产总值仍居于世界后列。生产力的落后，决定了在生产关系方面，发展社会主义公有制所必需的生产社会化程度还很低，商品经济和国内市场还很不发达，社会主义经济制度还不成熟不完善；在上层建筑方面，建设高度的社会主义民主政治所必需的一系列经济文化条件很不充分，封建主义、资本主义腐朽思想和小生产习惯势力在社会上还有广泛影响，并且经常侵袭党的干部和国家公务员队伍。这种状况说明，我们今天仍然远没有超出社会主义初级阶段。

正确认识中国社会所处历史阶段，是建设和发展中国特色社会主义的首要问题。确认中国处在社会主义初级阶段的重大意义在于，把中国社会所处的历史方位与党的十一届三中全会以来实行的路线方针政策紧密联系起来，鲜明地指出了必须制定和执行现在这样的路线方针政策而不能采取别的路线方针政策的基本根据。社会主义初级阶段理论的提出，为正确理解中华人民共和国成立以来的成功和失误提供了一把钥匙，也为坚持改革开放、坚持和发展中国特色社会主义提供了有力的理论武器。这是中国共产党人对科学社会主义理论的重要贡献。

从社会主义初级阶段这一新认识出发，党的十三大把党在社会主义初级阶段的基本路线概括为：领导和团结全国各族人民，以经济建设为

中心，坚持四项基本原则，坚持改革开放，自力更生，艰苦创业，为把我国建设成为富强、民主、文明的社会主义现代化国家而奋斗。简明地说，这条基本路线主要内容就是"一个中心，两个基本点"，即以经济建设为中心，坚持四项基本原则，坚持改革开放。后来的实践证明，坚持这条基本路线不动摇，是中国特色社会主义事业不断夺取新胜利的根本保证。

党的十三大对加快和深化改革作出全面部署。关于经济体制改革，党的十三大对党的十二届三中全会提出的公有制基础上的有计划的商品经济体制作了进一步阐述，指出：社会主义有计划商品经济的体制，应该是计划与市场内在统一的体制。新的经济运行机制，总体上来说应当是国家调节市场，市场引导企业。大会提出，要围绕转变企业经营机制这个中心环节，分阶段地进行计划、投资、物资、财政、金融、外贸等方面体制的配套改革，逐步建立起有计划商品经济新体制的基本框架。大会根据几年来的实践经验，分析了经济体制改革的艰巨性，指出：现在看来，建立新体制框架所需的时间，会比原来的估计要长一些。

"三步走"发展战略

党的十三大的另一个重大贡献，是确定了"三步走"发展战略。这一战略，是在总结历史经验基础上、伴随改革开放实践逐步形成的，也是根据邓小平关于中国实现现代化步骤的战略构想而提出的。

早在20世纪60年代，中国共产党就提出了在20世纪内，全面实现农业、工业、国防和科学技术的现代化战略构想。这个"四个现代化"的提法一直延续到党的十一届三中全会以后。随着中国共产党实事求是思想路线的重新确立，以及党和国家工作中心向经济建设转移，制定切实可行的发展战略，成为世人关注并亟待解决的重大问题。

邓小平首先思考的是到20世纪末中国要实现的战略目标问题。1979年12月6日，他在会见日本首相大平正芳时指出："我们要实现的四个现代化，是中国式的四个现代化。我们的四个现代化的概念，不是像你们那样的现代化的概念，而是'小康之家'。到本世纪末，中国的四个现代化即使达到了某种目标，我们的国民生产总值人均水平也还是很低的。要达到第三世界中比较富裕一点的国家的水平，比如国民生产总值人均一千美元，也还得付出很大的努力。就算达到那样的水平，同西方来比，也还是落后的。所以，我只能说，中国到那时也还是一个小康的状态。"[①] 邓小平把到20世纪末的奋斗目标由原来的全面实现四个现代化改为达到小康目标，客观反映了中国经济落后和经济社会发展不平衡的实际情况，充分考虑了中国实现现代化的长期性和艰巨性，从战略指导上克服了长期存在的脱离实际、急于求成的问题。

根据邓小平的设想，党的十二大确定了到20世纪末，力争使全国工农业的年总产值翻两番，使全国人民的物质文化生活达到小康水平的战略目标。

1987年4月30日，邓小平在会见西班牙工人社会党副总书记、政府副首相格拉时，第一次明确提出经济建设大体分"三步走"的战略目标。党的十三大根据邓小平的设想，明确规定：第一步，到20世纪80年代末，实现国民生产总值比1980年翻两番，解决人民的温饱问题；第二步，到20世纪末，使国民生产总值再增长一倍，人民生活达到小康水平；第三步，到21世纪中叶，人均国民生产总值达到中等发达国家水平，人民生活比较富裕，基本实现现代化。然后，在这个基础上继续前进。

"三步走"的发展战略，对中华民族百年图强的宏伟目标作了积极而稳妥的规划，既体现了中国共产党和中国人民勇于进取的雄心壮志，又反映了从实际出发、遵循客观规律的科学精神，是中国共产党探索社会主义现代化建设规律的重大成果。实践证明，"三步走"是中国迈向现代化、中华民族走向伟大复兴的正确战略。

---

① 《邓小平文选》第2卷，人民出版社1994年版，第237页。

二、以城市为重点推进经济体制改革

党的十二届三中全会通过《中共中央关于经济体制改革的决定》，对以城市为重点的整个经济体制改革作了决策和部署。深入贯彻执行对内搞活、对外开放的方针，企业改革进入了一个全新的阶段，国家与企业的关系进一步规范，在有计划商品经济的认识下，企业遵循所有权与经营权相分离思路，大大增强了企业的活力，形成了多种经济成分的格局。

改革重心的转移

改革开放伊始，党和国家首先着手进行的是经济秩序的整顿和国民经济的恢复发展。党的十一届三中全会经过拨乱反正，从中国国情出发，重新确立经济建设的指导方针，提出"调整、改革、整顿、提高"的"新八字方针"，对经济运行作出了一次重大的宏观调控。经过调整和发展，国民经济的主要比例关系逐步趋于协调、稳定。这一时期，工农业生产稳步发展，农、轻、重的比例有所改善。和1979年相比，1984年工农业总产值中，农业的比重从26.6%上升到29.7%；轻工业从32.1%上升到33.3%；重工业从41.3%下降到37.0%。[1]这样的比例关系，大体适合当时国民经济调整和发展的要求。

同时，这一时期的财政收支状况好转，财政赤字大量减少。统计数据显示，1979—1981年的财政赤字从170.6亿元降至25.5亿元。[2]这得益于当时实施的大规模压缩基建投资，减少财政支出的政策，也是对地方实行"划分收支，分级包干"的财政体制，明确各级财政的责权利关系，减少财政赤字，增强国家对宏观经济调控能力的改革结果。

---

[1] 《中国统计年鉴（1993）》，中国统计出版社1993年版，第60页。
[2] 《中国统计年鉴（1985）》，中国统计出版社1985年版，第523页。

随着对外开放的深入，对外贸易也有了进一步的发展。1984年，进出口贸易总额达1201.03亿元，比上年增长39.6%。其中，出口总额比上年增长32.4%，进口总额比上年增长47.1%。[①]这一切表明党中央的调整恢复国民经济的"新八字方针"是正确的、有成效的。它不仅促进了经济的发展，而且为顺利地进行全方面的经济体制改革提供了一个比较宽松的环境。但在改革的实践中，旧体制仍然存在，对进一步的经济发展有很大的阻碍作用。因此，要使国民经济长期稳固地快速发展，就必须加大改革的力度，以改革为重心，在确定社会主义经济是"公有制基础上的有计划的商品经济"基础上，改革的重点逐渐从农村转向城市，以搞活国有企业为中心环节，全面展开经济改革的进程。

农村改革以稳定和完善家庭联产承包责任制为主要任务。1982年至1984年，中共中央连续发出三个"一号文件"，不断推出稳定和完善家庭联产承包责任制的措施。到1987年，全国有1.8亿农户实行了这种责任制，占全国农户总数的98%。1984年初，宣布土地承包期延长至15年以上，生产周期长的开发性项目，如果树、林木、荒山、荒地等，承包期还可以更长一些。随着家庭联产承包责任制的普遍推行，原来"队为基础、三级所有"的政社合一的人民公社体制已经无法适应农村发展的要求。在试点基础上，1982年12月五届全国人大五次会议通过的新宪法，作出改变农村人民公社的政社合一体制、设立乡政府作为基层政权、普遍成立村民委员会作为群众性自治组织等相关规定。1983年10月，中共中央、国务院发出《关于实行政社分开建立乡政府的通知》，提出搞好这一改革的八项规定。到1985年春，撤社建乡（镇）工作基本完成。这是对经济体制和政治体制的重大改革。

农村改革调动了亿万农民的生产积极性，解放了农村生产力，使中国农业生产迅速扭转了长期徘徊不前的局面。1979年至1984年，农业总产

---

① 　数据出自《中国统计年鉴（1985）》，中国统计出版社1985年版，第494页。

值以年均8.9%的速度增长，平均每年增产粮食170亿公斤。1984年粮食产量达到4000亿公斤，人均400公斤，接近世界人均水平。

农村改革为农村商品经济的发展创造了条件。中共中央抓住这个有利时机，加快农村经济商品化的进程。1985年1月，中共中央、国务院发布《关于进一步活跃农村经济的十项政策》，这是中央连续发出的第四个"一号文件"。文件规定，取消农副产品统购派购制度，对粮食、棉花等少数重要产品，实行尊重农民自主权的国家计划合同收购的新政策，合同收购以外的产品可以自由出售，或以协议价格卖给国家；其余多数产品，逐步放开，自由交易；国家不再向农民下达指令性生产计划；农业税由过去向农民征收实物改为折征现金。这样，就基本上改变了实行30多年的统购派购政策，把农村经济纳入了有计划的商品经济的轨道，促使传统农业进一步向专业化、商品化、现代化方向发展。

农村改革取得的一个人们未曾预料到的收获，是乡镇企业的崛起。乡镇企业的前身是社队企业。进入20世纪80年代后，随着家庭联产承包责任制的推行，一大批农村劳动力从土地上解放出来，从事工业、商业和服务业，使农村中集体的、个体的及私营的企业如雨后春笋般地成长起来。到1987年，乡镇企业从业人数达到8805万人，产值达到4764亿元，占当年农村社会总产值的50.51%，第一次超过农业总产值。这是农村经济的一个历史性变化。乡镇企业的异军突起，不仅促进了农村经济发展、农民收入增加和农民观念更新，而且在提供财政收入、发展出口贸易、推进中国工业化进程方面作出了重要贡献。随着乡镇企业的发展，兴起了一大批小城镇。这是在建设中国特色社会主义进程中产生的一个新事物，它在中国经济社会发展中具有重要的战略地位。

农村经济改革不是采取一哄而起、一步到位的方式，而是从实际出发，及时总结农民群众的创造，因势利导，加以推动。这成为中国共产党领导经济改革的一个成功范例，也成为此后其他领域改革开放的路径模板。拥有几亿人口的中国农村，比较顺利的实现如此深刻的社会变革，对于农村经济和整个国民经济的发展，对于其他领域的改革，都产生了深远的影响。

在农村改革的推动下，城市改革向新的广度和深度发展。在沙市、常州进行经济体制综合改革试点基础上，1983年2月，中共中央、国务院批准在重庆这样的大城市进行试点。与此同时，从1983年起，城市企业进行了两步利改税①改革，以完善国家与企业的分配关系。这些改革举措，对搞活城市经济、提高企业效益起到了积极作用。但要进一步解决经济体制深层次的弊端，还需要把改革全面引向深入。1984年3月23日，福建省55位厂长、经理以《请给我们"松绑"》为题，联名向时任福建省委书记和省长发出一封公开信，希望给予企业必要的人事权、财权和自主经营权。《人民日报》在显著位置对此作了报道。要求全面改革的呼声日益强烈。

农村改革的成功经验，农村经济发展对城市的要求，为以城市为重点的整个经济体制改革提供了有利条件。党的十一届三中全会以后所进行的城市改革的试点和探索，也取得了显著成效，积累了重要经验，为继续改革打下了基础。对外开放使人们眼界大开，看到正在世界范围兴起的新技术革命对中国经济发展提供的机遇和挑战，使经济体制改革显得更为迫切。

党的十二届三中全会通过《中共中央关于经济体制改革的决定》，比较系统地提出和阐明了经济体制改革中的一系列重大理论和实践问题，为全面经济体制改革勾画了整体蓝图。此后，以城市为重点的经济体制改革全面展开。

城市企业是工业生产、建设和商品流通的主要承担者，是社会生产

---

① 1983年至1984年，国家决定对国营企业实行两步"利改税"。第一步利改税，采取税利并存制度，即在企业实现的利润中先征收一定比例的所得税和地方税，然后对税后利润进行分成。第二步利改税的主要内容是调整税目和税率，国家对国营企业实现的利润先征所得税，然后根据所得税后利润多少再征收调节税，调节税后利润为企业留利。

力发展和经济技术进步的主导力量。过于集中的计划经济体制导致企业缺乏应有的活力。党的十二届三中全会把增强企业活力特别是全民所有制大中型企业的活力,作为以城市为重点的整个经济体制改革的中心环节。为搞活国有企业,采取的一个主要措施是广泛推行承包经营责任制,通过企业主管部门同企业的厂长(经理)签订任期目标责任制合同,对责权和奖惩作出明确规定,以增强企业经营者的责任感,调动其积极性。承包经营责任制作为一个带有过渡性质的改革措施,对调动企业经营者的积极性、促进国民经济发展发挥了积极作用。到1987年,全国已有80%的国营企业实行各种形式的承包经营责任制。1987年同1978年相比,国营企业留利占利润总额的比重由3.7%上升到40%以上(扣除各种税费,实际留利约占20%),使企业增强了自我改造和自我发展的能力。在一些小型国营企业中采取的租赁经营责任制也取得了较好效果。

在实行承包经营责任制基础上,有的企业开始了股份制改革的尝试。这一新的企业制度使企业所有权和经营权进一步分离,给企业的发展注入新的活力。1984年7月,北京市天桥百货股份有限公司成立,在全国国营商业中率先迈出股份制改革的步伐。1984年11月,上海飞乐音响公司向本企业和社会公开发行股票,成为改革开放后上海第一家试行股份制经营的股份有限公司。1986年11月,纽约证券交易所董事长约翰·范尔霖访华,邓小平把一张刚刚发行上市、面值50元的股票赠给他。这一举动向世界表明:股票和股份制并不为资本主义所专有,社会主义国家也可以利用。1986年12月,国务院在《关于深化企业改革增强企业活力的若干规定》中明确提出:各地可以选择少数有条件的全民所有制大中型企业,进行股份制试点。到1986年底,全国共有股份制企业6000余家。

在国有企业改革的同时,个体经济、私营经济和"三资"企业也发展起来。20世纪70年代末,安徽芜湖一个名叫年广久、自称"傻子"的人,因所炒的瓜子香脆可口,生意越做越红火。到1982年,他的工厂已经雇佣100多人，远远超过当时个体户雇工8人以下的界限，有人主张取缔。对此，邓小平明确提出"放两年再看"，"如果你一动，群众就说政策变了，人心就不安了"，"让'傻子瓜子'经营一段，怕什么?伤害了社会主义吗?"[①]邓小平的表态及一系列相关政策的出台，打消了人们对发展个体经济及多种经济成分的顾虑，促进了多种经济成分的迅速发展。在浙江温州地区，1985年全市登记发证的个体工商户超过13万，家庭作坊遍布全区。温州人生产的皮鞋、眼镜、阀门、打火机、服装、文具笔、印刷品、锁具、变压器开始走向全国、走向世界，同时也成长起鞋王、笔王、锁王等一批企业家。温州成为这一时期中国个体及非公有制经济发展最迅速、最具活力的城市之一。

　　发展横向经济联合成为城市经济体制改革的另一个突破口。1986年3月，国务院在北京召开了第一次全国城市经济体制改革工作会议，会议的主题词是"横向经济联系"，企业之间的横向经济联合成为会议的中心议题。随后，国务院发布了《关于进一步推动横向经济联合若干问题的规定》，指出横向经济联合是经济体制改革的重要内容，是对条块分割、地区封锁的有力冲击，对于加快整个经济体制改革和社会主义现代化建设具有深远的意义。企业之间的横向联合取得了令人瞩目的进展，到1989年4月，已有2856个企业兼并了3224个企业，企业兼并向跨地区、跨行业发展，并且具有一定规模的企业集团已发展到1500家左右。[②]

　　改革使原来那种与现实生产力水平不完全适应的单一公有制结构发生很大改变。1987年同改革前的1978年相比，在全国工业总产值中，全民所有制企业的产值有相当的增长，而它所占的比重由77.6%下降到59.7%，仍占绝对优势；集体经济由22.4%上升到34.6%；个体经济、私营经济、"三资"企业和其他非公有制经济成分则由几乎为零上升到5.6%。在社会商品零售总额中，全民所有制商业由54.6%下降到38.7%，集体商

---

①　《邓小平文选》第3卷，人民出版社1993年版，第91页。

②　《人民日报》1989年4月10日、1989年7月15日。

业由43.3%下降为35.7%，非公有制商业由2.1%上升到25.6%。全国城镇个体工商等各行业从业人员由1978年的15万人增加到1987年的569万人。[①]所有制结构的这种变化，对发展经济、方便人民生活和安置就业起到了积极作用。

在改革计划管理体制方面，国家宏观调控的范围和方式得到调整和改进。与改革前相比，1987年由国家计委管理的指令性计划的工业产品从120种减少到60种，其产值占工业总产值的比重由40%下降到17%；国家统配物资由259种减少到26种；国家计划管理的商品由188种减少到23种。全国用于生产和建设的资金，由财政筹集的从76.6%下降到31.2%，由银行筹集的从23.4%上升到68.8%。[②]经济杠杆在宏观调控中的作用明显增强。

在改革价格体系和促进市场发育方面，不仅消费品市场稳步发展，生产资料市场，以及金融、技术、劳务和房地产市场等都得到进一步开拓。在价格体系中，除国家定价（平价）及国家指导价（浮动价）外，由市场调节、价格完全放开（议价）的商品及服务越来越多。这种"双轨制"现象，是中国由计划经济向商品经济转轨过程中的必然产物。

紧紧围绕搞活企业这个中心环节，城市改革在财政、税收、金融、商业、劳动工资等方面也有不同程度的进展。

通过改革，城市经济生活出现了前所未有的活跃局面。虽然在着重强调放开搞活和增强企业活力的时候，加强和改善国家的宏观管理的措施没有及时跟上，以致产生了一些混乱现象，但总的说来，向公有制基础上有计划商品经济新体制转变的方向是正确的。

全面改革开始冲破僵化的计划经济体制。随着各方面改革的陆续展开和推进，中国开始出现前所未有的农业和工业、农村和城市、经济体制改革和其他体制改革、改革和发展相互促进的生动局面。这为进一步

①　《中国统计年鉴（1987）》，中国统计出版社1987年版，第24页。

②　《中国统计年鉴（1987）》，中国统计出版社1987年版，第29、71页。

加快改革发展创造了条件、奠定了基础。

企业改革的全面展开

邓小平在党的十一届三中全会闭幕式上讲话时强调："当前最迫切的是扩大厂矿企业和生产队的自主权，使每一个工人和生产队能够千方百计地发挥主动创造精神。"[1]从此，国有企业改革以调动企业和职工生产经营积极性为出发点，从扩大企业自主权开始逐步展开，并伴随着整个改革开放事业的深入和扩大，一步步向纵深发展。

先是扩权让利，实行经济责任制。国有企业改革之初，国家以实行企业利润留成制度为重点，有限地扩大企业在生产计划、产品销售、劳动管理、内部分配等方面的经营管理自主权。1978年10月，四川省率先在宁江机床厂等6家企业进行扩大企业自主权的试点。党的十一届三中全会以后，把试点单位扩大到100家，并制定14条试点办法。试点改革后，其中84家的地方试点改革工业企业在1979年的总产值比1978年增长14.9%，利润总额增长33%，上缴利润增长24.2%，普遍高于非试点企业。[2]为了加强和统一领导各地的试点，1979年7月，国务院发出《关于按照五个改革管理体制文件组织试点的通知》。按照国务院的部署和受四川省的扩权试点成功后的鼓励，各省市自治区先后进行企业扩权试点。到1980年年底，全国扩权企业已达6600个，占国家预算内工业企业总数的16%，产值约占60%，利润约占70%。扩大企业自主权试点，使得企业在完成国家计划的前提下，按照生产建设和市场需要制定补充计划，自主安排生产，促进了企业生产经营方式的转型。同时，企业有了一定的自主分配的财力和经济利益，调动了企业的生产经营积极性，促进了企业效益的提高。

1981年，山东省对部分企业实行利润（亏损）包干，较好地解决了企

---

① 《邓小平文选》第2卷，人民出版社1994年版，第146页。

② 《四川扩大企业自主权试点经验》，《社会科学研究》丛刊1980年第1期。

业经济责任问题，迅速在全国得到推广。1981年9月24日，国务院批转国家经委和国务院体改办《关于实行工业生产经济责任制若干问题的意见》，工业生产经济责任制正式作为企业改革的重要政策在全国实行。国家对企业实行经济责任制基本上坚持三种类型：一是利润留成，二是盈亏包干，三是以税代利、自负盈亏。经济责任制是扩权让利的继续和发展，是处理国家、企业与职工三者之间责权利关系的重要举措。

随后进行了"利改税"，理顺国家和企业的分配关系。为了探索国有企业改革的路子和发挥税收在经济活动中的调节作用，从1980年开始进行第一步"自主经营、以税代利、自负盈亏"的试点，起到了良好的效果。根据全国400多家试点企业统计，1981年的利润总额比上年增长17.98%，国家财政收入增长13.59%，占增长额的60.13%，企业留利增长35.74%，占增长额的39.87%。[①]体现了国家多收、企业多得、职工也多得的三兼顾原则。

由于其他改革不配套和实行第一步利改税，加剧了国有企业税负不均现象，同时过于强调增加财政收入的功能，对企业发展后劲考虑不足，削弱了企业的投资发展能力。1984年9月，国务院批转财政部《关于在国营企业推行利改税第二步改革的报告》，由"税利并存"过渡到完全"以税代利"，旨在通过合理确定税目、税率，规范国家与国有企业的分配关系，在此基础上理顺国家与企业的责权利关系，逐步增强企业活力。

实行利改税的初衷，是想把国家和企业的分配关系用税收的形式固定下来，通过税收杠杆缓解价格不合理带来的矛盾。但是，并未达到预期的效果。首先，没有区分好国家作为社会管理者和国有企业资产所有者双重身份来处理国家与企业的分配关系；其次，由于没有建立有效的企业约束机制，造成国有企业投资膨胀，加剧了国家财政的负担；最

---

① 《四年来城市经济体制改革的基本情况》，《经济研究资料》1984年第7期。

后，税率的改革虽然缓解了价格矛盾，却限制了税收对宏观经济的调节作用。加上当时出台政策时正是经济过热后的整顿与紧缩，使得实行两步利改税后国有企业效益长期下滑。与此同时，以首钢为代表的实行承包经营试点的企业，却显示出勃勃生机。

有鉴于此，企业改革进入明确责权利，推行企业承包经营责任制阶段。1986年12月5日，国务院发出《关于深化企业改革增强企业活力的若干规定》，提出"推行多种形式的经营承包责任制，给经营者以充分的经营自主权"。1987年5月，党中央和国务院作出了在全国普遍推广承包制的重要决定。承包的办法是"包死基数、确定上交、超收多留、欠收自补"，基本形式"两保一挂"[①]。承包制的推行，不仅使企业改革有了重大突破，而且工业企业的经济效益有了明显提高，很快扭转了工业企业利润连续下滑的局面。1987年实现利税比1986年增长9.9%；上交利税比1986年增长6.7%；企业还贷128亿元，比1986年还多32亿元；企业留利220亿元，比1986年多22亿元。[②]

进入20世纪80年代中后期，由于市场环境与宏观体制环境的变化，承包制企业不能很快地适应这种变化，加之承包经营的固有缺陷和企业机制的不完善，从而导致国有独立核算工业企业主要的经济效益指标呈下降趋势。其中，百元固定资产原值实现利润从1985年的22.4元降到1992年的12.4元，资金利润率从13.2%降到2.7%，资金利税率从23.8%降到9.7%，产值利税率从21.8%降到11.4%。[③]究其原因，一是1985年实行的"拨改贷"，国有企业的资金来源缩减；二是那几年正是国有企业快速扩张期，企业的筹资成本提高。在此期间，国有企业还采取了一些新的资产经营方式，包括租赁承包制、"税利分流"和股份制，这些改革是对实现政企分开、所有权和经营权分离形式的积极探索，在探索公有

① 　"两保一挂"指保上缴利税、保企业技术改造，企业工资总额与上缴利税挂钩。
② 　董辅礽主编：《中华人民共和国经济史》下卷，经济科学出版社1999年版，第188页。
③ 　《中国经济年鉴（1998）》，中国经济年鉴社1998年版，第808页。

制经济的有效实现形式方面显示出重要意义。

从1991年开始，国企改革转入市场导向，调整企业经营机制阶段。随着国民经济运行机制趋向市场化，企业改革转向把企业推向市场为中心，切实转换企业经营机制。采取的具体措施是以贯彻落实《企业法》、进一步搞好国有大中型企业为重点，积极推进各项配套改革，深化和完善各类企业改革试点。此前，1988年4月，七届全国人大一次会议通过了《中华人民共和国企业法》，解决了国有企业法律地位不明确的问题，巩固了已有的企业改革的成果，使两权分离的企业改革获得了法律依据。为了转变国有企业的经营机制，进一步落实《企业法》，1992年6月，国务院通过了《全民所有制工业企业转换经营机制条例》。该文件强调："继续坚持和完善企业承包经营责任制。逐步试行税利分流，统一所得税率，免除企业税后负担，实行税后还贷。创造条件，试行股份制。"更加明确地确定了依法行使的企业经营权。以这一《条例》的出台颁布为起点，国有企业改革进入以落实企业自主权，建立现代企业制度为中心的新阶段。

多种经济成分并存发展

改革开放以前，中国的所有制结构是单一的公有制。随着商品经济的日益发展与改革开放的逐步深入，各类市场主体也逐步发展起来，并促进改革开放继续进行。市场主体的发展不仅体现在国有企业上，而且也体现在多种经济成分并存发展的新格局方面。

党的十一届三中全会后，中共中央和国务院果断地采取支持城乡个体经济发展的方针。1981年3月，国务院转发国家农委《关于积极发展农村多种经营的报告》的通知中提出，"开展多种经营，要发挥集体和个人两个积极性……通过订立合同和其他形式，积极鼓励和支持社员个人或合伙经营服务业、手工业、养殖业、运销业等。"[①]1982年党的十二大

---

① 中共中央文献研究室编：《三中全会以来重要文献选编》（下），人民出版社1982年版，第743页。

把坚持国营经济的主导地位和发展多种经济形式的问题，列为促进社会主义全面高涨特别要注意解决的重要原则之一。党的十二大报告指出："在农村和城市，都要鼓励劳动者个体经济在国家规定的范围内和工商行政管理下适当发展，作为公有制经济的必要的、有益的补充。"①

随着政策法规的出台，个体经济逐渐发展起来。1987年党的十三大报告指出："目前全民所有制以外的其他经济成分，不是发展得太多了，而是还很不够。对于城乡合作经济、个体经济和私营经济，都要继续鼓励它们发展。"②截至1992年，中国城乡个体户已从1981年的182.9万户增长到1416.8万户；从业人数从227.4万人增至2467.7万人；营业收入从10.9亿元增加到1961.3亿元。③

按照党的十三大的部署，1988年2月，国务院批准国家体改委制定的1988年深化经济体制改革的总体方案。这个方案提出了以落实和完善企业承包经营责任制、深化企业经营机制改革为重点的改革任务。同月，国务院印发《全民所有制工业企业承包经营责任制暂行条例》，开始按照所有权和经营权分离的原则，以承包经营合同形式，确定国家与企业的责、权、利关系。同年4月召开的七届全国人大一次会议通过《中华人民共和国全民所有制工业企业法》，对"两权分离"的改革原则作了更为明确的规定，将企业的责、权、利用法律形式确定下来，为企业承包经营责任制改革提供了法律保障。这次会议通过的《宪法》修正案规定："国家允许私营经济在法律规定的范围内存在和发展，私营经济是社会主义公有制经济的补充。国家保护私营经济的合法的权利和利益，对私营经济实行引导、监督和管理。"私营经济的法律地位得到确认。这是中国共产党对于私营经济方针的划时代的转变。中国私营经济迎来了发

---

①　中共中央文献研究室编：《十二大以来重要文献选编》（上），人民出版社1986年版，第20—21页。

②　中共中央文献研究室编：《十三大以来重要文献选编》（上），人民出版社1991年版，第31页。

③　《中国经济年鉴（1998）》，中国经济年鉴出版社1998年版，第9页。

展的第一个春天，长期隐藏在地下的私营业主一下子涌到地面上。到今天，人们仍然认为，1988年是私营经济的"黄金之年"。

在个体私营经济发展的同时，农村乡镇企业也有了新的发展。乡镇企业是在原社队企业的基础上发展起来的。党的十一届三中全会后，农村实行家庭联产承包责任制，极大地调动了农民生产积极性。广大农民还通过多条投资渠道和多种经济成分、多种生产方式，大办乡镇企业来脱贫致富。社队企业得到高速发展，总产值从1978年的493.07亿元增加到1983年的1016.83亿元，年均增长率为15.6%。1978年社队企业共吸收农村劳动力2826.56万人，到1983年达到3234.6万人，增长14.4%。[①]

1983年3月，中共中央、国务院转发农牧渔业部《关于开创社队企业新局面的报告》的通知，正式把原来的社队企业改称为乡镇企业，并且指出："乡镇企业已成为国民经济的一支重要力量，是国营企业的重要补充。"[②]乡镇企业经营灵活，更容易适应市场需要。在党和国家的有关政策的支持下，乡镇企业得到了长足发展，尤其以苏南模式、温州模式和珠江模式等具有地方特色的经济发展模式而闻名。根据统计资料显示，中国乡镇企业单位数从1985年的1223万个增长到1992年的2292万个，增长了一百多万个，营业收入增长额从2566亿元增长到16390亿元，保持了持续增长。[③]

改革开放之后，外资企业也初步发展起来。1979年10月颁布的《中华人民共和国中外合资经营企业法》，标志着中国开始积极鼓励外商直接投资中国。外资企业主要包括三种类型：中外合资企业、中外合作企业和外商独资企业。通过引进外资，不仅解决了中国资金短缺的问题，而且还学到了外国先进的生产技术和管理经验，提高了中国企业经营管理

---

① 武力主编：《中华人民共和国经济简史》，中国社会科学出版社2008年版，第196—197页。

② 中共中央文献研究室编：《十二大以来重要文献选编》（上），人民出版社1986年版，第440页。

③ 《中国乡镇企业年鉴（2005）》，中国农业出版社2005年版，第819页。

水平和生产力技术水平。随着对外开放程度的加深，外资经济在中国的规模不断扩大，对中国经济社会发展发挥着重要的作用。到1987年，中国已批准建立外资企业达8516家，协议合同外资金额达171.76亿美元。1989—1991年批准外资企业26005家，实际投资额为123.64亿美元，保持了快速发展的势头。[①]

对外开放格局的初步形成

在全面推进城乡和企业改革的同时，对外开放逐步由沿海地区向内推进。党的十一届三中全会明确指出，发展中国的对外经济关系，实行对外开放政策，要求"在自力更生的基础上积极发展同世界各国平等互利的经济合作，努力采用世界先进技术和先进设备"。党的十二大以后，在继续推进城乡改革的同时，对外开放也接连迈出新步伐。对外经济技术交流的规模和水平大幅提升，对外开放的地域不断扩大。

经济特区呈现强劲发展势头。由于社会主义国家举办经济特区是一项创举和试验，马克思主义书本中没有讲过，其他社会主义国家也无先例。特区在发展中也出现一些问题，受到不少责难和非议，甚至有人把它比作旧中国的"租界"。在特区建设破浪前进的时候，邓小平决定去特区看一看，听听特区建设者的声音。

1984年1月22日至2月17日，邓小平先后视察深圳、珠海、厦门等经济特区和上海。通过考察，看到高楼林立，道路四通八达，一片兴旺发达的景象，一座现代化工业新城崛起，邓小平对特区的成绩很满意，欣然题词："深圳的发展和经验证明，我们建立经济特区的政策是正确的。"回到北京后，邓小平同几位中央负责同志谈道："我们建立经济特区，实行开放政策，有个指导思想要明确，就是不是收，而是放。""特区是个窗口，是技术的窗口，管理的窗口，知识的窗口，也是对外政策的窗

---

① 邹东涛：《新中国经济发展60年（1949—2009）》，人民出版社2009年版，第312页。

口。"①这就进一步明确了特区建设的指导思想。邓小平的南方之行和对特区的肯定，使有关特区是非的议论告一段落，对外开放由此迎来了新的机遇。

在这次谈话中，邓小平还提出："除现在的特区之外，可以考虑再开放几个港口城市，如大连、青岛。这些地方不叫特区，但可以实行特区的某些政策。我们还要开发海南岛，如果能把海南岛的经济迅速发展起来，那就是很大的胜利。"②在此之前，1983年4月，中共中央、国务院已决定对海南岛实行经济特区的某些政策，给予较多的自主权，以加速海南岛的开发。邓小平这次谈话之后，中共中央、国务院于1984年3月至4月召开沿海部分城市工作座谈会，着重研究开放沿海部分港口城市的问题。5月，中共中央、国务院批转《沿海部分城市座谈会纪要》，正式确定开放沿海14个港口城市，即大连、秦皇岛、天津、烟台、青岛、连云港、南通、上海、宁波、温州、福州、广州、湛江、北海。在沿海港口城市实行经济特区的某些特殊政策，扩大地方权限，给予外商若干优惠政策和措施，加快利用外资、引进先进技术的步伐，作为经济特区的延伸。这是发挥沿海大中港口城市优势、扩大对外开放、加速现代化建设的一个重大决策和重要步骤。

为了进一步扩大对外开放，中央于1985年1月召开长江三角洲、珠江三角洲、闽南厦漳泉三角地区座谈会。2月，中共中央、国务院发出通知，批准将长江三角洲、珠江三角洲和闽南厦漳泉三角地区划为沿海经济开放区。1988年，中共中央、国务院又决定将胶东半岛、辽东半岛列为沿海经济开放地区。至此，"经济特区—沿海开放城市—沿海经济开放区—内地"这样一个由"点"到"线"到"面"的逐步推进开放的格局初步形成，成为中国实施对内搞活经济、对外实行开放的又一重要步骤。

---

① 《邓小平文选》第3卷，人民出版社1993年版，第51—52页。
② 《邓小平文选》第3卷，人民出版社1993年版，第52页。

这一决策的实施，使中国对外开放初步形成了从经济特区到沿海开放城市再到沿海经济开放区这样一个多层次、有重点、点面结合的对外开放格局，在沿海形成了包括2个直辖市、25个省辖市、67个县、约1.5亿人口的对外开放前沿地带。

党的十三大报告指出："从国民经济全局出发，正确确定经济特区、开放城市和地区的开发与建设规划，着重发展外向型经济，积极开展同内地的横向经济联合，以充分发挥它们在对外开放中的基地和窗口作用。"①由此中国的对外开放进一步向广度和深度发展，不断发展对外经济技术交流和合作，扩大对外贸易和往来。

随着改革的推进，对外开放的步伐进一步加大。这时的国内外形势有利于扩大对外开放。沿海地区抓住国际产业转移的有利时机，发挥劳务费用低、加工技术较高、对外交通便利的优势，开展加工出口贸易，积极走向国际市场，并按照国民经济发展需要，积极有效地举办外商投资企业，利用外商的资金、技术、信息和销售网络，加快经济发展。1988年3月，国务院发出《关于进一步扩大沿海经济开放区范围的通知》，决定适当扩大沿海经济开放区，新划入沿海经济开放区的有140个市、县，包括杭州、南京、沈阳等省会城市，人口增加到1.6亿。

1988年3月，七届全国人大一次会议通过了设立海南省和建立海南经济特区的决定，提出"以改革、开放促发展"，实行市场调节经济的战略方针。5月4日，国务院作出《关于鼓励投资开发建设海南岛的规定》，给予海南经济特区更加灵活的经济政策，授予海南省政府更大的自主权。海南设省及把海南全岛设立为经济特区，体现了中央加快改革开放的巨大魄力和坚强决心。开放的大门促进了海南的迅速发展。统计资料显示：海南省的国内生产总值由1987年的57.3亿元增长到1998年的

---

① 中共中央文献研究室编：《十三大以来重要文献选编》（上），人民出版社1991年版，第24页。

438.92亿元，按可比价格计算，年均增长12.4。[①]

进入1990年，中央决定开发和开放上海浦东，允许外商兴办第三产业和金融、商品零售业，允许外商从事转口贸易和开设外资银行等，拥有更优惠和更完善的发展政策。经过多年的发展，浦东新区进入了基础开发和功能开发并举的新阶段，浦东新区的国内生产总值年均增长达到14%左右。

面对对外开放新形势，中国对原来高度集中的对外贸易体制也进行了有步骤的改革。包括下放和扩大外贸企业经营权，减少指令性计划，实行指导性计划与市场调节相结合；在全行业实行承包责任制，建立对外贸易宏观调控体系；深化"统一政策、放开经营、平等竞争、自负盈亏、工贸结合、推行代理制"的改革思路。

对外开放格局的初步形成，使中国引进外资、先进技术和设备的步伐进一步加快，商品出口能力和出口创汇能力进一步增强。到1987年，全国累计签订利用外资协议（合同）项目10350项，累计协议金额625.09亿美元，其中外商直接投资等达257.73亿美元。14个沿海开放城市引进技术改造项目5000个，成交额34.5亿美元，推动了现有企业技术改造、产品更新换代和结构调整，并引进了一批新技术，发展了一批新产品，有的还填补了国内空白。对外开放成为中国经济社会发展的重要推动力量。

在全面改革的推动下，加上经济发展周期处于上升阶段，1984年至1988年的五年间，中国经济经历了一个加速发展的阶段，国家的经济实力和综合国力迈上了一个新台阶。五年间国民生产总值年均增长11.5%，创造的工业总产值达6万多亿元。居民货币收入由1983年的2639.1亿元增加到1988年的8898.7亿元，居民消费水平由年人均289元增长到643元。城乡储蓄存款由892.5亿元增加到3801.5亿元。[②]

---

① 国家统计局国民经济综合统计司编：《新中国五十年统计资料汇编》，中国统计出版社1999年版，第642、644页。

② 《中国统计摘要（1989）》，中国统计出版社1989年版，第92、102页。

三、经济改革在体制摩擦中曲折前进

在1985—1988年的时限内，改革在经济发展中总体上居于主导地位，全面的经济体制改革开始展开，经济体制转型启动，但经济发展中也出现宏观失控等问题，埋下了经济转型出现局部与暂时性逆转的种子。随后，1989—1991年，经济改革遭遇挫折，甚至出现局部逆转和倒退，改革和发展都呈收缩态势，但也为经济转型进入新的历史阶段准备了历史条件。总的来看，在"有计划的商品经济"的政策和相关理论指引下，中国进行了渐进式改革，在财政、金融、投资、价格体制等方面进行了改革，开始运用经济杠杆调节经济。伴随经济体制改革过程的推进，一方面，传统计划经济体制开始解体，但是计划经济体制因素在资源配置中依然存在并发挥作用；另一方面，市场因素复苏、培育、成长，在资源配置中发挥越来越大的作用，逐渐成长成为一种独立的经济体制因素。当然，传统的经济体制并不愿退出历史舞台，在新旧经济体制因素之间，必然出现日趋频繁的摩擦。所以，体制改革和经济治理整顿相伴随行，经济在波动中增长。

财税、金融和投资体制改革

长期以来，计划成为社会主义国家区别于资本主义国家的重要标志，各种生产、生活活动都通过计划受到严格的控制。随着经济体制改革的深化，传统经济体制下高度集中的管理体制成为经济发展的重大障碍，迫切要求对财税、金融、投资等管理体制进行改革，以改变国家对国民经济的直接控制，建立适应发展要求的宏观调控体系。

在传统计划经济体制下，国家通过计划、设定各种具体指标对企业和个人进行无所不包的管理。企业从安排生产到产品价格都受国家支配，个人的日常生活用品也都由国家按计划定量配给。计划经济体制强调的是国家对生产、生活的直接管理和控制，国家通过下达各种各样的

指令主宰着整个社会的经济运行。但是,这一体制严重阻碍了国民经济的提高和人民生活的改善,改革成为必然趋势。

党的十一届三中全会明确提出,我国经济体制存在权力过于集中的严重缺点,必须加以改革。随后的改革主要是集中在权力的下放上,实践中的包干到户和扩大企业自主权,事实上只是个体为求得发展挣脱国家控制而努力的结果。陈云曾把"计划和市场"形象地比喻为"笼子和鸟"的关系,指出:"如果说鸟是搞活经济的话,那末,笼子就是国家计划。当然,'笼子'大小要适当,该多大就多大……但无论如何,总得有个笼子。"[1]可见,即便是当时支持改革的领导人对于传统体制的认识也只是初步的,认为市场调节必须在国家计划的指导下进行。但这一带有历史局限性的思想也有着重要的积极意义,终归是突破计划的统治开始思考市场的作用了。

1982年党的十二大正式提出了"计划经济为主,市场调节为辅"的原则,正式提出了指令性计划、指导性计划和市场调节三种管理形式,开始打破指令性计划一统天下的局面。党的十二届三中全会通过的《关于经济体制改革的决定》,指出"社会主义的国家机构必须通过计划和经济的、行政的、法律的手段对企业进行必要的管理、检查、指导和调节",提出要"建立自觉运用价值规律的计划体制,发展有计划的商品经济"。

从1985年开始,中国经济体制改革从完全的计划经济转向逐步发展商品经济。从缩小指令性计划开始,对财政体制、金融体制、投资体制、价格体制等进行了一系列的改革,探索运用经济手段和法律手段调控经济,逐渐从国家的直接控制走向间接调控,宏观调控体系初步形成。

第一是财税体制改革。直到1979年以前,在统收统支的财政体制下,中国都实行单一的工商税制。随着发展思路的转变以及改革开放的

---

① 《陈云文选》第3卷,人民出版社1995年版,第320页。

启动，计划经济体制下高度集中的财政体制和极度单一的税制，严重阻碍了改革的步伐，财税体制改革呼之欲出。

在财政体制改革方面，长期以来实行的统收统支的财政管理体制越来越不能适应经济发展的需要，为了解决地方在财政上吃国家"大锅饭"的弊端，在1979到1991年间，对财政体制的改革进行了积极的探索，相继实行过以下几种体制，在摸索中不断前进。

最初是"划分收支、分级包干"体制。从1976年至1978年，国务院分别在各地进行了"固定比例包干""增收分成、收支挂钩"、"收支包干"等多种体制的改革尝试，虽然在解决中央与地方的财政分配问题上依然没有取得突破性的进展，但这些方式为随后的改革积累了重要的经验。1979年，国务院以四川省为试点，开始试行"划分收支、分级包干"体制。1980年2月1日，国务院颁发了《关于实行"划分收支、分级包干"的财政管理体制的暂行规定》，在全国推行这一体制，从此开始了全面财政改革。"划分收支、分级包干"体制，通常也被称为"分灶吃饭"体制。这一体制按照经济管理体制规定的隶属关系对中央和地方财政收支范围进行了明确划分，加大了地方的财政权力和责任；规定地方的上缴比例或补助数额一定五年不变，地方自求平衡。"分灶吃饭"体制的实行，打破了财政"大锅饭"的局面，使财力分配从"条条"为主变为"块块"为主。在之后的执行过程中，针对各地实际存在的情况，又进行了多次调整。1982年起对安徽、河北等八个调剂收入留成比例较低的省份实行"总额分成"；翌年起，除广东、福建两省外其他地区一律采取"总额分成"的办法。

之后进入到"划分税种、核定收支、分级包干"体制阶段。1984年"划分收支，分级包干"的体制执行到期，同时，为与第二步利改税的改革同步，国务院决定从1985年开始实行"划分税种、核定收支、分级包干"的财政管理体制。这一改革后的体制的主要内容包括：按照第二步利改税后的税种划分各级财政收入，改变以往用收入分类划分财政收

入的方法，以与利改税改革相配套；调整地方财政收入的核算基数；中央和地方的财政支出仍按隶属关系划分；仍然保持地方收入分成比例或上缴、补助数额一定五年不变的原则，地方自求平衡；广东、福建两省继续实行财政大包干办法，民族自治地区继续享受原来优惠待遇。

1986年以后进入到"包干"体制阶段。1986年以后，财政收入占国民收入的比重大幅下降，中央财政收入在整个财政收入中的比重也不断下降，导致中央财政持续出现赤字，宏观调控能力减弱。为此，中央决定通过调动地方组织收入的积极性，从地方的财政收入增量中多拿一些的办法，从1988年开始实行"财政大包干"体制。这种体制下采取的包干的形式主要有收入递增包干、总额分成、总额分成加增长分成、上解额递增包干、定额上解和定额补助六种，区别各地方的具体情况分别适用。此外，包干体制对原有体制所作的调整主要体现在，将城乡个体工商业户所得税及营业税、个人收入调节税、个人所得税、国有企业工资调节税、奖金税（一般称为13种小税）划作地方固定收入，抵顶支出，增长全留。这就大大调动了地方政策的积极性，地方财政收入将大幅增加，能够在一定程度上缓解因中央借款进入包干基数造成的困难。

这一时期对财政体制进行的以包干为主要内容的改革，每一次都在原有的基础上前进一步，大大改善了原有体制，是突破计划体制下僵化的管理制度的有益探索。财政体制的改革，改变了传统的高度集中的状况，充分调动了地方各级政府发展经济的积极性；财力分配打破了"条条"为主的结构，扩大了地方财政的自主权；此外，一定五年不变的原则，增强了稳定性，有利于地方制定经济发展的长远规划。但这一时期财政制度的改革依然存在明显弊端，还只是特定历史条件下过渡阶段的产物。在这三次体制变革过程中，都同时并存着多种不同的体制形式，地区间存在的差异，导致财力分配不合理的现象出现；财政体制缺乏应有的稳定性，期间多次进行调整、修正；连续向地方放权，中央的财政收入比重不断下降，导致国家财政收入占国内生产总值的比重连年下降，中央财政占全国财政收入的比重也随之下降。中央财政困难局面日趋加剧，对国民经济的宏观调控能力受到削弱。

在税制改革方面，中华人民共和国成立初期，与当时经济体制相适应，国家实行的是"多税种，多次征"的复合税制。然而，后来由于"左"的发展思想的影响，片面强调以简并的原则征税，国家对国有企业只征收工商税，对集体企业只征收工商税和工商所得税。过于单一的税种，影响了税收经济杠杆作用的发挥。

为了适应改革开放的要求，国家进行了税制改革的积极探索。从1979年开始，财政部在18个省、市、自治区的456个企业中展开了试点工作，积累了大量经验。此后，又分别于1983年和1984年进行了两步"利改税"改革。1983年4月24日，国务院颁发了《关于国营企业利改税试行办法》，决定对国营企业实行"利改税"改革。主要内容是：有盈利的国营大中型企业应根据实现的利润，按55%的税率交纳所得税，税后利润可按不同形式在国家和企业间进行分配；有盈利的国营小型企业应根据实现的利润，按8级超额累进税率交纳所得税，税后企业自负盈亏，即税后利润原则上由企业自行支配。1984年9月18日，国务院批准了财政部《国营企业第二步利改税试行办法》。第二步改革的主要内容是：将国营企业应当上交的财政收入按11个税种向国家交税，税后利润由企业自行支配；对盈利的国营大中型企业按55%的固定比例税率征税，对税后利润超过原来留利的企业再征收调节税，调节税一户一率；对盈利的国营小型企业按新的8级超额累进税率征税；对工商税制进行改革，将原来的工商税按纳税对象不同，分为产品税、增值税、盐税和营业税。由于所得税率偏高，税、利界限模糊等不足，使得这两次改革也存在很多弊端。但通过两步改革，改变了企业上缴利润的分配方式，规范了国家与企业之间的分配关系，合理划分了国家与国营企业的分配结构，初步建立起适应当时经济体制改革要求的税制。

"利改税"的两次改革及随后的一系列措施，对原有单一的工商税

制进行了全面的改革和完善。先是改革和完善了流转税制度。以前的流转税经过多次简并只剩下工商税一种，1984年9月"利改税"的第二步改革将工商税进一步细分为产品税、增值税、盐税和营业税四种。之后，又对流转税进行了一系列的改进和完善，如1985年1月开始征收城市维护建设税，1989年2月开始征收特别消费税等。主要是对增值税和产品税的征税范围进行了相应调整，规范了增值税的征收制度，并对营业税的相关政策进行了调整，使流转税制度进一步充实和完善。同时，健全了所得税制度。在第一步改革中，对国营企业全面征收所得税；1985—1988年，相继开征了集体企业所得税、城乡个体工商业户所得税、个人收入调节税、私营企业所得税等。通过建立健全所得税制度，国家、企业和个人之间的分配关系得以规范。此外，还初步建立了涉外税制。中华人民共和国成立初期，国家对内对外均采取同一税法。为了适应改革开放的新形势，行使国家的征税权，吸引外资，这一时期初步形成了较为完整的涉外税制。1980年和1981年开征了中外合资企业所得税和外国企业所得税，1991年7月这两个税目被合并为外商投资企业和外国企业所得税。

除此之外，为了实现税收的某些特殊调节职能，还开征了很多新型的税种。如资源税、建设税、投资方向调节税、筵席税等。经过这些改革，原来的单一税制已经被大大扩充，初步建立了一套以所得税和流转税为主体的多税种、多环节、多层次调节的复税制体系。

第二是金融体制改革。1979年以前，在高度集权的计划经济体制下，银行的作用仅相当于出纳和会计，只是为国家的计划组织和安排资金，因而有"计委请客，财政点菜，银行买单"的说法。金融业内部实行高度集中的统一管理，机构单一，业务范围狭窄，无法发挥其应有的作用。随着改革开放浪潮的日益逼近，金融业的这种状况越来越不能适应社会的发展，金融体制改革开始逐步展开。

健全和完善金融组织体系。改革前中国实行的是计划经济体制下

"大一统"的银行体制，中国人民银行集中央银行和商业银行的作用于一身，"既是裁判员，又是运动员"的双重身份，使其中央银行的职能无法有效发挥。因此，金融体制改革也就从剥离中国人民银行的具体银行业务、分设专业银行、确立中央银行的地位开始。1979年3月13日，中国农业银行正式恢复成立，作为主管农村金融的专业银行，标志着中国金融体制改革迈出了第一步。此后，中国银行、中国建设银行、中国工商银行相继恢复和设立，中国人民银行的地位和职能得以明确，初步形成了以中国人民银行为核心，以四大专业银行为主体的二元化银行体制。随着经济体制改革的深化，一大批新型的综合性银行和商业银行应运而生，相继成立了交通银行、招商银行、中信实业银行、深圳发展银行等。城市信用合作社从1987年的1615家发展到1991年的3518家；农村信用合作社到1988年底，已发展到60897家，速度惊人。①保险公司、信托投资公司等各种非银行金融机构如雨后春笋般不断涌现。此外，还陆续引进了大批外资金融机构，进一步完善了以人民银行为领导、国有商业银行为主体、多种金融机构并存的金融体系。

改革信贷资金管理体制。从中华人民共和国成立初期到金融体制改革前，中国对信贷资金长期实行"统存统贷"的管理制度，严重束缚了基层银行的自主性和积极性。鉴于"统存统贷"存在的弊端，国家决定从1980年起取消这一制度，采取"统一计划，分级管理，存贷挂钩，差额控制"的体制。总行对基层银行的管理由存贷款总额指标管理改为存贷款差额指标管理，基层银行有了一定的发放贷款的自主权。这种体制改变了基层银行在资金管理中的被动地位，扩大了其经营自主权，将各级银行管理资金的权、责、利结合起来，有利于促进信贷资金管理水平的提高，在经济改革初期起到了积极的作用。但因没有形成完整的货币信贷宏观调控机制，仅进行存贷款差额控制，难以对基层银行进行有效

---

① 《中国金融年鉴（1992）》，中国金融年鉴编辑部1992年版，第573页。

的调控。为了克服信贷差额控制办法的缺陷，加强宏观经济调控，中国人民银行在1984年10月8日发布了《关于信贷资金管理试行办法》，决定自1985年起实行"统一计划、划分资金、实贷实存、相互融通"的管理体制，即中央银行和专业银行的信贷资金全部纳入国家综合信贷计划，由中央银行进行综合平衡；中央银行和专业银行账户分设，资金分开；中央银行对专业银行的资金往来，改变以往计划指标层层下达的管理办法，实行实贷实存的方法；允许资金在各专业银行之间横向流动。为与"实贷实存"办法相配套，1985年4月，全国联行制度改为各银行"自成联行系统，跨行直接通汇，相互发报移卡，及时清算资金"的办法，把专业银行同中央银行资金分开，基本克服了存贷差额控制存在的问题。1988年，针对当时经济过热和通货膨胀明显的现象，为控制信贷货币的过快增长，中国人民银行将"实贷实存"的方法改为"限额管理"，核定各专业银行和各地区的贷款增加量的最高限额，规定不经批准，不得超过该限额。

积极培育和发展金融市场。金融市场的发展在1985年以前还处于摸索阶段，发展比较缓慢。主要表现在：国债开始重新发行；商业票据的承兑、贴现业务，企业债券和股票开始出现；银行开始发行金融债券。进入1985年后，基于政策的支持以及理论界的积极探索，金融市场开始走上快速发展的道路。1986年5月3日，改革开放以来第一家城市信用社之间的资金拆借市场在武汉正式挂牌营业，此后，同业拆借市场迅速发展。到1987年底，全国大部分主要城市都开放和建立了同业拆借市场。中国人民银行决定从1985年4月起在全国开展商业票据承兑和贴现业务。1986年颁布了《再贴现试行办法》，正式开办对专业银行的再贴现业务。截至1990年，全国共签发商业承兑汇票500多亿元，签发银行承兑汇票1716亿元，银行贴现汇票800多亿元，中央银行对专业银行再贴现180多亿元。债券发行市场的规模迅速扩大，债券种类也不断增多。金融债券的发行始于1985年，1987年企业债券正式开始发行，1988年其他金融机构也开始发行金融债券。1985—1988年，从债券发行总额的构成上看，国债为429.87亿元，占47%；金融机构债券280亿元，占31%；企业债券205.41亿元，占22%。1983年股票开始发行。从1986年起，公开发行股票的数量大增，1988年股票发行逐渐走向规范。1985年12月，深圳经济特区设立了中国第一个外汇调剂中心，正式开办外汇调剂业务。到1988年，全国各省、自治区、直辖市基本上都设立了外汇调剂中心；同时，放开了外汇调剂价格，允许外汇调剂价格随供求状况而浮动。中国外汇调剂市场逐步形成。

第三是外汇管理体制改革。1979年以前，中国实施的是"高度集中、计划控制"的外汇管理体制。由于管理过于集中，不利于调动各方面的积极性，也不利于对外经济贸易的扩大，国家对外汇管理体制开始进行改革。1979年3月，国务院批准设立国家外汇管理总局，赋予其管理全国外汇的职能，改变了外汇多头管理的混乱状况。同年8月13日，国务院颁发了《关于大力发展对外贸易增加外汇收入若干问题的规定》，开始实行外汇留成办法。1980年12月18日，国务院发布了《外汇管理暂行条例》，打破了外汇集中制。为加强对非银行金融机构经营外汇业务的管理，1987年10月1日，中国人民银行发布了《非银行金融机构外汇管理办法》，随后又出台了一系列外汇管理实施细则及其他外汇管理办法，逐步建立起中国自己的外汇管理体制。

第四是投资体制改革。随着财税、金融等部门体制改革的展开，作为国民经济重要组成部分的投资体制，也必然进行相应的变革。1979—1991年间，中国的投资体制发生了重大的变化。传统的计划经济体制下的投资体制被完全突破，在投资权限、投资结构、投资主体等方面进行了一系列的变革。

调整投资结构，压缩投资规模。由于"左"倾冒进思想的影响，中国经济领域长期以来一直存在一股"跃进"之风，基本建设投资规模急速膨胀，国民经济比例严重失调。为了调整国民经济比例关系，1979年3月

全国基本建设工作会议决定,在随后几年内压缩基本建设投资规模,调整投资方向,但执行效果并不明显。因此,1981年的国民经济计划把坚决压缩投资规模、调整投资方向作为重要内容。经过三年的调整,投资结构有所改善。之后的几年,党和国家又从加强重点项目投资、压缩基本建设投资规模等方面进行了改善。这一阶段对于投资结构和规模的改革,使中国严重失调的国民经济比例有所改善。但传统的基本建设投资与管理体制并没有得到根本性改变,使得这一改革进行得并不彻底,基本建设投资规模和结构依然存在很多问题。因此,从1988年开始,国家又开始采取一些压缩投资规模和调整投资结构的措施,使固定资产投资规模膨胀的趋势得到扭转。

下放投资审批权限,简化投资审批手续。1984年8月18日,国家计委发出《关于简化基本建设项目审批手续的通知》,提出将需要国家审批的基本建设大中型项目的审批手续由原来的五道简化为两道。同年10月4日,国务院批准了国家计委《关于改进计划体制的若干暂行规定》,要求放宽基本建设和技术改造项目的审批权限,放宽对地方、部门自筹投资的计划管理权限。1987年3月30日,国务院决定进一步放宽固定资产投资审批权限和简化审批手续。下放审批权限,简化审批手续,扩大了地方和企业的投资权,有力地调动了地方和企业的积极性,也是国家打破高度集权的计划体制的有益尝试。

开辟多种融资渠道,增加资金来源。过去的投资资金主要是由财政拨款,单纯地依靠财政预算内的资金来投资,必然制约经济的发展。从1979年开始实行将拨款改为贷款的方法。1981年起根据国务院批准的《关于实行基本建设拨款改贷款的报告》,国家在小范围内对实行独立核算、有还款能力的企业进行了试点。1980年至1984年间,每年改为贷款的投资约占当年预算内投资的10%。1984年10月国务院决定,自1985年起,预算内基建投资全部改为贷款。1985年12月,国家计委、财政部等部门颁发《调整预算内基本建设拨款改贷款范围等问题的若干规定》,决定从1986年起，对国防科研、行政事业单位、学校等十类没有偿还能力的建设项目，仍然恢复拨款办法，不再实行"拨改贷"。"拨改贷"的改革，破除了企业资金供应上的"大锅饭"，增强了投资者的经济责任，对于投资效益的提高有积极的促进作用。随着金融市场的建立和发展，国家债券、企业债券、金融债券、股票等相继发行，开始出现各种形式集资活动。基本上形成了以银行信贷为主，多种方式并存，直接融资与间接融资相结合的融资结构，大大拓宽了融资渠道。

改革投资项目管理体制，将责任制引入管理体制。1984年9月开始实行项目投资包干责任制，可分别采用四种形式对项目工程实行五包，即包投资、包工期、包质量、包主材料质量、包形成综合生产能力。到1987年，有160多个重点项目实行了各种形式的投资包干责任制，占当时组织建设重点项目的78%。与此同时，引入竞争机制，对建设项目实施招投标制度。1984年11月20日，国家计委和城乡建设部颁发的《建设工程招标投标暂行规定》要求，从1985年起，除国家保密工程和特殊工程外，凡经国家和省、市、自治区批准的建筑安装工程，均可以实行招投标。引入招投标制度，在建设工程中增强了竞争，使承包单位的经营管理方式得到改进。

投资体制的全面改革，改变了传统的投资体制；改善了不合理的投资结构，使投资主体和投资来源多元化，增强了投资决策的科学性。1988年，国务院原则同意了《关于投资管理体制的近期改革方案》，提出要在加大地方的重点建设责任、扩大企业投资决策权、成立国家和地方投资公司、改进投资计划管理等七个方面进行改革，是一个比较系统、全面的改革方案。但由于中国自1988年下半年起进入了治理整顿时期，很多方面未能得到实施。

价格改革"闯关"

1984年党的十二届三中全会《关于经济体制改革的决定》指出："价

格是最有效的调节手段,合理的价格是保证国民经济活而不乱的重要条件,价格体系的改革是整个经济体制改革成败的关键。"可见,价格改革是中国经济体制改革的一个重要内容,推进价格改革是实现经济运行机制转轨的关键。价格改革同所有制改革一起,构成中国经济改革初期的两条主线。党的十二届三中全会以后,中国开始向牵一发而动全身的价格改革宣战。这在当时来说,既是一次前所未有的大胆改革尝试,也是计划经济向市场经济过渡中最为惊险的"一跃"。

从1979年到1984年,党和国家实行了以调为主的探索性价格改革。中共中央很早就在酝酿价格改革问题了。但由于价格改革的风险太大,中央对此十分谨慎,价格改革的步子一直迈得不大。中国的价格改革最初是从农产品开始的,当时叫"解决工农产品的剪刀差"。通过调整不合理价格体系,为此后较大规模放开价格创造了条件。在这一时期,价格改革的主导思路是"完善计划价格体制",重点是调整价格结构,对不合理的计划价格进行有升有降的调整。价格改革的方式是调放结合,以调为主。

一是大幅度提高农产品收购价格。1978年底,广州迈开农副产品放开价格第一步,率先恢复成立国营广州河鲜货栈,引进鱼货进城,议价成交。1979年,国家提价的有18种农产品,其中粮食和油料超购加价的幅度由30%扩大到50%,平均提价幅度达24.8%。1979—1981年,农副产品价格共提高38.5%。提价刺激了农产品增产和农民收入增加,农民由此增收204亿元。[1]

二是提高8种主要副食品价格。农产品收购价格提高后,从1979年11月起,国家适当地提高了猪肉、牛肉、羊肉、禽、蛋、蔬菜、水产品、牛奶8类主要副食品的零售价格,提价总金额42亿元,提高幅度30%左右。为稳定市场物价,保障职工生活水平,国务院决定给职工发放价格补

---

① 苏星:《新中国经济史》,中共中央党校出版社2007年版,第580页。

贴，每人每月5元。

三是有重点地调整部分生产资料出厂价格和交通运价。平均每吨统配煤厂销价格提高5.07元，同时陆续提高焦炭、钢材等原材料和农业生产资料的价格。1982年8月起，陆续调整了短途铁路运价和水运运价，修订了港口计价方法，逐步改善了运价和计费不合理状况。

四是有升有降地调整纺织品价格，并降低部分轻工业品价格。1981年11月起降低涤棉布的价格，同时适当提高了部分烟酒价格。1983年，在有升有降、降大于升的方针指导下，再次降低化纤织品价格，适当提高棉纺织品价格。同时，为确保价格总水平的基本稳定，国务院还决定降低部分轻工产品和电子产品的价格。

1979—1984年，国务院先后对农产品、副食品、纺织品等进行六次调价。在调整价格体系的同时，对价格管理体制也进行了探索性的改革。主要是逐步下放价格管理权限，实行灵活多样的价格形式。包括放开部分日用小商品价格（指那些产值小、品种规格繁多、生产及供应的时空性都很强的消费品，如发卡、针线等），对部分电子产品和机械产品试行浮动价格，恢复三类农副产品议购议销政策，恢复和发展城乡集市贸易。

这一阶段的价格改革对改善产业和产品结构、提高效率都起到了积极作用。1979—1984年是中国历史上农业发展最快时期。同1978年相比，1984年农业总产值增长71.5%，年均增长9.4%，其中粮食产量增长33.6%，年均增长5.0%，棉花增长近1.9倍，年均增长19.3%，都创造了历史最高水平。[①]随着农产品和工业产品价值的调整，初步改善了工农产品交换的比价关系。

从1985年到1986年，党和国家开展了以放为主的全面性价格改革。党的十二届三中全会明确提出有计划商品经济理论，并对当时不合理的价格体系和价格管理体制进行了深刻分析，明确指出，价格改革是整个

---

① 　数据出自《中国统计年鉴（1985）》，中国统计出版社1985年版，第28、257页。

经济改革的关键,要求在调整价格的同时,必须改革过分集中的价格管理体制,缩小国家统一定价范围,适当扩大有一定幅度的浮动价格和自由价格的范围。价格改革的重点便进入转换价格形成机制阶段,从调整价格结构为主转为改革过度集中的价格管理体制,从而确立了调放结合、以放为主的改革方式。

一是放开绝大多数农产品购销价格。1985年初对农产品购销体制进行改革,对粮食取消统派购,实行合同定购和市场收购(合同定购粮食国家按"倒三七"比例收购,即合同定购量中30%按原统购价,70%按原超购价,合同定购价格总水平比原统购价格高35%)。取消棉花统购,改为合同定购。放开城市蔬菜、肉禽等副食品收购价格,绝大部分农产品价格由市场调节。

二是放开计划外生产资料价格,实行生产资料价格双轨制。1984年5月,国务院下发了《国务院关于进一步扩大国营工业企业自主权的暂行规定》,规定"工业生产资料属于企业自销的完成国家计划后的超产部分,一般不高于或低于20%的幅度内,企业有权自定价格,或由供需双方在规定幅度内协商定价"。从1985年1月起,国家开始取消了企业对超产自销的工业生产资料加价幅度一般不高于国家定价20%的限制,放开了计划外生产资料的价格,正式实行了生产资料由国家定价和市场调节价格并存的价格"双轨制",也就是产品在国家计划内的部分实行国家定价,国家计划外的部分实行市场调节价格。

三是继续放开消费品价格。1985年,国家先后放开了缝纫机、手表、自行车、收音机、电风扇以及名烟名酒等大部分消费品价格,实行企业定价。1986年9月,国家又放开了电冰箱、电视机、洗衣机、收录机等工业消费品价格。这样,绝大多数的工业消费品价格由市场形成。

经过1985年和1986年以放为主的价格改革,中国的价格改革取得了实质性的进展,国家定价的商品品种和数量不断减少,出现越来越多的灵活的市场价格形式。在全国零售商品总额中,改变单一国家定价局面,国家定价、国家指导价、市场调节价三种价格形式的比重，1985年分别是47%、19%、34%，而1988年分别是28%、21%、49%。

在这种好的发展形势下，价格改革在1988年遭遇了"闯关"挫折。由于处在新旧体制交替阶段，加上"双轨制"价格体系在社会经济生活中造成很多问题，出现了"倒爷""官倒"等腐败现象，加上在投资过热、通货膨胀加剧情况下，物价难以稳定。1985—1987年三年间，全国零售物价上涨指数分别是8.8%、6.0%、7.3%，三年共上涨22.1%。[①]

1988年5月30日至6月1日，中共中央政治局在北京召开第九次全体会议，讨论全国经济体制改革和经济形势问题。会议提出，价格和工资制度改革需要有通盘的考虑和系统的方案。价格和工资制度改革，既要理顺关系、促进生产，又要使大多数群众生活水平逐步有所提高。会议决定要制定价格、工资改革的系统方案。会后，有关机构提出了关于价格、工资改革的初步方案。

经过前几个月的价格改革和物价调整，到7月份，物价上升幅度已达19.3%，创下历史最高纪录。在这种情况下，根据"特优放开、次优少提、一般不提"的原则，国务院又决定从7月28日起，放开中华、云烟等13个牌号的名烟，茅台、五粮液等13种名酒的价格。与此同时，国家还调整了生产资料价格，对统配煤矿采取若干政策性补助措施，征收了电力建设资金，等等。国家还进行了价格管理体制的改革，将部分商品的价格管理权限由国务院有关部门管理，下放给地方管理。同时，对地方管理的商品价格和劳务收费也进行了一些调整。

1988年8月，中央政治局在北戴河召开扩大会议，讨论通过《关于价格、工资改革的初步方案》，提出价格改革"闯关"方案。会议认为，价格、工资改革实际上是改革的全面深化。价格改革的总方向是：少数重点商品和劳务价格由国家管理，绝大多数商品价格放开，由市场调节，以

---

① 数据出自《中国统计年鉴（1988）》，中国统计出版社1988年版，第777页。

转换价格形成机制,逐步实现"国家调控市场,市场引导企业"的要求。根据各方面的条件和现实可能,此后五年左右的时间,价格改革的目标是:初步理顺价格关系,即解决对经济发展和市场发育有严重影响、突出不合理的价格问题。

尽管中央一再强调要"采取强有力措施综合治理通货膨胀",由于物价持续上涨,老百姓已存在通货膨胀预期,中共中央政治局会议通过价格改革方案的消息一经传开,继4、5月的抢购风潮之后,各大中城市又掀起了一股更为凶猛的抢购风潮。受抢购风影响,8月份居民提取储蓄存款38914亿元,比上年同期增长1.3倍,大大超出储蓄存款增长70.3%的幅度。1988年8月末,银行储蓄存款金额比7月末减少26亿多元。与此同时,物价上涨加快,当年前三个季度全国物价指数上升16%。到年底,全国零售物价总指数和职工生活费用价格总指数分别达到18.5%和20.7%。[1]

针对上述情况,8月30日,国务院召开第20次常务会议,重提"稳定经济,深化改革"的方针。会议特别申明:价格改革方案中提到的"少数重要商品和劳务价格由国家管理,绝大多数商品价格放开,由市场调节",指的是经过五年或更长一点时间的努力才能达到的长远目标。这次会议,为1988年的价格改革闯关画上了句号。虽然价格"闯关"未成,但通过价格的调整和改革,党和国家认识到不能单纯地调整或放开价格,而是要建立适应生产力发展的价格形成机制和价格调控机制,这为接下来进一步价格改革和建立社会主义市场价格体制奠定了基础。

治理整顿的实施

从党的十二大到十三大这五年间,是通货膨胀最为严重的时期,也是人们的生活水平提高最快的时期。中国经济在改革开放中取得巨大成

---

[1]　数据出自《中国统计年鉴(1989)》,中国统计出版社1989年版,第687页。

就，也存在许多问题和困难。这一时期这些问题和困难，有些是多年积累下来短时期不可能完全解决的，有些则是这几年在前进过程中产生的。在经济加速发展过程中，从1984年下半年开始，中国经济运行中出现一系列新的不稳定和不协调的问题，突出地表现在通货膨胀加剧，社会生产和消费总量不平衡，结构不合理，经济秩序混乱。扩权让利、激发生产积极性的经济体制改革使得地方和企业获得了更大的自主权和利益，投资和需求的膨胀带来了经济过热和物价的快速上涨。这些问题主要是社会总需求超过社会总供给造成的。1984年至1988年，国民收入增长70%，而全社会固定资产投资却增长214%，城乡居民货币收入增长200%。由于粮食生产连续几年徘徊，加上因计划生育工作的一度放松而导致的人口过快增长，人均粮食产量下降，而工业生产增长过快，摊子越铺越大，又出现了工农业比例关系失调。工业内部基础工业、基础设施与加工工业比例关系失调，能源、交通、原材料的供应能力支撑不了过大的加工工业，大量工业生产能力长期闲置。资金、外汇、物资的分配权过度分散。1984年至1988年，国家财政收入占国民收入的比重由26.7%下降到22%，中央财政收入占整个财政收入的比重由56.1%下降到47.2%，国家宏观调控能力持续减弱。1985年至1987年，通货膨胀呈明显加剧之势，全国零售物价指数分别以8%、6%、7.5%幅度上涨，1988年1月至10月，物价上涨幅度高达16%。这引起了广大群众的严重不安。国家不得不采取包括行政干预在内的一系列治理整顿措施调控经济。

党的十二届三中全会开启了全面的经济体制改革，极大地促进了经济建设的高潮。由此，1985—1991年成为中国经济高速发展的时期。按可比价格计算，1991年与1985年相比，中国国内生产总值增长59.5%，年均增长8.1%；第一产业增长25.6%，年均增长3.9%；第二产业增长84.6%，年均增长10.8%；第三产业增长70.3%，年均增长9.3%。[①]1984年经济出

---

① 　国家统计局国民经济综合统计司编：《新中国五十年统计资料汇编》，中国统计出版社1999年版，第5页。

现过热,通过财政和货币双紧的政策,经济增长恢复到正常轨道,到1988年又出现新的经济过热,1988年开始进行治理整顿,经济增长幅度又大幅度下降。由1988年的11.3%下降到1989年的4.4%,经历了一段时间的经济低迷和市场疲软,1991年才开始回升进入新的增长期。

农业生产受到经济波动的影响,但是也实现了较快速度的增长。1991年农业总产值达到8157亿元,按可比价格计算,比1985年增长30.8%,6年年均增长4.6%。主要农产品在20世纪90年代初期都达到了历史最高产量。1991年的粮食产量比1985年增长14.8%,平均每年产量增加936.3万吨。农村养殖由于联产承包责任制得到大力发展,1991年的肉类产量比1985年增加63.2%,平均每年增长产量203万吨。①

与1985年相比,1991年工业总产值由9716亿元增加到28248亿元,按可比价格计算,年均增长13.4%。轻工业产值1991年达到13801亿元,比1985年增长2.02倍,按可比价格计算,6年年均增长14.2%。人民的生活需要基本得到满足,甚至部分产品开始出现结构性过剩,受消费需求变动的影响,新老轻工业品的需求迥然不同,表现出以家电产品为代表的耐用消费品需求迅速增加。重工业产值1991年达到14447亿元,比1985年增长1.8倍,按可比价格计算,年均增长12.6%。②

20世纪80年代中后期,中国钢铁生产进入高速增长期,钢产量1985年达到4679万吨,1989年超过6000万吨,1991年超过7000万吨,达到7100万吨,比1985年增长51.7%,平均每年增长403.5万吨。到20世纪90年代初,中国钢产量已位居世界第四位,钢铁的短缺状况已得到根本性的扭转。汽车等耐用品需求量也开始增大,汽车产量由1985年的43.72万辆增加到1991年的71.42万辆,增长63.4%。可见人们的生活水平在步步提高,对高档耐用品消费需求在增大。③

---

① 数据出自《中国统计年鉴(1992)》,中国统计出版社1992年版,第47、49页。
② 数据出自《中国统计年鉴(1992)》,中国统计出版社1992年版,第54、56页。
③ 数据出自《中国统计年鉴(1992)》,中国统计出版社1992年版,第441、443页。

1985—1991年间是中国对外开放发展十分迅速的时期，进出口贸易总额和吸引外资都有很快的发展。按人民币计算，1991年进出口贸易总额达到7225.8亿元，比1985年的2066.7亿元增长2.49倍。中国进出口贸易总额占世界进出口贸易总额的比重，由1985年的1.77%上升到1992年的3.04%。中国的外贸依存度由1985年的24.2%，提高到1992年的38%。[1] 出口的增长拉动了国内需求，进口的增长有利于中国产业结构升级和引进先进技术和管理经验。这一时期中国实际利用外资也有很大的发展。1979—1984年签订利用外资协议3365个，实际利用外资171.43亿美元，其中外商直接投资30.6亿美元。1985—1992年签订利用外资88178个，实际利用外资816.87亿美元，其中外商直接投资312.95亿美元。[2]

由于中国长期实行的是计划控制的物价政策，改革开放以前的除了1951年和1961年物价上涨较快外，其他年份物价上涨幅度很小，基本稳定在2%左右。1985年以后物价上涨和波动幅度加快，特别是1988年的通货膨胀造成物价同比增长18.5%，1989年达到17.8%的涨幅，成为中华人民共和国成立以来最快的一次涨幅，对中国经济造成了不小影响。

1984年第四季度中国出现经济过热后，国家曾以"软着陆"的方式缓解经济生活中的供求失衡矛盾，但财政、信贷"双紧"政策仍然没有有效制止通货膨胀，到1988年，整个国民经济处于严重波动状态，最突出的表现是投资和消费需求双膨胀，物价急剧上涨。

1985年，全社会固定资产投资2543.19亿元，比1984年增加710.1亿元，增长了38.7%，到1988年急剧增加到4496.54亿元。由于工业发展过快，全社会固定资产投资过旺，使得信贷和货币投放过多。1985年到1988年，银行各项贷款平均每年增加1533亿元，增长24.3%，货币投放平均每年增加336亿元，增长28.1%。其中光1988年货币投放新增680亿

元。[1]这一时期，居民的人均收入有了显著增长，使得消费需求的各项指标的增长都在两位数以上。

投资需求的膨胀和货币投放的过多，引起消费品和生产原材料供应紧张，导致商品零售物价总指数由2.8%急剧上升到1988年的18.5%。就1988年来说，1月份零售物价总指数涨幅为9.5%，2月份上升到11.2%，到7月份已提高到19.3%，并造成了一度的抢购和挤兑潮。治理整顿经济环境和秩序势在必行。

对于出现的困难和问题，党和国家力图探索新路子加以解决。为防止急刹车引起的损失和震动，1985年初，中央决定采取"软着陆"的方针，即用比较缓和的办法逐步使社会总需求和总供给恢复平衡。1985年2月至10月，国务院先后四次召开省长会议，以解决消费基金增长过猛和信贷规模过大，外汇使用过多以及控制固定资产投资规模等问题。主要措施是紧缩银根，控制货币投放。这次"小调整"并没有达到预期效果。地方和企业投资尤其是非生产性投资、消费基金尤其是集团购买力压不下来，主要压缩的是企业流动资金，引起经济增长"滑坡"，反而影响了供给。政府不得不适当放宽货币控制。

价格"闯关"受挫后，经济建设和经济体制改革的形势出现非常困难的局面。怎样渡过这一难关，成为党和国家必须面对和解决的重大问题。1988年9月26日至30日，党的十三届三中全会同意中央政治局对我国当前政治经济形势的分析，批准中央政治局向这次全会提出的治理经济环境、整顿经济秩序、全面深化改革的方针。这个方针有两点重大变化：一是从加快改革步伐转向其后两年以治理经济环境和整顿经济秩序为重点；二是强调价格改革不能孤军突出，改革必须是全面的配套改革。

关于治理经济环境，主要是压缩社会总需求，抑制通货膨胀。为此，党的十三届三中全会要求1989年全社会固定资产投资规模压缩500亿

---

① 数据出自《中国统计年鉴（1992）》，中国统计出版社1992年版，第145、656页。

元，大体相当于1988年实际投资规模的20%；控制消费基金过快增长，特别要坚决压缩社会集团购买力；采取各种措施，稳定金融，严格控制货币发行，办好保值储蓄；克服经济过热现象，把1989年的工业增长速度降到10%甚至更低一些。

关于整顿经济秩序，主要是整顿在新旧体制转换中出现的混乱现象，特别是流通领域中的各种混乱现象。党的十三届三中全会要求坚决制止一切违反国家规定哄抬物价的行为；整顿公司，实行政企分开，官商分开，惩治"官倒"；尽快确立重要产品的流通秩序，认真解决重要产品尤其是紧缺的重要生产资料多头和多环节经营的问题，有的要实行专营，有的只准在国家统一的市场上交易；加强宏观监督体系；制止各方面对企业的摊派、抽头和盘剥。

关于全面深化改革，党的十三届三中全会指出，不理顺价格就谈不上真正确立新经济体制的基础，但深化改革不仅是一个价格改革问题，而是多方面的综合改革。在多方面的综合改革中，应当特别注重深化企业改革，尤其是大中型国有企业的改革。价格"双轨制"是中国一定历史条件下的产物，绝大多数商品价格放开，是需要长期努力才能实现的目标。1989年物价上涨幅度必须明显低于1988年，此后几年每年物价上涨幅度必须控制在10%以内，这是衡量中国价格改革是否积极而又稳妥的一个尺度。某些重要初级产品和原材料价格"双轨制"不可能也不应当在短期内取消。

党的十三届三中全会提出的治理整顿、深化改革的方针，是符合经济建设和经济体制改革客观要求的正确决策。治理经济环境，主要是压缩社会总需求，抑制通货膨胀；整顿经济秩序，主要是整顿流通领域中出现的各种混乱现象。把新旧体制转换时期的宏观调控结合起来，综合运用经济的、行政的、法律的手段进行宏观调控。

为贯彻党的十三届三中全会精神，1988年10月，中共中央、国务院作出《关于清理整顿公司的决定》；国务院连续印发《关于从严控制社会

集团购买力的决定》《关于加强物价管理严格控制物价上涨的决定》等指导性文件。11月，中共中央、国务院召开全国农村工作会议，作出《关于夺取明年农业丰收的决定》。全国人大常委会向各级国家机关提出"正确认识我国的经济形势"的六条要求。在1989年3月七届全国人大二次会议上，国务院总理李鹏作了《坚决贯彻治理整顿和深化改革的方针》的政府工作报告。

第一，重点压缩社会总需求，缓解社会总供给与总需求的矛盾。首先，压缩全社会固定资产投资，对重点企业采取倾斜政策，合理调节投资结构。1989年全社会固定资产投资4410.4亿元，比1988年减少343.4亿元，增长速度由1988年的25.4%猛降到7.2%。其次，控制消费需求过快增长，特别是压缩社会集团购买力。包括严格审批和掌握专控商品的购买，对机关团体、企事业单位设立的"小金库"（指违反国家财经法规及其他有关规定，侵占、截留国家和单位收入、化大公为小公、化小公为私有，未在本单位财务会计部门列收列支或未纳入预算管理、私存私放的各种资金），进行清理和检查，同时控制职工的工资增长幅度。再次，提高利率，开办保值储蓄，鼓励储蓄。储蓄存款有了较大幅度增长，1989年储蓄存款余额达5146.9亿元，净增加1345.4亿元，比1988年增长35.4%。

第二，实行财政金融双紧政策。根据国务院发布的《关于整顿税收秩序，加强税收管理的决定》，在全国范围开展清理各项减免税优惠待遇的工作，同时开始征收部分产品的特别消费税，实行紧缩的财政政策。1989年，金融宏观调控主要目标是紧缩银根，稳定金融。对金融机构贷款实行"限额控制，以存定贷"和"全年亮底、按季监控、按月考核、适时调节"的办法。中央银行还整顿金融机构和金融市场的投融资行为，强化监督和管理。财政金融的双紧政策取得了一定效果。1989年财政收入增长12.2%，高于1988年的增长速度1.3个百分点。贷款规模为12409.27亿元，比1988年增长17.6%。银行现金收入增长17.5%，比现金支出高4.3个百分点，因而现金投放大大减少，1989年为210亿元，比1988年减少469.5亿元。[①]

第三，清理和整顿各类公司，政企分开，官商分开，惩治"官倒"，加强市场物价监督和管理，对国家管理的价格实行提价特批办法，对消费品和生产资料价格进行整顿。

经过各方面的努力，经济过热和通货膨胀得到有效遏制。1989年国民生产总值增长40%，比1988年下降了7.0个百分点，其中工业增长速度从1988年的15.3%下降到1989年的5.1%。社会总供给与总需求的矛盾得到了大大缓解。1989年全国零售物价总水平为17.8%，比1988年下降了0.7个百分点。虽然物价总指数还很高，但是1989年呈现出逐月回落的趋势，稳定了全国人民通货膨胀造成的恐慌心理。

经过一年左右的治理整顿，经济形势好转。最显著的变化，就是过旺的社会需求得到控制，过高的工业增长速度明显回落，相当多的商品由原来供不应求转变为供大于求。但国民经济发展的难关尚未渡过，特别是深层次的结构和体制问题还有待进一步解决。

治理整顿的成效和"七五"计划的完成

经济稳定是政治和社会稳定的基础。把国内的事情办好，关键是把经济建设搞好。1989年11月党的十三届五中全会对面临的经济困难进行认真分析，作出《关于进一步治理整顿和深化改革的决定》，决定在前段时间遏制通货膨胀、稳定经济形势的基础上，从1989年算起，再用三年或更长一点时间，基本完成治理整顿的任务。为此，全会要求继续压缩社会总需求和坚持财政信贷双紧方针，加强农业等基础产业，积极调整产业结构、认真整顿经济秩序特别是流通领域的秩序，千方百计提高经济效益，继续深化改革和扩大对外开放，并切实加强党对治理整顿和

---

① 数据出自《中国统计年鉴（1992）》，中国统计出版社1992年版，第215、656页。

深化改革的领导。在总结经验教训的基础上，全会还明确提出经济建设必须长期坚持持续、稳定、协调发展的方针。

治理整顿的主要目标是：逐步降低通货膨胀率，使全国零售物价上涨幅度逐步下降到10%以下，扭转货币超经济发行状况，实现财政收支平衡，在提高效益基础上保持5%至6%的年增长率，改善产业结构，进一步深化和完善改革措施，改革要围绕治理整顿进行。

治理整顿大体分两步进行：第一步是在调整经济结构的同时，以启动市场、争取经济适度发展为侧重点；第二步是将治理整顿、深化改革的重点逐步转到调整产业结构、提高经济效益上来。

治理整顿取得了较好效果。过热的经济明显降温，国民经济保持一定增长速度；供求平衡矛盾明显缓解，通货膨胀得到控制；产业结构调整开始起步；流通领域的混乱现象得到初步缓解。全国零售物价总水平的涨幅从1988年的20%，回落到1991年的3.5%。商品供应充足，部分商品出现买方市场。市场秩序明显好转，居民消费心态稳定，市场销售趋向基本正常。进出口贸易由逆差转为顺差，国家外汇储备有大幅增加，虽然受到西方国家的经济"制裁"和政治压力，中国的外经外贸仍取得较大进展，出口以年均14%以上的速度递增，进口自1991年开始回升。根据这种情况，1992年3月，李鹏在七届全国人大五次会议上正式宣告：治理整顿的主要任务已经基本完成，作为经济发展的一个特定阶段可以如期结束。

尽管治理整顿期间中国经济发展速度有所放慢，但"七五"计划所规定的国民经济和社会发展的各项指标，到1990年底绝大部分完成或超额完成。"七五"期间，国民生产总值平均每年增长7.8%，工农业总产值平均每年增长11.3%，国民收入平均每年增长7.5%，都超过了计划规定的指标。农业总产值年均增长4.7%，超过4%的计划指标，农、林、牧、副、渔全面增长，物质装备水平有所提高。工业总产值年均增长13.1%，超过7.5%的计划指标，是继"一五"和"六五"之后的第三个高速增长时期。[①]工业生产能力扩大,技术水平提高,主要工业产品平均年产量,都比"六五"时期有较大幅度增长。人民生活水平进一步提高,全国绝大多数地区解决了温饱问题,开始向小康社会过渡。

在治理整顿期间,改革开放没有停顿,在某些领域还取得重大突破。

治理整顿期间中国经济形势出现的重大变化,特别是持续几十年的卖方市场第一次转向买方市场,给价格改革带来难得的机遇。党和国家因势利导,在价格改革方面成功迈出重要步伐。1990年国家相继调整糖料、油脂油料等收购价格,提高煤、电、油、运价格。1991年先后提高原油、钢铁、铁路货运和统配煤炭等的价格,部分工业消费品价格放开。价格改革最引人注目的是粮油统销价格的调整。1991年5月1日,国务院决定提高三种粮食和六种食油的价格。食油实现购销同价。1992年4月1日,国务院再次决定提高粮食统销价格,实现粮食购销同价。在短短一年时间里,中国在没有发生任何动荡的情况下,相继理顺粮油购销价格倒挂,解决了20多年未解决、前几年又表现非常突出的矛盾和问题。到1992年,由市场决定价格的比重从1987年的50%左右扩大到80%左右。[②]这次价格改革虽然没有像先前那样大张旗鼓地推动,但却悄无声息地逐步实现价格并轨。

农村在巩固和完善家庭联产承包责任制基础上,农业社会化服务体系和农产品市场得到发展。国有大中型企业在推行承包经营责任制的同时,采取一系列改善外部环境、转换内部机制的措施,并继续扩大实行股份制、租赁制试点。非公有制经济在国民经济中的比重持续上升,对推动经济增长发挥了积极作用。外贸企业逐步实行自主经营、自负盈亏的新体制,促进了对外贸易和对外经济技术交流。

经济体制改革具有标志性的举措是证券交易所的建立。1990年11月

---

① 中共中央党史研究室著:《中国共产党的九十年》,中共党史出版社、党建读物出版社2016年版,第782页。
② 李鹏:《政府工作报告》,1993年3月15日。

26日，中国人民银行批准成立上海证券交易所，12月19日正式开业。这是改革开放以来在中国大陆开业的第一家证券交易所。1991年4月11日，中国人民银行批准成立深圳证券交易所，7月3日正式开业。这两家交易所的运营实现了股票的集中交易，形成了全国性的沪市、深市两个证券交易市场，推动了股份制的发展。沪、深两个交易所的成功开业，标志着市场价格体系中灵敏性和波动性最强的部分——资本价格和资本市场，被纳入中国经济体制和市场体系的范畴，向世界发出了一个中国改革开放不会倒退和停顿，将继续坚定不移地向前推进的强烈信号。

对外开放方面的重大举措是开发开放上海浦东。上海是中国最大的工商业城市，浦东是黄浦江以东、长江口以南、川杨河以北紧邻上海最繁华的外滩的一块三角形地区，面积约350平方公里。这片具有巨大发展潜力的土地，长期以来却没有开发。冷清、落后的浦东与繁荣的浦西形成鲜明对照。中共中央、国务院经过充分调研和论证，于1990年4月批准开发开放浦东，在浦东实行经济技术开发区和某些经济特区的政策。这一决策不仅催生了一个外向型、多功能、现代化的新城区在长江出海口的崛起，促进了上海的迅速发展，而且对长江三角洲以及整个长江流域乃至全国的改革开放和经济发展都具有强大的辐射效应。

当"七五"计划胜利完成的时候，1990年12月，党的十三届七中全会审议通过了《关于制定国民经济和社会发展十年规划和第八个五年计划的建议》（以下简称《建议》）。《建议》规定，今后十年，要实现现代化建设的第二步战略目标，把国民经济的整体素质提高到一个新水平。这是中国现代化建设的一个更重要的发展阶段。全会在总结历史和现实经验教训基础上，确定了制定和实施十年规划和"八五"计划的基本指导方针。主要内容有：（一）坚定不移地走建设有中国特色的社会主义道路。《建议》对建设有中国特色的社会主义的基本理论和基本实践作了概括，提出了12条主要原则，标志着中国共产党对建设有中国特色社会主义认识上的进一步深化和指导上的进一步成熟。（二）坚定不移地推进改革开放。（三）坚定不移地执行国民经济持续、稳定、协调发展的方针。（四）坚定不移地执行独立自主、自力更生、艰苦奋斗、勤俭建国的方针。（五）坚定不移地执行物质文明建设和精神文明建设一起抓的方针。

根据中共中央的建议，国务院制订了《中华人民共和国国民经济和社会发展十年规划和第八个五年计划纲要（草案）》，经1991年3月至4月举行的七届全国人大四次会议批准后付诸实施。

治理整顿使国民经济摆脱了剧烈波动的困境，促进了经济、社会和政治的稳定。为了解决治理带来的市场疲软和工业生产的低速增长，1990年3月开始，国家决定调整宏观调控方向，实行积极的经济政策，增加社会总需求来启动市场，保持国民经济的持续平稳较快增长。1990年下半年，经济形势开始好转。但是，经济生活中的一些深层次问题并没有得到根本解决，还产生了一些新的问题。1992年3月，七届全国人大五次会议宣布，"治理整顿的主要任务已经基本完成，作为经济发展的一个特定阶段可以如期结束。这三年治理整顿之所以进行得比较顺利，是同改革开放以来中国经济实力有了很大增强分不开的。改革开放保证了治理整顿任务的顺利完成，治理整顿又为改革开放迈出更大步伐创造了有利条件"。

治理整顿的完成和改革开放的深化，以及"七五"计划的胜利完成、十年规划和"八五"计划纲要的制定和实施，标志着改革开放和社会主义现代化已经成功地走出1989年以来的困难，即将进入一个新的发展阶段。

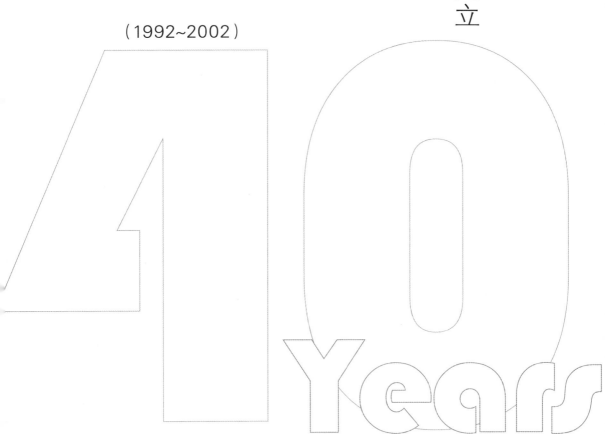

第三章

社会主义市场经济体制的建立

（1992~2002）

以邓小平南方谈话和党的十四大为标志，中国改革开放和社会主义现代化建设进入新阶段。以江泽民为核心的第三代中央领导集体，高举邓小平理论伟大旗帜，团结带领全党全国各族人民坚持党的基本理论、基本路线，在国内外形势十分复杂、世界社会主义出现严重曲折的严峻考验面前捍卫了中国特色社会主义，依据新的实践确立了党的基本纲领、基本经验，确立了社会主义市场经济体制的改革目标和基本框架，确立了社会主义初级阶段的基本经济制度和分配制度，开创全面改革开放新局面。中国经受住各种困难和风险的考验，国民经济持续快速健康发展，社会主义市场经济体制初步建立，中国特色社会主义经济建设道路不断开拓创新，奋勇前进。

一、确立经济体制改革目标

中国经济体制改革确定什么样的目标，这是关系整个社会主义现代化建设全局的一个重大问题。这个问题的核心是正确认识和处理计划与市场的关系。长期以来，无论是马克思主义经济学还是西方主流经济学，一直认为计划经济是社会主义经济制度的基本特征，而市场经济是资本主义经济制度的基本特征。邓小平在总结中国经济发展过程中的经验教训和改革开放实践中的新鲜经验的基础上,对计划经济和市场经济的问题进行了新的思考,得出了新的结论。社会主义市场经济理论的提出,为建立社会主义市场经济体制奠定了坚实的理论基础。

南方谈话

　　治理整顿的结束和"七五"计划的完成,为加快改革开放和现代化建设创造了有利条件。1990年和1991年,中共中央在积极应对国际复杂局面、维护国家社会政治稳定的同时,也在思考和研究加快经济发展和深化改革开放的重大问题。

　　这时,中国面临的国际国内形势依然是复杂的。一方面,冷战结束后,世界朝着多极化方向发展,中国打破西方国家的"制裁",回旋余地增大。同时,经济全球化进程加快,经济结构调整继续在世界范围内进行,高新技术产业迅猛发展,国际经济竞争加剧。另一方面,中国经济运行中存在的深层次问题尚未得到根本解决,在治理整顿期间,经济发展速度有所放缓,到世纪末能否如期实现"翻两番"的目标面临着考验。同时,东欧剧变、苏联解体对中国产生的负面影响仍未消除,有人对社会主义的前途缺乏信心,也有人对改革开放提出姓"社"还是姓"资"的疑问。这样,能否坚持中国共产党的基本路线不动摇,抓住机遇、加快发展,把改革开放和社会主义现代化建设继续推向前进,成为影响20世纪90年代中国发展进步的大问题。

　　自党的十一届三中全会以来,党领导全国各族人民实行改革开放,进一步解放和发展生产力,开辟了社会主义现代化建设的新时期。之所以能够取得举世瞩目的巨大成就,根本原因是坚持把马克思主义基本原理同中国具体实际相结合,逐步形成和发展了建设有中国特色社会主义理论,制定和实行了党在社会主义初级阶段的基本路线。邓小平为这一理论和路线的创立作出了历史性的重大贡献。但这并没有消除姓"资"姓"社"的争论。如今看来理所当然的事情,当年却有过不平常的故事。

比如承包、租赁等问题，都要拔到姓"资"还是姓"社"的高度来讨论。

所谓的"社"就是指生产资料公有制，所谓的"资"则是指生产资料私有制。引发姓"资"姓"社"讨论的是辽宁省的关广梅。在改革之初就出现过"雇工问题"的争论。关广梅的情况与雇工问题有关，也与关广梅个人收入节节升高有关。1987年6月12日，《经济日报》刊登了关广梅的来信："俺无论如何不能理解：过去微利、亏损，甚至连工资都发不出的企业反而是社会主义，现在有了利润的企业反而是资本主义，真是怪事！"1987年6月13日，《经济日报》刊出了长篇通讯《关广梅现象》和《本溪市委、市政府的一封吁请信》，文章以"本溪出了个关广梅"开头，既描写了关广梅实行改革过程中取得的种种成绩，更真实地反映了她在改革中面临的阻力和困惑。随后通过多篇深度系列报道，在全国掀起了一场商业企业实行个人承包、租赁和租赁群体的经营方式是社会主义的，还是资本主义的，即所谓姓"社"姓"资"的大讨论。大讨论历时40多天。舆论最终站到了关广梅一边。1987年10月，关广梅被选为中国共产党第十三次全国代表大会代表。

争论并没有结束，仅仅是开始。从1989年下半年起，"左"的思想又回潮了。姓"资"姓"社"的大争论引向了对改革开放的质疑。1989年以后，要计划还是要市场已经成了一个"姓'资'还是姓'社'"的问题。一些理论文章要求人们凡事都要问一问姓"资"姓"社"。事实上，要承认计划经济的试验失败，需要一种极大的勇气；要改变人们头脑中根深蒂固的观念，需要从狂热和痴迷中冷静下来，深刻反思和解放思想。争论自然在所难免。

在党的十三届七中全会召开前夕的1990年12月24日，邓小平同中央几位负责人谈话，针对国内刚刚掀起的问一问姓"资"姓"社"、反对市场经济的势头，他说："我们必须从理论上搞懂，资本主义与社会主义的区分不在于是计划还是市场这样的问题。社会主义也有市场经济，资本主义也有计划控制。资本主义就没有控制，就那么自由？最惠国待遇也是控制嘛！不要以为搞点市场经济就是资本主义道路，没有那么回事。计划和市场都得要。不搞市场，连世界上的信息都不知道，是自甘落后。"[①]1991年1月28日至2月18日，邓小平视察上海。针对"左"的势力抬头，改革开放声音微弱的情况，邓小平语重心长地对上海市领导说："改革开放还要讲，我们的党还要讲几十年。"针对一些人提出问一问姓"资"姓"社"的问题，邓小平说："当时提出农村实行家庭联产承包，有许多人不同意，家庭承包还算社会主义吗？嘴里不说，心里想不通，行动上就拖，有的顶了两年，我们等待。"邓小平再次提出要在计划与市场的问题上解放思想，他说："不要以为，一说计划经济就是社会主义，一说市场经济就是资本主义，不是那么回事，两者都是手段，市场也可以为社会主义服务。""希望上海人民思想更解放一点，胆子更大一点，步子更快一点。"[②]

时任中共上海市委书记朱镕基在市委常委会上传达了邓小平讲话精神后，上海《解放日报》社党委书记周瑞金与社报评论部负责人凌河、中共上海市委研究室施芝鸿三人，以"皇甫平"（黄浦江边的评论之意）为笔名[③]，于1991年2月15日（农历大年初一）、3月2日、3月22日、4月22日，分别在《解放日报》发表了《做改革开放的"带头羊"》《改革开放要有新思路》《扩大开放的意识要更强些》《改革开放需要大批德才兼备的干部》四篇评论。皇甫平写的这四篇文章，围绕解放思想以深化改革、扩大开放这个中心，从锐意推进改革开放，到破除"新的思想僵滞"——姓"资"姓"社"；从发展市场经济，到如何选人用人，相互呼

---

①　《邓小平文选》第3卷，人民出版社1993年版，第364页。

②　《邓小平文选》第3卷，人民出版社1993年版，第367页。

③　另有一说。何为"皇甫平"？许多人把"皇甫平"解释为"黄浦江评论"的谐音，这并不错。但又不仅仅是这个意思。周瑞金解释说，我之所以取此笔名，是经过深入思考的。这个"皇"字，按照我家乡闽南话的念法，与"奉"字谐音。这个"甫"，不念"浦"，而读"辅"。我选这个"甫"，就是取有辅佐的意思。奉人民之命，辅佐邓小平，这就是"皇甫平"笔名的深层含义。陆幸生：《〈皇甫平〉文章发表的前前后后——访人民日报原副总编辑周瑞金》，载《南方周末》2003年2月27日。

应，由总而分，反复阐明，一再明示和宣传了邓小平的最新思想，形成了一个推进改革的完整舆论先导系列。

从经济发展绩效上看，改革开放以后，中国经济取得了巨大的成就。1990年，国内生产总值（GDP）达到18667.8亿元，是1978年3645.2亿元的5.1倍；财政收入达到2937.10亿元，是1978年1132.26亿元的2.6倍；进出口总额达到1154.4亿美元，是1978年206.4亿美元的5.6倍；全国城乡居民储蓄存款余额达到7119.8亿元，比1978年210.6亿元增长33.8倍。人民生活水平也有了显著提高，城乡居民家庭收入普遍提高。在1978年，农村居民家庭人均纯收入为133.6元，城镇居民家庭人均可支配收入为343.4元；到了1990年，两个数字分别达到686.3元和1510.2元，比1978年分别增长4.14倍和3.40倍。[①]

当然，负面绩效也在很大程度上存在。在改革开放的过程中，由于中国经济建设的经验不足，经济领域也出现了一些问题，以致国营企业负担加重，举步维艰，农业经济的发展相对迟滞，陷于徘徊不前的局面。经过三年的紧缩、调整和经济衰退之后，进入1992年新春，改革和发展的生机重新焕发。与此同时，国际政治环境也出现了剧烈变动。1989年，东欧国家相继发生巨变。1991年年底，世界第一个社会主义国家苏联宣布解体。苏东巨变对于中国来说，是一场前所未有的冲击。中国正在进行的改革，是社会主义的改革，还是资本主义的改革？"左"的思想泛滥一时，人们心头充满了疑云。思想和理论上的混乱，已经严重影响到改革开放的进程。

就在这个重要历史关头，就在媒体关于姓"资"姓"社"这个问题争得如火如荼之时，88岁高龄的邓小平于1992年1月18日至2月21日先后到武昌、深圳、珠海、上海等地视察，历时35天，行程6000多公里。视察期间，他发表一系列重要谈话。这些谈话内容被统称为"南方谈话"。

---

① 数据出自《中国统计年鉴（2008）》，中国统计出版社2008年版，第37、261、708、317页。

　　邓小平南方谈话对社会主义现代化建设的一系列理论问题作了全面精辟的阐述。抓住机遇，加快发展，是邓小平在谈话中反复强调的一个核心问题。他每到一地，都十分关注那里的生产和发展问题。看到深圳、珠海特区和其他一些地方的发展变化和建设成就，他十分兴奋和欣慰，欣喜地说：发展得这么快，我没有想到，看了以后，信心增加了。

　　邓小平以政治家特有的敏锐目光和洞察力，精辟地阐述了我国发展面临的挑战和机遇。他指出：现在，周边一些国家和地区经济发展比我们快，如果我们不发展或发展得太慢，老百姓一比较就有问题了。所以，能发展就不要阻挡，有条件的地方要尽可能搞快点，只要是讲效益，讲质量，搞外向型经济，就没有什么可以担心的。低速度就等于停步，甚至等于后退。要抓机会，现在就是好机会。他还分析说：抓住时机，发展自己，关键是发展经济。我国的经济发展，总要力争隔几年上一个台阶。当然，不是鼓励不切实际的高速度，还是要扎扎实实，讲求效益，稳步协调地发展。比如广东，要上几个台阶，力争用20年的时间赶上亚洲"四小龙"。比如江苏等发展比较好的地区，就应该比全国平均速度快。又比如上海，目前完全有条件搞得更快一点。邓小平深刻总结国内外发展经验，告诫说：从我们自己这些年的经验来看，经济发展隔几年上一个台阶，是能够办得到的。对于我们这样发展中的大国来说，经济要发展得快一点，不可能总是那么平平静静、稳稳当当。要注意经济稳定、协调地发展，但稳定和协调也是相对的，不是绝对的。发展才是硬道理。这个问题要搞清楚。从国际经验来看，一些国家在发展过程中，都曾经有过高速发展时期，或若干高速发展阶段。日本、南朝鲜、东南亚一些国家和地区，就是如此。现在，我们国内条件具备，国际环境有利，再加上发挥社会主义制度能够集中力量办大事的优势，在今后的现代化建设长过程中，出现若干个发展速度比较快、效益比较好的阶段，是必要的，也是能够办到的。我们就是要有这个雄心壮志！邓小平还强调：经济发展得快一点，必须依靠科技和教育。

113

邓小平认为，解决中国的发展问题，关键是要坚持党的基本路线不动摇。他强调：要坚持党的十一届三中全会以来的路线方针政策，关键是坚持"一个中心、两个基本点"。不坚持社会主义，不改革开放，不发展经济，不改善人民生活，只能是死路一条。基本路线要管一百年，动摇不得。只有坚持这条路线，人民才会相信你，拥护你。谁要改变三中全会以来的路线、方针、政策，老百姓不答应，谁就会被打倒。

邓小平十分关注推进改革开放问题。他指出：革命是解放生产力，改革也是解放生产力。改革开放胆子要大一些，敢于试验，不能像小脚女人一样。看准了的，就大胆地试，大胆地闯。改革开放迈不开步子，不敢闯，说来说去就是怕资本主义的东西多了，走了资本主义道路。要害是姓"资"还是姓"社"的问题。判断的标准，应该主要看是否有利于发展社会主义社会的生产力，是否有利于增强社会主义国家的综合国力，是否有利于提高人民的生活水平。针对对改革开放的责难，邓小平强调指出：右可以葬送社会主义，"左"也可以葬送社会主义。中国要警惕右，但主要是防止"左"。他强调要总结经验，对的就坚持，不对的赶快改，新问题出来抓紧解决。恐怕再有三十年的时间，我们才会在各方面形成一整套更加成熟、更加定型的制度。在这个制度下的方针、政策，也将更加定型化。

计划与市场的关系，是长期困扰和束缚人们思想的一个重大问题。传统观念认为，市场经济是资本主义特有的东西，计划经济才是社会主义经济的基本特征。对此，邓小平有着自己独到的见解。早在1979年11月会见外宾时，他就明确表示："说市场经济只存在于资本主义社会，只有资本主义的市场经济，这肯定是不正确的……社会主义也可以搞市场经济。"[①]1990年12月24日，他在同几位中央负责同志谈话时又强调指出："我们必须从理论上搞懂，资本主义与社会主义的区分不在于是计

---

① 《邓小平文选》第2卷，人民出版社1994年版，第236页。

划还是市场这样的问题。社会主义也有市场经济，资本主义也有计划控制……不要以为搞点市场经济就是资本主义道路，没有那么回事。计划和市场都得要。不搞市场，连世界上的信息都不知道，是自甘落后。"[1]在南方谈话中，邓小平更加精辟地阐述了计划和市场的关系问题。他说："计划多一点还是市场多一点，不是社会主义与资本主义的本质区别。计划经济不等于社会主义，资本主义也有计划；市场经济不等于资本主义，社会主义也有市场。计划和市场都是经济手段。社会主义的本质，是解放生产力，发展生产力，消灭剥削，消除两极分化，最终达到共同富裕。"[2]社会主义要赢得与资本主义相比较的优势，就必须大胆吸收和借鉴人类社会创造的一切文明成果，吸收和借鉴当今世界各国包括资本主义发达国家的一切反映现代社会化生产规律的先进经营方式、管理方法。邓小平的这一重要思想，从根本上解除了把计划经济和市场经济看作属于社会基本制度范畴的思想束缚，使人们在计划与市场关系问题上的认识有了新的重大突破。

　　在谈话中，邓小平还阐述了一些具有战略指导意义的重要思想。他强调，在整个改革开放的过程中，必须始终注意坚持四项基本原则。强调要坚持两手抓，一手抓改革开放，一手抓打击各种犯罪活动，两只手都要硬；坚持两手抓，社会主义精神文明建设就可以搞上去。强调在整个改革开放过程中都要反对腐败；对干部和共产党员来说，廉政建设要作为大事来抓；还是要靠法制，搞法制靠得住些。强调中国的事情能不能办好，社会主义和改革开放能不能坚持，经济能不能快一点发展起来，国家能不能长治久安，从一定意义上说，关键在人；党的十一届三中全会确立的这条中国的发展路线，是否能够坚持得住，要靠大家努力，特别是要教育后代。

　　面对世界社会主义出现的低潮，邓小平满怀信心地指出：我坚信，

---

① 《邓小平文选》第3卷，人民出版社1993年版，第364页。
② 《邓小平文选》第3卷，人民出版社1993年版，第373页。

世界上赞成马克思主义的人会多起来的，因为马克思主义是科学。社会主义经历一个长过程发展后必然代替资本主义，这是社会历史发展不可逆转的总趋势。从一定意义上说，某种暂时复辟也是难以完全避免的规律性现象。一些国家出现严重曲折，社会主义好像被削弱了，但人民经受锻炼，从中吸收教训，将促使社会主义向着更加健康的方向发展。他强调：我们搞社会主义才几十年，还处在初级阶段。巩固和发展社会主义制度，还需要一个很长的历史阶段，需要我们几代人、十几代人，甚至几十代人坚持不懈地努力奋斗，决不能掉以轻心。我们要在建设有中国特色的社会主义道路上继续前进。从现在起到下世纪中叶，将是很要紧的时期，我们要埋头苦干。

邓小平南方谈话分析了当时的国际国内形势，科学总结党的十一届三中全会以来的探索实践和基本经验，进一步阐明了改革开放的重大意义，阐述了建立社会主义市场经济理论的基本原则，从理论上深刻回答了长期困扰和束缚人们思想的许多重大问题，是把改革开放和现代化建设推向新阶段的一个解放思想、实事求是的宣言书。1992年2月28日，中共中央将邓小平谈话要点整理后作为中央文件下发，并要求尽快逐级传达到全体党员干部。3月9日至10日，江泽民主持召开中央政治局会议，讨论中国改革发展的若干重大问题。会议完全赞同邓小平南方谈话，认为谈话不仅对当前的改革和发展、对开好党的十四大具有十分重要的指导作用，而且对中国整个社会主义现代化建设事业具有重大而深远的意义。5月16日，中央政治局通过《关于加快改革，扩大开放，力争经济更好更快地上一个新台阶的意见》，就贯彻落实邓小平南方谈话精神作出部署。国务院相继作出一系列加快改革开放和经济发展的决定。

为了进一步用邓小平南方谈话精神统一全党思想，迎接党的十四大的召开，1992年6月9日，江泽民在中央党校省部级干部进修班上作题为《深刻领会和全面落实邓小平同志的重要谈话精神，把经济建设和改革开放搞得更快更好》的讲话，从九个方面阐述了如何深刻领会和全面落实邓小平南方谈话精神的问题。在谈到计划与市场问题时,他列举关于计划与市场和建立新经济体制的几种不同提法,并表示:我个人的看法,比较倾向于使用"社会主义市场经济体制"这个提法。这篇重要讲话,为党的十四大的召开做了重要的思想舆论准备。

党的十四大确立社会主义市场经济体制改革目标

1992年10月12日至18日,党的十四大成功召开。江泽民作题为《加快改革开放和现代化建设步伐,夺取有中国特色社会主义事业的更大胜利》的报告。党的十四大主要任务是:以邓小平建设有中国特色社会主义理论为指导,认真总结党的十一届三中全会以来14年的实践经验,确定今后一个时期的战略部署,动员全党同志和全国各族人民,进一步解放思想,把握有利时机,加快改革开放和现代化建设步伐,夺取有中国特色社会主义事业的更大胜利。党的十四大报告系统总结改革开放14年的基本实践和基本经验,全面阐述了邓小平建设有中国特色社会主义的理论,明确了建立社会主义市场经济体制的改革目标,提出了20世纪90年代加快改革开放、推动经济发展和社会全面进步的主要任务,阐述了党和国家的对外政策,对新形势下加强党的建设和改善党的领导作出了战略部署。

党的十四大经过充分讨论,作出了三项具有深远意义的重大决策。

一是抓住机遇,加快发展,集中精力把经济建设搞上去。党的十四大指出,我国经济能不能加快发展,不仅是重大的经济问题,而且是重大的政治问题。大会认为,现在国内条件具备,国际环境有利,既有挑战,更有机遇,是加快发展、深化改革,促进社会全面进步的好时机。抓住有利时机,集中力量把经济建设搞上去,力争国民经济在讲求效益的前提下有一个较高的增长速度,是完全正确和可能的。因此,大会对中国在20世纪90年代的经济发展速度作出调整,从原定的国民生产总值平均每年增长6%调整为8%至9%;到20世纪末,我国国民经济整体素质和

综合国力将迈上一个新台阶,国民生产总值将超过比1980年翻两番的目标,人民生活由温饱进入小康。大会还对加快经济发展作出战略部署,提出了必须努力实现关系全局的十个方面的主要任务。

二是明确中国经济体制改革的目标是建立社会主义市场经济体制。党的十四大宣布,我国经济体制改革的目标是建立社会主义市场经济体制。大会指出,我国经济体制改革确定什么样的目标模式,是关系整个社会主义现代化建设全局的一个重大问题。这个问题的核心,是正确认识和处理计划与市场的关系。实践的发展和认识的深化,要求党明确提出我国经济体制改革的目标是建立社会主义市场经济体制,以利于进一步解放和发展生产力。我国要建立的社会主义市场经济体制是同社会主义基本制度结合在一起的,目的就是要使市场在社会主义国家宏观调控下对资源配置起基础性作用,使经济活动遵循价值规律的要求,适应供求关系的变化。大会报告明确指出:"我们要建立的社会主义市场经济体制,就是要使市场在社会主义国家宏观调控下对资源配置起基础性作用,使经济活动遵循价值规律的要求,适应供求关系的变化;通过价格杠杆和竞争机制的功能,把资源配置到效益较好的环节中去,并给企业以压力和动力,实现优胜劣汰;运用市场对各种经济信号反应比较灵敏的优点,促进生产和需求的及时协调。同时也要看到市场有其自身的弱点和消极方面,必须加强和改善国家对经济的宏观调控。"大会提出,在所有制结构上,以公有制包括全民所有制和集体所有制经济为主体,个体经济、私营经济、外资经济为补充,多种经济成分长期共同发展,不同经济成分还可以自愿实行多种形式的联合经营。大会要求,围绕社会主义市场经济体制的建立,要抓紧制定总体规划,有计划、有步骤地进行相应的体制改革和政策调整。这些论述,使我国经济体制改革的目标由党的十二届三中全会提出的公有制基础上的有计划的商品经济,发展为社会主义市场经济,这是理论认识上的又一个飞跃,对我国正在进行的经济体制改革有重大的指导意义。把社会主义制度与市场经济结合起来，建立和完善社会主义市场经济体制，是前无古人的伟大创举，是中国共产党人对马克思主义的重大发展，也是社会主义发展史上的重大突破。

三是确立邓小平建设有中国特色社会主义理论在全党的指导地位。党的十四大认为，党的十一届三中全会以来，党领导各族人民实行改革开放，进一步解放和发展生产力，开辟了社会主义现代化建设的新时期。我们所以能够取得举世瞩目的巨大成就，根本原因是坚持把马克思主义基本原理同中国具体实际相结合，逐步形成和发展了建设有中国特色社会主义的理论。这个理论，是在和平与发展成为时代主题的历史条件下，在我国社会主义改革开放和现代化建设的实践过程中，在总结我国的历史经验，并借鉴其他国家社会主义兴衰成败历史经验的基础上，逐步形成和发展起来的。它第一次比较系统地初步回答了中国这样的经济文化比较落后的国家如何建设社会主义、如何巩固和发展社会主义的一系列基本问题，用新的思想、观点，继承和发展了马克思主义。邓小平同志是我国社会主义改革开放和现代化建设的总设计师，对建设有中国特色社会主义理论的创立作出了历史性的重大贡献。大会报告从发展道路、发展阶段、根本任务、发展动力、外部条件、政治保证、战略步骤、领导力量和依靠力量、实现祖国统一九个方面，对建设有中国特色社会主义理论的主要内容作了概括。大会通过的党章修正案，写入了建设有中国特色社会主义的理论和党在社会主义初级阶段的基本路线。这对于统一全党的思想和行动，夺取有中国特色社会主义事业的更大胜利，具有十分重要的意义，也为继续推进党的理论创新奠定了基础。

以邓小平南方谈话和党的十四大为标志，中国改革开放和社会主义现代化建设进入新的发展阶段。

建立社会主义市场经济体制纲领的制定与实施

建立社会主义市场经济体制，涉及经济基础和上层建筑许多领域。

按照党的十四大的部署，中国共产党和国家作出一系列相应的体制改革和政策调整，并抓紧制定总体规划，有计划、有步骤地加以实施。

1993年11月，党的十四届三中全会审议通过《关于建立社会主义市场经济体制若干问题的决定》。《决定》把党的十四大提出的经济体制改革的目标和基本原则进一步具体化、系统化，指出：社会主义市场经济体制是同社会主义基本制度结合在一起的，建立社会主义市场经济体制，就是要使市场在国家宏观调控下对资源配置起基础性作用。为了实现这个目标，必须坚持以公有制为主体、多种经济成分共同发展的方针，进一步转换国有企业经营机制，建立适应市场经济要求、产权清晰、权责明确、政企分开、管理科学的现代企业制度；建立全国统一开放的市场体系，实现城乡市场紧密结合，国内市场与国际市场相互衔接，促进资源的优化配置；转变政府管理经济的职能，建立以间接手段为主的完善的宏观调控体系，保证国民经济的健康运行；建立以按劳分配为主体，效率优先、兼顾公平的收入分配制度，鼓励一部分地区一部分人先富起来，走共同富裕的道路；建立多层次的社会保障制度，为城乡居民提供同我国国情相适应的社会保障，促进经济发展和社会稳定。《决定》强调：这些主要环节是相互联系和相互制约的有机整体，构成社会主义市场经济体制的基本框架；必须围绕这些主要环节，建立相应的法律体系，采取切实措施，积极而有步骤地全面推进改革，促进社会生产力的发展。[①]《决定》勾画了中国社会主义市场经济体制的基本框架，是20世纪90年代推进经济体制改革的行动纲领。

党的十四届三中全会之后，中共中央、国务院大力推进财政、税收、金融、外贸、外汇、计划、投资、价格、流通、住房、社会保障等方面的体制改革，同时推进国有企业经营机制转换，探索建立现代企业制度的有效途径。

---

① 中共中央文献研究室编：《十四大以来重要文献选编》（上），人民出版社1996年版，第521页。

1993年12月15日,国务院作出《关于实行分税制财政管理体制改革的决定》,确定从1994年1月1日起,改革现行地方财政包干体制,对各省、自治区、直辖市以及计划单列市实行分税制财政管理体制。这项改革的原则和主要内容是:按照中央与地方政府的事权划分,合理确定各级财政的支出范围;根据事权与财权相结合的原则,将税种统一划分为中央税、地方税和中央地方共享税,并建立中央税收和地方税收体系,分设中央与地方两套税务机构分别征管;科学核定地方收支数额,逐步实行比较规范的中央财政对地方的税收返还和转移支付制度;建立和健全分级预算制度,硬化各级预算约束。改革的目的是正确处理国家、企业、个人之间以及中央与地方之间的分配关系,理顺经济关系,使经济活动规范化,逐步提高财政收入占国家生产总值的比重和中央财政收入占全国财政收入的比重,并适应所有制结构变化和政府职能转变,调整财政收支结构,建立稳固、平衡的国家财政。这项改革是建立社会主义市场经济体制的基础,十分重要,难度也很大。国务院事先做了大量调查研究工作,既坚持改革的原则,又采取灵活措施解决一些省份提出的实际问题,从而化解了矛盾,为在全国顺利实行分税制改革创造了条件。

12月25日,国务院作出《关于金融体制改革的决定》,提出金融体制改革的目标是:建立在国务院领导下,独立执行货币政策的中央银行宏观调控体系;建立政策性金融与商业性金融分离,以国有商业银行为主体、多种金融机构并存的金融组织体系;建立统一开放、有序竞争、严格管理的金融市场体系。1994年底,新组建的国家开发银行、中国进出口银行和中国农业发展银行等政策性银行投入运营。通过改革,中央银行在宏观调控中的作用显著增强,金融市场秩序有所改善,非银行金融机构的行为有所规范,金融总体运行正常。

同一天,国务院还批转国家税务总局《工商税制改革实施方案》,提出工商税制改革的指导思想是:坚持统一税法、公平税负、简化税制、

合理分权，理顺分配关系，保障财政收入，建立符合社会主义市场经济要求的税制体系。

12月28日，中国人民银行发布《关于进一步改革外汇管理体制的公告》，决定从1994年1月1日起施行外汇收入结汇制，取消外汇留成；实行银行售汇制，允许人民币在经常项目下有条件可兑换；建立全国统一的银行间外汇交易市场，改进汇率形成机制，保持和稳定人民币汇率。

1994年，国家又陆续推出一系列重要改革举措。外贸体制改革主要是以统一政策、放开经营、平等竞争、自负盈亏、工贸结合、推行代理制为方向，将外贸进口的指令性计划改为指导性计划，加快自主降税步伐，建立适应国际经济通行规则的运行机制，这为后来加入世界贸易组织准备了条件。投资体制改革主要是按照不同投资主体的投资范围和各类建设项目的不同情况分别实行不同的投资方式，进一步强化企业的投资主体地位，在投资融资领域更多地引入市场竞争机制。计划体制改革主要是进一步转变计划管理职能，实行以市场为基础的指导性计划为主，突出国家计划的宏观性、战略性、政策性，把重点放在中长期计划上，综合协调宏观经济政策和经济杠杆的作用。价格管理体制改革主要是调高粮食、棉花、石油、煤炭等基础产品价格，进一步理顺比价关系，大部分生产资料价格由"双轨制"并轨为单一的市场价格，确立市场价格在价格体系中的主体地位，建立以经济手段为主的价格调控体系。

宏观经济体制的改革，推动了国有企业改革的深化。按照建立社会主义市场经济体制的要求，国有企业改革开始从以往的放权让利、政策调整进入到转换机制、制度创新阶段。1993年12月，八届全国人大常委会第五次会议通过《中华人民共和国公司法》，为国有企业公司化改组、建立现代企业制度提供了法律依据。从1994年开始，国务院及各地先后选择2700多家国有企业进行建立现代企业制度试点，要求把深化国有企业改革同企业改组、技术改造和加强企业管理结合起来，通过建立现代企业制度，使企业成为自主经营、自负盈亏、自我发展、自我约束的法人实体和市场竞争主体。1995年,国有企业建立现代企业制度试点工作全面铺开。在试点企业中,普遍推行公司制、股份制改革,出现了一批在市场竞争中经济效益连年提高的企业。

通过这些改革,计划经济体制向社会主义市场经济体制转轨的步伐加快,市场在资源配置中的基础性作用得到明显增强,全国呈现改革开放全面推进、经济建设迅猛发展的蓬勃景象。这就为进行有效的宏观调控,保证经济健康发展,创造了有利条件。

党的十五大推进经济体制改革

1997年9月12日至18日,党的十五大胜利召开。江泽民作题为《高举邓小平理论伟大旗帜,把建设有中国特色社会主义事业全面推向二十一世纪》的报告。党的十五大的主题是:高举邓小平理论伟大旗帜,把建设有中国特色社会主义事业全面推向21世纪。党的十五大首次使用"邓小平理论"这个科学称谓,把这一理论作为指引党继续前进的旗帜。

党的十五大对中国社会主义初级阶段的所有制结构和公有制实现形式作出新的阐述。报告指出:公有制为主体、多种所有制经济共同发展,是我国社会主义初级阶段的一项基本经济制度。公有制经济不仅包括国有经济和集体经济,还包括混合所有制经济中的国有成分和集体成分。国有经济控制国民经济命脉,对经济发展起主导作用,主要体现在控制力上。公有制实现形式可以而且应当多样化,一切反映社会化生产规律的经济方式和组织形式都可以大胆利用。非公有制经济是我国社会主义市场经济的重要组成部分,对促进国民经济的发展有重要作用。要坚持按劳分配为主体、多种分配方式并存的分配制度,把按劳分配和按生产要素分配结合起来,坚持效率优先、兼顾公平,使收入差距趋向合理,防止两极分化,促进经济发展,保持社会稳定。

党的十五大在中国经济发展"三步走"战略的第二步目标即将实现之际,对如何实现第三步目标作出进一步规划,提出了新的"三步走"的

发展战略,即:新世纪第一个十年实现国民生产总值比2000年翻一番,使人民的小康生活更加宽裕,形成比较完善的社会主义市场经济体制;再经过十年的努力,到建党100年时,使国民经济更加发展,各项制度更加完善;到世纪中叶建国100年时,基本实现现代化,建成富强民主文明的社会主义国家。

党的十五大围绕着这个发展战略,对中国的跨世纪发展作出战略部署,提出:从现在起到下世纪的前十年,是我国实现现代化建设的第二步战略目标并向第三步战略目标迈进的关键时期。在这个时期,建立比较完善的社会主义市场经济体制,保持国民经济持续快速健康发展,是必须解决好的两大课题。为此,一定要坚持社会主义市场经济的改革方向,使改革在一些重大方面取得新的突破,并在优化经济结构、发展科学技术和提高对外开放水平等方面取得重大进展,真正走出一条速度较快、效益较好、整体素质不断提高的经济协调发展的路子。

在世纪之交的关键时刻,党的十五大,承前启后、继往开来,明确回答了中国改革开放和现代化建设的一系列重大理论和实践问题,从思想上、政治上、组织上为中国实现跨世纪发展提供了重要保证。

二、在机遇与挑战中推进经济改革和发展

邓小平南方谈话和党的十四大召开之后,经济的快速增长使中国经济总量呈现加速扩张态势。国内生产总值由1978年的3645.2亿元上升到1986年的10275.2亿元,用了八年时间;上升到1991年的21781.5亿元用了五年时间,此后十年到2001年平均每年上升近一万亿元,2001年超过十万亿元大关。[①]经济飞速发展的同时,也遇到很多困难和问题。1993年经济过热后,中国采取了一系列防止通货膨胀、抑制经济过热的宏观

---

① 数据出自《中国统计年鉴(2008)》,中国统计出版社2008年版,第851页。

经济政策，实现了"软着陆"。20世纪90年代后期，中国又采取了积极的财政政策和稳健的货币政策，防止通货紧缩，遏制了经济下滑，并且成功抵御了1997年的亚洲金融危机，实现了经济的快速平稳发展。

经济过热与"软着陆"

1992年后，中国经济进入快车道，人民群众在邓小平南方谈话和党的十四大精神鼓舞下，建设热情高涨，各项成绩均有所突破，到处一片欣欣向荣的景象。在抓住机遇、加快发展方针指导下，1993年中国经济得到较快发展，国内生产总值达到35334亿元，首次突破三万亿元大关，比上年增长13.5%。一些重要产品的产量大幅度增加，企业技术改造和产品结构调整加快。农业继续获得丰收，粮食总产量4564亿公斤，达到历史最高水平。重点建设加速，京九、南昆等重要铁路干线建设进展顺利，高等级公路和重点港口建设加快。邮电通讯状况迅速改善。扣除物价上涨因素，全国城镇居民人均收入比上年增加10.2%，农村居民人均收入增长3.2%，城乡居民存款总额在年末达到14764亿元，比上年增长28%。这种增长速度在当时是全世界最快的。[①]

在加快改革和经济发展的过程中，由于一些地方和部门片面追求高速度，同时由于旧的宏观调控机制逐渐失效，新的调控机制尚未建立，一些新的问题显现出来。主要是：固定资产投资增加过猛，银行信贷和货币投放压力增大；工业生产增长速度过快，交通运输紧张，产品库存增加；开发区热、房地产热、股票热以及乱集资、乱拆借、乱设金融机构等，造成投资失控、金融市场混乱；物价上涨和通货膨胀呈现加速之势。这些问题的出现，干扰了经济建设健康发展，损害了改革开放及现代化建设大局。

企业之间盲目攀比，经济秩序混乱，社会总需求增长过快是推动这

---

① 《中国统计年鉴（2003）》，中国统计出版社2003年版，第55、187页。

次经济过热的根本原因。而此次经济过热主要体现在"四热、四高、三乱"三方面,可以称得上是压在经济运行上的"三座大山"。其中,"四热"是指开发区热、房地产热、股票热、集资热;"四高"是指高固定资产投资、高信贷投资、高货币发行、高物价上涨;"三乱"则是指乱集资、乱拆借、乱设金融机构。这主要表现在以下方面:

货币投放过量方面,1979年到1992年14年间,除1988年上半年净投放12亿元外,其余各年上半年都是回笼的,但是1993年上半年净投放现金高达528亿元。高固定资产投资方面,1993年全社会固定资产投资总额13072.3亿元,比上年增长61.8%;金融机构违章乱拆借,社会不规范集资面广、量大、利率高,许多地方擅自设立金融机构从事信贷活动,这使得大量银行外资金用于开发区盲目建设,从而导致房地产价格愈炒愈烈。物价大幅上涨方面,1993年3月,全国物价总水平上涨幅度突破10%,到6月份,达到13.9%,35个大中城市居民消费价格总水平6月比同期上涨21.6%。而被称为经济运行温度计的股市,在1993年2月9日,上海证券交易所综合指数突破1429点历史大关。①

与此同时,在国内需求供给不足的情况下,为平衡供求,国家减缓出口幅度,使得大量外汇留在企业,从而国家外汇结存率下降。1993年6月,由年初1美元兑换7.4元人民币上涨为兑换11.8元人民币。原商业部副部长张世尧接受《人民日报》采访时说:"我搞了多年商业,深知菜篮子关系千家万户切身利益。1993年全国零售物价上涨13%,大城市生活物价上涨22%,群众感到压力很大。"1993年春节前后,部分大城市牛奶价格上涨30%,部分蔬菜价格上涨更多。原国家体改委副主任高尚全曾对当时急于上项目表示十分担忧,他担心一些项目完工之际便是项目停产的时候。

盲目扩张项目的同时,金融秩序混乱也使得经济案件的数量猛增,

---

① 数据出自《中国统计年鉴(2003)》,中国统计出版社2003年版,第55、186页。

并且多集中在股票、房地产、违法拆借等经济领域,较为典型的是沈太福、李效时集资诈骗案。1993年9月至12月,全国检察机关共立案侦查贪污受贿万元以上,挪用公款5万元以上的大案要案8538件,比1992年同期增加5883件。

经济迅速发展是好事,但是宏观调控不能有效地控制经济过热,势必会给经济带来负面影响,甚至破坏经济,引发不稳定因素的产生。上述事实表明,当时的经济形势已经非常严峻,亟须出台有效的宏观经济政策给予必要应对。

中共中央、国务院及早就发现这些问题,果断作出加强宏观调控的决策。从1992年起,中共中央就一再提醒全党,要防止发生经济过热现象,把经济发展的好势头保持下去。这年4月初,江泽民明确指出:"要善于把干部和群众高涨的劲头和积极性引导好、保护好、发挥好","要在深化改革上狠下功夫,避免只在扩大投资规模上做文章,以防出现新的重复建设和产品积压"。[①]10月,中央召开各地区各部门主要负责人参加的经济情况通报会,强调既要抓住机遇、加快发展,又要注意可能出现的各种问题,保证改革开放和经济发展的顺利进行。11月,中央在全面分析经济形势后,便指出经济形势大好,但要防止过热。但是在经济体制改革过程中,在新旧体制转换过程中,中央与地方之间对当时的经济形势看法并不一致,这使得地方在贯彻中央宏观经济政策的过程中大打折扣,且没有引起地方政府的高度重视,从而影响了宏观经济政策的执行。1993年第一季度,国民生产总值比1992年同期增长15.1%,但经济运行出现了一些新的矛盾和问题,主要表现在:货币过量投放,金融秩序混乱;投资需求和消费需求都出现膨胀的趋势;财政困难状况加剧;由于工业增长迅速过快,基础设施和基础工业的"瓶颈"制约进一步强

---

① 《江泽民文选》第1卷,人民出版社2006年版,第195—196页。

化；出口增长乏力，进口增长过快；通货膨胀呈加速之势。[①]

面对经济过热以及国民经济运行的隐患，中共中央、国务院果断采取措施并进行部署，先后出台了一系列加强宏观调控的措施，紧锣密鼓地治理"通胀"。

1993年3月，中央着手解决乱集资、乱拆借、房地产热和开发区热等问题。4月11日，国务院发出《国务院关于坚决制止乱集资和加强债券发行管理的通知》。《通知》指出：要坚决制止各种违反国家有关规定的集资；加强债券发行管理，严格控制各项债券的年度发行规模、严格按《国务院关于进一步加强证券市场宏观管理的通知》和有关规定予以执行；执行国家规定的有关利率政策；要优先保证国库券和用于国家重点建设债券的发行；各有关部门要积极配合，加强对债券发行和集资活动的宏观控制；对违反规定的要予以追究责任。同时，中央派出7个调研组分别到14个省、自治区、直辖市进行调研和检查，为今后制定宏观经济政策做好必要的准备。同年4月22日，李鹏签署《股票发行与交易管理暂行条例》，即第112号国务院令，为维护股票市场稳定、有序地发展，以及保护投资者的合法权益提供了法律和制度保障。4月28日，国务院为改善投资环境、治理开发区过热，出台了《国务院关于严格审批和认真清理各类开发区的通知》。《通知》规定，设立各类开发区实行国务院和省、自治区、直辖市人民政府两级审批制度。省、自治区、直辖市以下各级人民政府不得审批设立各类开发区。

同年5月到6月，中央多次召开经济工作会议，针对当时经济高涨，强调加强宏观经济形势的研究。江泽民先后在上海、西安、大连、广州主持召开了分区域性的四次经济工作座谈会，分别就经济过热问题产生的原因、宏观经济政策的应对等进行了深入的分析。5月9日至11日，江泽民在上海主持召开华东六省一市经济工作座谈会，提出要把加快发展的注

---

① 邹东涛：《新中国经济发展60年（1949—2009）》，人民出版社2009年版，第372页。

意力集中到深化改革、转换机制、优化结构、提高效益上来。19日，他又给国务院领导同志写信，强调对于经济中存在的突出问题，要抓紧时机解决，解决问题的时机稍纵即逝，倘若问题积累，势必酿成大祸。[①]在此期间，国家体改委、财政部、世界银行于6月10日至12日，联合在大连举办了一次中国宏观经济管理研讨会。会议对当时经济判断指出，造成经济过热的直接原因是，过于松弛的货币政策加剧了固定资产投资规模的迅速扩张，导致总需求的过度膨胀。会议提出了抑制总需求，加强金融货币的宏观调控等八项措施。在此前后，国务院相继发出《关于坚决制止乱集资和加强债券发行管理的通知》《关于严格审批和认真清理各类开发区的通知》，并派出7个工作组分赴14个省区市进行检查。在此基础上，中共中央、国务院于1993年6月24日印发《关于当前经济情况和加强宏观调控的意见》（简称"国十六条"），以整顿金融秩序为重点，提出16条加强和改善宏观调控的措施，主要包括实行适度从紧的财政政策和货币政策、整顿金融秩序和流通环节、控制投资规模、加强价格监督等，拉开了全面宏观调控的序幕。

为确保宏观调控措施落实到位，中央先后在大连、广州召开东北、华北和中南、华南两个片会，要求各省区市制定具体的落实办法。国务院再次派出7个工作组，分别到14个省区市的工厂、工地、开发区、商场进行实地察看，检查计委、银行和财政部门的工作。7月上旬和下旬，国务院相继召开全国金融工作会议和全国财政税务工作会议，分别制定和下达了两个"约法三章"。金融系统的"约法三章"是：立即停止和认真清理一切违章拆借，已经违章拆借出的资金要限期收回；任何金融机构不得变相提高存款利率，不准用提高存款利率的办法搞"储蓄大战"，不得向贷款对象收取回扣；立即停止银行向自己兴办的各种经济实体注入信贷资金，银行要与自己兴办的各种经济实体彻底脱钩。财税部门的

---

① 《江泽民文选》第2卷，人民出版社2006年版，第532页。

"约法三章"是：严格控制税收减免；严格控制财政赤字，停止银行挂账；财政部门及所属机构，未经人民银行批准，一律不准涉足商业性金融业务，所办公司要限期与财政部门脱钩。

通过认真贯彻和落实中央的各项措施，到1993年11月召开党的十四届三中全会之时，宏观调控已经初显成效：金融形势趋于稳定，房地产热、开发区热和投资增长过旺的势头受到抑制，国家重点建设项目进度加快，物价上涨得到一定程度的遏制，外汇调剂市场价格回落并趋向基本正常，钢材等主要生产资料价格回落，国家财政收支情况有所改善，城乡人民收入继续增加，整个国民经济运行向着健康方向发展。

此后，为避免经济大起大落引发社会震荡，让过热的经济平稳、缓和地回到正常的状态，从1994年开始到1996年，中国采取了一系列宏观经济调控政策，分三步实现了经济"软着陆"。

首先是起步阶段。根据国内外实际情况，1994年预计实现宏观调控目标为：GDP增长9%；CPI控制在10%以内。因此，1994年宏观调控的基本任务是保持社会总需求与总供给的大体平衡，着力控制物价总水平上涨等。"软着陆"的目标并没有在当年内实现。经济总量增速虽比去年有所下降，但是仍处于高位。1994年GDP达45005.8亿元，比上年增长11.8%。当年固定资产投资16370.33亿元，比上年增长31.4%。这一数字虽然比上年固定资产投资增幅有所下降（1993年为35.9%），但规模仍然偏大，结构也不合理。与此同时，物价水平比上年度有更大幅度上升，1994年商品零售价格比上年增加21.7%。①总体而言，国家虽然采取了一定的宏观经济手段，但是这只是"软着陆"的起步阶段。

之后是深化调整。进入1995年，国家进一步采取积极宏观调控措施：适度从紧的财政政策和货币政策；严格控制固定资产投资和消费基金的过快增长，规范流通秩序，加强对市场价格的调控和监管；努力为

---

① 《中国统计年鉴（1995）》，中国统计出版社1995年版，第32、137、233页。

深化国有企业改革创造必要的宏观经济环境，进一步完善宏观调控的统一性和有效性等。由于措施得当、及时，1995年经济"软着陆"迈出重大步伐：GDP达58478.1亿元，比上年增长10.5%，增幅比上年下降2.1%；物价指数大幅下降；商品零售价格、居民消费价格涨幅分别为14.8%、17.1%，比1994年有大幅下降；但全社会固定资产投资为20019.26亿元，反倒比上年增长17.5%。[①]虽然在这一年当中，物价回落，经济适度增长，但是依然没有完全实现全面"软着陆"。

再之后就是成功实现"软着陆"。进入1996年后，国家继续实行正确的宏观经济政策，从而使得当年经济运行平稳。自贯彻"国十六条"以来，经济"软着陆"的目标在当年基本实现。第一，经济增幅进一步下降，结构有所改善。当年GDP达到67884.6亿元，增长率下降为9.6%。轻工业产值比重由上年的47.3%上升到48.1%，重工业比重由52.7%下降到51.9%。第二，严重的通货膨胀已被抑制，物价上涨已低于宏观调控目标，居民消费价格指数已由1994年的124.1下降到1997年的102.8。第三，投资膨胀、经济过热现象已经消除。1996年全年投资总规模为22974.03万元，比上年实际增长14.8%，房地产开发投资比上年增长27.5%。第四，财政金融状况逐渐回暖。1996年，财政收入增幅为18.7%，超过国内生产总值的增幅。第五，金融秩序显著好转。1996年6月，全国金融机构各项贷款余额比上年末增加了900亿元，增长23.4%。[②]

经过三年的努力，宏观调控取得显著成效。一是过度投资得到有效控制。固定资产投资增长速度从1993年的51%降为1996年的18%，达到比较正常的增长幅度；货币发行量随之减少，基本实现了调控目标。二是金融秩序迅速好转。信贷规模总量得到控制，制止了"乱集资、乱拆借"

---

① 数据出自《中国统计年鉴（2003）》，中国统计出版社2003年版，第55、57、186、313页。

② 《中国统计年鉴（2003）》，中国统计出版社2003年版，第55、57、186、191、281、313页。

等现象。三是物价逐渐放开且涨幅明显回落。从1994年10月25.2%的最高涨幅，降到1996年的6.1%。四是经济增长仍然保持了较高速度。1993年至1996年，国内生产总值年均增长11.6%，年度经济增长率的波动幅度只有一两个百分点。①

从调控手段和方式上看，这次宏观调控，除采取必要的行政手段和组织措施外，主要着眼于运用经济、法律手段来加强和改进宏观调控，从加快新旧体制转换中找出路，把解决经济运行中的突出问题变成加快改革、建立社会主义市场经济体制的动力。在建立社会主义市场经济体制的过程中，中国经济既保持了较高的发展速度，又抑制了通货膨胀，成功地实现了从发展过快到"高增长、低通胀"的"软着陆"，有效避免了经济大起大落，也为后来抵御亚洲金融危机冲击打下了基础。

对于自1993年以来的宏观经济调控的效果，在1999年的九届全国人大二次会议上，朱镕基曾给予高度评价："1993年下半年开始采取加强宏观调控的措施，当时正是中国加大改革开放力度，取得巨大成就的时候。与此同时也出现了某种程度的过热，就是在房地产、开发区、股票市场方面出现了过热现象。这种过热导致1994年通货膨胀达到21.7%。当时邓小平同志还在世，在他的支持下，以江泽民为核心的党中央决定加强宏观调控，采取了16条措施，其中13条是经济措施，有11条是关于金融方面的。由于加强了宏观调控，使中国在两年多一点的时间解决了经济过热问题，改革开放和社会主义建设取得了很大成绩。""去年（指1998年）中国之所以能够抵御亚洲金融危机的冲击，就是因为我们在1993年已经发生了这种金融问题，幸好我们在它还未扩大的时候就把它制止住了。我们有了宏观调控的经验，才使我们在去年的亚洲金融危机中站得笔直。"②

---

① 中共中央党史研究室著：《中国共产党的九十年》，中共党史出版社、党建读物出版社2016年版，第806页。

② 朱镕基在九届全国人大二次会议记者招待会上答记者问，新华网2001年3月15日。

"八五"计划的完成和经济发展重大战略的实施

在加强宏观调控和深化改革过程中，"八五"计划提出的主要任务完成或超额完成，国民经济和社会发展取得显著成就。国民经济持续快速增长。"八五"期间，国民生产总值年均增长12%，1995年达到57600多亿元。原定2000年比1980年翻两番的目标提前五年实现。农村经济全面发展，农业年均增长4.1%。工业年均增长117.8%，产品结构调整加快。对外开放的总体格局基本形成。进出口总额累计超过一万亿美元，比"七五"时期增长一倍以上。实际利用外资超过1600亿美元，其中外商直接投资占70%，投资结构有所改善。1995年末，国家外汇储备达到730多亿美元。城乡人民生活继续改善。"八五"期间，扣除物价因素，城镇居民人均生活费收入年均增长7.7%，农村居民人均纯收入年均增长4.5%。社会主义民主法制建设和精神文明建设进一步加强，科技、教育、文化、卫生、体育等各项社会事业全面发展。"八五"期间，中国社会生产力、综合国力和人民生活都上了一个新的台阶。[①]

"八五"期间，中国在经济社会发展中也出现了不少问题和困难。突出的是，通货膨胀比较严重，五年零售物价年均上涨11.4%。国有企业生产经营困难较多。农业仍然是国民经济的薄弱环节。收入分配关系还没有理顺，部分社会成员收入悬殊。经济秩序还比较混乱。有些腐败现象仍在蔓延滋长。

中共中央认真总结经验，牢牢把握抓住机遇、深化改革、扩大开放、促进发展、保持稳定的指导方针，着手研究制定新的发展规划和战略目标。1995年9月，党的十四届五中全会通过《关于制定国民经济和社会发展"九五"计划和2010年远景目标的建议》，对"九五"时期实现第二步发展战略目标作出新部署，即：到2000年在我国人口将比1980年增长3

---

① 中共中央党史研究室著：《中国共产党的九十年》，中共党史出版社、党建读物出版社2016年版，第806—807页。

亿左右的情况下，实现人均国民生产总值比1980年翻两番；基本消除贫困现象，人民生活达到小康水平；加快现代企业制度建设，初步建立社会主义市场经济体制。2010年的主要奋斗目标是：实现国民生产总值比2000年翻一番，使人民的小康生活更加富裕，形成比较完善的社会主义市场经济体制。《建议》强调，实现奋斗目标的关键是实行两个具有全局意义的根本性转变：一是经济体制从传统的计划经济体制向社会主义市场经济体制转变；二是经济增长方式从粗放型向集约型转变，促进国民经济持续、快速、健康发展和社会全面进步。9月28日，江泽民在全会闭幕时发表讲话，深刻阐述社会主义现代化建设中12个重大关系[①]，其中最主要的是正确处理改革、发展、稳定的关系，强调改革是动力，发展是目的，稳定是前提，要把改革的力度、发展的速度和社会可承受的程度协调统一起来，做到在政治和社会稳定中推进改革和发展，在改革和发展的推进中实现政治和社会长期稳定。这是对中国改革开放和现代化建设历史经验的深刻总结，标志着党对社会主义建设规律的认识进一步深化。

根据中共中央的《建议》，国务院制订了《中华人民共和国国民经济和社会发展第九个五年计划和2010年远景目标纲要（草案）》。1996年3月，八届全国人大四次会议批准了这个计划纲要。

为推动中国特色社会主义事业跨世纪发展，如期实现"三步走"各阶段的发展目标，从20世纪90年代中期到21世纪初期，中共中央相继提出并实施了科教兴国、可持续发展、西部大开发和对外开放"走出去"等多项重大战略。

---

① 即：（1）改革、发展、稳定的关系；（2）速度和效益的关系；（3）经济建设和人口、资源、环境的关系；（4）第一、二、三产业的关系；（5）东部地区和中西部地区的关系；（6）市场机制和宏观调控的关系；（7）公有制经济和其他经济成分的关系；（8）收入分配中国家、企业和个人的关系；（9）扩大对外开放和坚持自力更生的关系；（10）中央和地方的关系；（11）国防建设和经济建设的关系；（12）物质文明建设和精神文明建设的关系。

1995年5月6日，中共中央、国务院作出《关于加速科学技术进步的决定》，正式提出科教兴国战略。在继续实施"863计划"的同时，1997年6月，国家科技领导小组第三次会议决定，制定和实施《国家重点基础研究发展规划》，加强国家战略目标导向的基础研究工作。随后由科技部组织实施了国家重点基础研究发展计划，即"973计划"。1999年9月，中共中央、国务院、中央军委作出决定，对为研制"两弹一星"作出突出贡献的23位科技专家予以表彰，授予或追授"两弹一星功勋奖章"。此后，中共中央、国务院又决定从2000年起设立国家最高科学技术奖。

1994年，中国发表的《中国21世纪人口、环境与发展白皮书》明确提出，中国将实施可持续发展战略。1996年3月，八届全国人大四次会议批准的《国民经济和社会发展第九个五年计划和2010年远景目标规划纲要》，对实施可持续发展战略作出具体规划。党的十五大后，国务院先后制订《全国生态环境建设规划》和《全国自然保护区发展规划》，实施退耕还林还草和天然林保护等一系列措施，统筹规划国土资源开发和整治，实行资源有偿使用制度，逐年加大了生态环境保护工作的力度。

根据邓小平"两个大局"的战略构想①，1999年9月，党的十五届四中全会作出实施西部大开发战略的重大决策。2000年1月16日，国务院成立西部地区开发领导小组。同年10月，党的十五届五中全会对西部大开发作出进一步部署。此后，国务院就西部大开发的资金投入、投资环境、对外对内开放、吸引人才和发展科技教育等制定了若干具体政策措施，提出要力争用五到十年时间，使西部地区基础设施和生态环境建设取得突破性进展，到21世纪中叶，建成一个经济繁荣、社会进步、生活安定、民族团结、山川秀美的新西部。西部大开发战略由此全面启动。

---

① 即："沿海地区要加快对外开放，使这个拥有两亿人口的广大地带较快地先发展起来，从而带动内地更好地发展，这是一个事关大局的问题。内地要顾全这个大局。反过来，发展到一定的时候，又要求沿海地区拿出更多力量来帮助内地发展，这也是个大局。那时沿海也要服从这个大局。"参见《邓小平文选》第3卷，人民出版社1993年版，第277—278页。

对外开放"走出去"战略，是中共中央根据经济全球化的发展趋势和中国改革开放的发展进程，及时提出并实施的一项重大战略。1998年2月，江泽民在党的十五届二中全会上阐述应对亚洲金融危机的方针时又强调指出：在积极扩大出口的同时，要有领导有步骤地组织和支持一批有实力有优势的国有企业到国外投资办厂，既要"引进来"，又要"走出去"。这是对外开放相互联系、相互促进的两个方面，缺一不可。2000年10月，党的十五届五中全会作出决定：以更加积极的姿态，抓住机遇，迎接挑战，趋利避害，推动全方位、多层次、宽领域的对外开放，发展开放型经济，实施"走出去"战略，努力在利用国内外两种资源、两个市场方面有新的突破。

稳定经济增长与应对亚洲金融危机

经历1993年经济过热，国家采取宏观调控措施，实现经济"软着陆"之后，受亚洲金融危机以及1998年南方特大洪涝灾害的影响，中国经济增长速度放缓。为了防止通货紧缩，中央采取了扩大内需、积极的财政政策和稳健的货币政策等宏观调控手段，在反通缩的形势下，保持人民币不贬值，成功应对了亚洲金融危机，抑制了经济下滑并实现了经济回升。

自1993年以来，中国采取紧缩的宏观经济政策，一直持续到1997年。因为中国对经济过热采取的是"软着陆"，所以并没有立即降低经济增长速度，同时党的十五大以后，中国又启动了新一轮增长。与前几次宏观经济调控不同，此次宏观调控中投资和消费需求增长乏力。1998年GDP增长率只达到7.8%，1999年第一季度虽为8.0%，但是到第二季度只达7.0%，远远低于1997年8.8%的GDP增长率。1998年全年零售商品价格指数比上年下降2.6%，居民消费价格指数比上年下降0.8%。[①]上述一系

---

① 《中国经济年鉴（1999）》，中国经济年鉴出版社1999年版，第30页。

列数据表明,通货紧缩现象已经初见端倪。

为了防止经济下滑,抑制通货紧缩,在防止经济过热后又开始采取一系列宏观经济手段防止经济过冷。第一,从1998年开始,适度扩大投资需求,增加基础设施建设、高新技术产业和企业技术改造的投入。1998年全社会固定资产投资达28406.17亿元,比上年增加3465.06亿元。第二,积极开拓国内市场特别是农村市场,促进消费需求的适度增长,扩大工业品的市场空间。第三,积极扩大出口,保持合理进口,坚决打击非法进口与走私。第四,加快产业结构调整与传统工业升级换代,增强企业产品竞争力。第五,促进乡镇企业和中小企业发展。截至1998年,全国乡镇企业总数达2003.9万个,营业总收入达38284亿元人民币。[①]

上述刺激经济的积极措施使得经济状况稍有好转。但是,这一时期发生的金融危机影响不仅没有减弱而且还在进一步影响中国经济,加之1998年的特大洪涝灾害导致中国夏粮减产11%,这在一定程度上也影响了中国GDP的增长,同时由于水灾,中国工业、投资和交通运输也不同程度受到影响。所以通货紧缩现象并未得到根除。

基于此种情况,1998年6月,国务院转发了国家计委《关于今年上半年经济运行情况和下半年工作建议》。《建议》提出实施积极财政政策,增发1000亿元财政债券,并增加1000亿元银行贷款,用于增加基础设施建设。同年7月,朱镕基再次强调要贯彻积极财政政策,加大基础设施建设,扩大内需。在上述宏观政策指导下,初步遏制了经济下滑,但是到1999年第二季度和第三季度,GDP增长率只达到7.6%和7.4%。[②]国民经济再次拉响了经济下滑的红色警报。

在这个关键时刻,中共中央、国务院加大财政政策力度,增发国债,增加居民收入,扩大内需,综合运用宏观调控手段拉动经济增长。1999年下半年,财政部向商业银行增发600亿国债,大幅度增加城镇

---

① 《中国经济年鉴(1999)》,中国经济年鉴出版社1999年版,第929页。
② 汪海波:《中国现代产业经济史》,山西经济出版社2006年版,第509页。

中低收入者的收入，当年国家财政增收1568.3亿元。^①为了进一步遏制经济下滑，2000年继续推行已有的积极财政政策，同时发挥货币政策的优势。中央银行在坚持稳健经营的原则下，运用多种货币政策，及时调控货币供应总量；合理划分贷款审批权限，及时发放与国债投资相配套的贷款；加大力度解决农民贷款难问题。上述一系列经济政策的实施实现了2000年的经济回升，该年GDP增长率达8%，比上年提高了0.9个百分点。^②

在稳定经济增长的同时，中国沉着应对亚洲金融危机，实现经济平稳运行。1997年的亚洲金融危机爆发于泰国。由于泡沫经济和金融体系不健全、金融政策失当，泰国自1997年2月起受到泰铢严重抛售的压力，泰国政府被迫于7月2日宣布放弃实行了14年之久的固定汇率，改行浮动汇率，泰铢当天贬值16%。受此影响产生多米诺骨牌效应：金融体系相对健全的新加坡陷入金融危机；中国台湾10月宣布弃守新台币汇率；11月，韩国国内经济形势恶化，人们疯狂抛售韩元，抢购美元；日本也受到牵连，三洋证券公司等金融机构相继破产。1998年，国际炒家趁国际货币基金组织"拯救方案"出台之机出击印尼，造成危机加深；4月，大量国际资本从日本流向美国，日元持续大幅贬值，再次引发东亚汇市、股市双跌；8月，国际炒家对香港发动新一轮大规模狙击；长期经济不景气的俄罗斯则因亚洲金融危机股市一度停盘。^③

此次金融危机是20世纪50年代以来最为严重的全球性金融危机之一。中国作为东南亚各国近邻，与其他国家有着密切的经济联系，因此对中国经济也产生不利影响。1997年，中国外贸出口增长速度减缓，外资流入也相应减少，并且面临了人民币贬值的压力。恰在此时，1998年7月，中国国内的长江、嫩江、松花江流域又发生了百年一遇的特大洪涝灾

① 《中国经济年鉴（2000）》，中国经济年鉴出版社2000年版，第56、905页。
② 《中国统计年鉴（2003）》，中国统计出版社2003年版，第57页。
③ 武力主编：《中华人民共和国经济史》（下），中国经济出版社1999年版，第1155页。

害，造成国家直接经济损失2000亿元。

面对严峻且复杂的经济局面，中共中央、国务院冷静分析当时国内外经济形势，积极采取稳健的财政政策，千方百计扩大出口、扩大国内需求，坚持人民币不贬值，加强金融监管和整顿等措施，成功应对亚洲金融危机。

首先，就国内而言，采取积极的财政政策，扩大内需。当时国际经济呈现出萎缩趋势，而中国幅员辽阔，国内需求有较大的增长空间，并且储蓄率也相对较高，有利于投资。截至1998年，全国储蓄存款达130888.14亿元。由于出口拉动GDP增长受阻，因此，中央将扩大内需放到了加强固定资产投资方面。1998年全社会固定资产投资达28406.2亿元，增长幅度比上一年多了4个百分点。与此同时，国家大力兴修水利和基础设施建设。铁路投资比原计划增加15.5%，公路投资比原计划投资增加25%。①

除了上述积极财政政策外，1998年、1999年这两年，在其他拉动经济增长方面也采取了相应措施。1998年停止福利分房，开始采取市场化运作，增加住房信贷，刺激经济；大力推进所有制改革，多方解决中小企业融资困难的问题；努力开拓农村市场，使得农村购买家电呈现上升趋势。

其次，应对国际经济形势的不利影响，中国在保持国际收支平衡并坚持人民币汇率稳定方面做了大量的工作。在维护国际收支平衡方面，国家千方百计扩大出口。这主要表现为：提高出口退税率、降低贷款利率；调整出口产品结构，力争以质取胜，以扩大机电和高附加值产品为重点；大力开拓世界市场多元化战略，开拓了拉美、中东和非洲等新兴市场；积极鼓励有条件的企业到境外开拓市场；深化外贸体制改革，进一步扩大企业经营自主权。同时，提高利用外资的质量和水平。这主要

---

① 国家统计局网站数据库—指标查询—固定资产投资—年度资料。

表现为：逐步实现外商企业的国民待遇，利用稳定政治环境吸引跨国投资企业来华投资，奖励高新技术、基础产业、农业，稳步推进服务业对外开放。再者，加大外汇管理力度。鉴于东南亚和俄罗斯因本外币兑换盲目与失控，中国采取了一系列严厉措施坚决打击逃汇和外汇市场违法活动，这主要表现为：展开外汇大检查，完善外汇法律法规，加大惩处力度。此外，通过境内外合作，严厉打击走私活动，从而保障国家税收和国内企业得以正常经营。

在坚持人民币稳定方面，中国政府在正确分析并充分估量了危机对人民币汇率的影响下，认为人民币可以而且应该保持稳定。因为人民币一旦贬值，首先影响到的将是中国香港地区。除此之外，贬值将不利于中国国际收支的长远平衡，甚至将损害人们对汇率的货币信心，对稳定国内经济不利。所以，中国政府在多次公开场合宣布人民币不贬值。

面对席卷亚洲，波及世界的金融危机，中国采取上述积极举措实现了经济的平稳发展。GDP增长率1997年为8.8%，1998年为7.8%，1999年为7.1%[①]，基本保持了经济的平稳发展。

加入世贸组织与对外开放新格局

进入20世纪90年代以后，中国对外开放的步伐逐步由沿海向沿江及内陆和沿边城市延伸。1990年，国家决定开发和开放上海浦东；1991年，再批准21个国家高新技术产业开发区；1992年，批准海南省吸收外资开发建设洋浦经济开发区；1994年，批准建设了中外经济技术互利合作的苏州工业园区。1992年6月，中共中央、国务院决定开放长江沿岸的芜湖、九江、岳阳、武汉和重庆五个城市。沿江开放对于带动整个长江流域地区经济的迅速发展，对于中国全方位对外开放新格局的形成起了巨大推动作用。不久，中共中央、国务院又批准了合肥、南昌、长沙、成

① 数据出自《中国统计年鉴（2003）》，中国统计出版社2003年版，第57页。

都、郑州、太原、西安、兰州、银川、西宁、乌鲁木齐、贵阳、昆明、南宁、哈尔滨、长春、呼和浩特共17个省会为内陆开放城市。同时，国家还逐步开放内陆边境的沿边城市，从东北、西北到西南地区，有黑河、绥芬河、珲春、满洲里、二连浩特、伊宁、博乐、塔城、普兰、樟木、瑞丽、畹町、河口、凭祥、东兴等。

从1992年到2002年3月，国务院先后三批分别批准设立了18个、15个和2个国家级经济技术开发区。到2002年，全国共设立了49个国家级经济技术开发区，其中东部沿海地区27个，中部地区10个，西部地区12个。此外，经国务院批准，全国还建立了53个国家级高新技术产业开发区、15个国家级出口加工区、14个国家级保税区和14个国家级边境经济合作区。经过多年的艰苦创业和积极探索，这些经济、技术开发的特别区域已成为所在地区经济发展的新增长点和吸收外商投资集中的热点地区，并像经济特区一样，在中国扩大开放、发展外向型经济、调整产业结构等方面起到了窗口、辐射、示范和带动的作用。

经过多年对外开放的实践，不断总结经验和完善政策，中国的对外开放由南到北、由东到西层层推进，基本上形成了"经济特区—沿海开放城市—沿海经济开放区—沿江和内陆开放城市—沿边开放城市"这样一个宽领域、多层次、有重点、点线面结合的全方位的对外开放新格局。至此，中国的对外开放城市已遍布全国所有省区。

这一时期，按照统一政策、放开经营、平等竞争、自负盈亏、工贸结合、推行代理制的原则，国家对外贸体制进行了重大改革，建立了有管理的单一浮动汇率制度，实行银行结售汇制度，取消了外汇留成；取消了进出口指令性计划，对部分出口商品配额实行公开招标；逐步放开了外经贸经营权，推进外经贸经营权由审批制向登记制过渡；积极推动外经贸企业转换经营机制，进行股份制试点；完善出口退税政策，运用出口信贷、出口信用保险等国际通行手段支持外经贸发展；改革口岸体制，提高通关效率；加强外经贸中介组织建设，强化服务、协调职能。这一

时期，根据国内外形势的变化，先后提出了"以质取胜"战略、"市场多元化"战略、"大经贸"战略、"科技兴贸"战略，中国对外贸易实现了第二次飞跃。1990—1999年间出口年均增长14%，1999年出口在世界的排名跃升至第9位。1999—2002年进出口贸易以年均13.7%的速度快速增长，占全球市场的份额由2.4%扩大到5.1%，中国已跻身世界贸易大国之列。[①]

改革开放以后，为适应对外开放和现代化建设的需要，党和国家于1986年7月作出申请恢复中国关贸总协定缔约国地位的决定，并随即成立专门机构统筹对外谈判工作。20世纪90年代，尽管中国一再被西方国家所刁难，"复关"和自动成为世界贸易组织（WTO）成员的努力先后受挫，但中国从自身对外开放发展的需要和世界发展的需要出发，坚定不移地做努力，并坚持走社会主义市场经济道路。从1995年起，中国重新启动了与WTO中要求与其进行双边谈判的37个成员的拉锯式谈判。其中，由于美国和欧盟对中国的要价最高，因而谈判最困难的中美、中欧谈判分别进行了25轮和15轮，完成与最后一个谈判的时间已是2001年9月13日。

2001年11月10日，在卡塔尔的多哈，WTO第四届部长级会议以全体一致的方式审议并通过了《关于中国加入世界贸易组织的决定》；11日，中国对外贸易经济合作部部长在多哈签署了中国加入WTO的议定书，并向WTO总干事穆尔递交了中国国家主席江泽民签署的《中国加入世贸组织批准书》；30日后，即12月11日，中国正式成为世贸组织第143个成员。

加入WTO，标志着中国对外开放进入了一个新的阶段。中国将在更大范围、更广泛的领域参与国际经济合作与竞争。中国由有限范围和领域内的开放，转变为全方位的开放；由以试点为特征的政策性开放，转变为在法律框架下的制度性开放；由单方面为主的自我开放，转变为与

---

① 《人民日报》（海外版）2002年10月19日。

WTO成员国之间的双向开放；由被动接受国际经贸规则，转变为主动参与国际经贸规则制定。加入世界贸易组织，对于中国扩大对外开放、促进国内改革发展具有重大意义。中国加入世界贸易组织，不仅使其真正成为全球性经贸组织，而且对中国经济体制改革和现代化建设也产生了重大影响。从此，中国经济进一步融入经济全球化进程，获得了更为广阔的发展空间，同时也为推动世界经济发展注入了强大动力。

"九五"计划的完成和小康目标总体实现

尽管这一时期中国共产党和国家面临着来自经济、政治和自然界等方面的严峻挑战，但经济建设仍然取得新的巨大成就。到2000年，"九五"计划的主要任务完成或超额完成。"九五"期间，国民经济持续快速健康发展，综合国力进一步增强。国内生产总值2000年达89404亿元，平均每年增长8.3%。人均国民生产总值比1980年翻两番的任务，已经在1997年提前三年完成。2000年国家财政收入达13380亿元，平均每年增长16.5%。全方位对外开放格局基本形成。2000年进出口总额达4743亿美元，其中出口2492亿美元，分别比1995年增长69%和67%。五年累计实际利用外资2894亿美元，比"八五"时期增长79.6%。国家外汇储备2000年底达1656亿美元，比1995年底增加920亿美元。到2000年，中国主要工农业产品产量位居世界前列，特别是粮食等主要农产品生产能力明显提高，实现了农产品供给由长期短缺到总量基本平衡、丰年有余的历史性转变，商品短缺状况基本结束。在经济持续增长基础上，人民生活继续改善。城乡居民收入大幅度增加，农村居民人均纯收入和城镇居民人均可支配收入，2000年分别达到2253元和6280元，平均每年实际增长4.7%和5.7%。①人民群众衣、食、住、行、用消费水平不断提高，生活

---

① 中共中央党史研究室著：《中国共产党的九十年》，中共党史出版社、党建读物出版社2016年版，第846页。

中有代表性的"三大件"随着时间推移而不断升级，20世纪六七十年代是手表、自行车、缝纫机，80年代是彩电、冰箱、洗衣机，而到90年代则变成了手机、空调、音响。

随着"九五"计划的完成，中国实现了现代化建设第二步战略目标，人民生活总体上达到小康水平。2000年10月，党的十五届五中全会通过《关于制定国民经济和社会发展第十个五年计划的建议》。《建议》指出：从新世纪开始，我国将进入全面建设小康社会，加快推进社会主义现代化的新的发展阶段。今后5到10年，是中国经济和社会发展的重要时期，是进行经济结构战略性调整的重要时期，也是完善社会主义市场经济体制和扩大对外开放的重要时期。制定"十五"计划，要把发展作为主题，把结构调整作为主线，把改革开放和科技进步作为动力，把提高人民生活水平作为根本出发点。要全面估量加入世界贸易组织后的新形势，充分体现发展社会主义市场经济的要求。面对改革开放和现代化建设新阶段的形势和任务，必须坚持党的基本理论、基本路线和基本纲领，进一步解放思想，实事求是，正确处理改革、发展、稳定的关系，推动经济发展和社会全面进步。《建议》提出"十五"时期经济社会发展的主要目标是：国民经济保持较快发展速度，经济结构战略性调整取得明显成效，经济增长质量和效益显著提高，为到2010年国内生产总值比2000年翻一番奠定坚实基础；国有企业建立现代企业制度取得重大进展，社会保障制度比较健全，完善社会主义市场经济体制迈出实质性步伐，在更大范围内和更深程度上参与国际经济合作与竞争；就业渠道拓宽，城乡居民收入持续增加，物质文化生活有较大改善，生态建设和环境保护得到加强；科技教育加快发展，国民素质进一步提高，精神文明建设和民主法制建设取得明显进展。

根据中共中央的建议，国务院制订了《中华人民共和国国民经济和社会发展第十个五年计划纲要（草案）》。2001年3月，九届全国人大四次会议批准了这个计划纲要。

三、初步建立社会主义市场经济体制

建立社会主义市场经济体制是前无古人的开创性伟大事业。党的第三代中央领导集体提出并确立了社会主义市场经济体制的改革目标,并坚信:"只要我们坚持正确的政策,把各方面的积极性引导好、保护好、发挥好,就一定能够在我国成功地建立起社会主义市场经济体制,实现国民经济持续快速健康发展。"[1]到2002年,中国经济体制改革取得了历史性进展,以公有制为主体、多种所有制经济共同发展的格局基本形成,基本上实现了从计划指令向主要运用经济手段、法律手段和必要的行政手段的转变,商品市场、金融市场和劳动力市场等现代市场体系的核心市场初步形成,社会保障体系初步建立。中国基本实现了计划经济向社会主义市场经济的转变,社会主义市场经济体制初步建立。

调整农村产业结构

随着建立社会主义市场经济体制步伐加快,中国农业管理体制和产业结构与市场经济不相适应的矛盾越来越突出,致使1996年农业生产在取得丰收之后又出现了农产品供给相对过剩、市场粮价持续下降、农民收入徘徊不前的局面。党的十五大提出,要根据我国经济发展状况,充分考虑世界科学技术加快发展和国际经济结构加速重组的趋势,着眼于全面提高国民经济整体素质和效益,增强综合国力和国际竞争力,对经济结构进行战略性调整,坚持把农业放在经济工作的首位,稳定党在农村的基本政策,确保农业和农村经济发展、农民收入增加。

为解决农产品相对过剩问题,中央及时提出对农业结构实施战略

---

[1]　中共中央文献研究室编:《十五大以来重要文献选编》(上),人民出版社2000年版,第30页。

性调整的方针。根据这一方针，各地积极发展农业产业化经营，形成生产、加工、销售有机结合和相互促进的机制，推进农业向商品化、专业化、现代化转变。为此，国家着重抓了三项工作：全面优化农作物品种，努力提高农产品质量；积极发展畜牧水产业，优化农业的产业结构；调整农业生产布局，发挥区域比较优势。同时，积极发展小城镇和乡镇企业，转移农村富余劳动力，拓宽城乡市场。通过这些调整，种植业结构进一步优化，畜牧业发展步伐加快，促进了农产品的加工转化增值，农产品质量明显提高。

1998年10月，党的十五届三中全会通过《关于农业和农村工作若干重大问题的决定》，提出农业和农村实现跨世纪发展的目标和任务。《决定》强调：农村出现的产业化经营，能够有效解决千家万户的农民进入市场、运用现代科技和扩大经营规模等问题，提高农业经济效益和市场化程度，是中国农业逐步走向现代化的现实途径之一。全会还提出坚定不移地贯彻土地承包期再延长30年的政策。中央的这一决策，让亿万农民安了心，促进了农业的发展。

为解决农民增收问题，党和政府采取多方面措施，加大扶贫攻坚力度。1994年初开始实施《国家八七扶贫攻坚计划》，即从1994年到2000年，集中人力、物力、财力，动员社会各界力量，力争用七年左右的时间，基本解决8000万农村贫困人口的温饱问题。在实施这个计划过程中，中央和地方各级政府在财力有限的情况下，逐年加大扶贫资金投入，由1994年的97.85亿元增加到2000年的248.15亿元，累计投入中央扶贫资金1127亿元，相当于上一个七年扶贫投入总量的三倍。到2000年底，全国农村没有解决温饱的贫困人口减少到3209万人，占农村人口的比重下降到3.5%左右。这七年间，全国592个国家级贫困县生产生活条件明显改善，累计修建基本农田6012万亩，新增公路32万公里，架设输变电线路36万公里，解决了5986万人的饮水问题，通电、通路、通邮、通电话的行政村分别达到95.5%、89%、69%和67.7%。经过这一阶段的努力，中国实现了粮食等主要农产品由长期短缺到总量平衡有余的历史性转变。①

改组改造国有企业

为了积极稳妥地推进国有企业改革,需要进行建立现代企业制度的试点。1993年12月,国务院建立了现代企业制度试点工作协调会议制度,由国家经贸委和国家体改委等14个部委、局参加,并由有关部委起草试点方案。到1994年11月初,形成了以《中共中央关于建立社会主义市场经济体制若干问题的决定》和《公司法》为依据的、并经国务院原则同意的《关于选择一批国有大中型企业进行现代企业制度试点的方案(草案)》,就试点的一系列基本问题作了规定。与此同时,国家进行了转变政府职能、调整企业负债结构、建立社会保障制度、减轻企业办社会的负担、解决企业富余人员、促进存量国有资产优化配置和合理流动、发展和规范各类中介组织等各项配套改革。以此为标志,国有企业建立公司制度的试点在全国正式推开,在制度创新和提高经济效益等方面都取得了重要进展。截至1996年年底,百户试点企业的改革方案都已经批复并开始实施。

经过几年的改革实践,各地探索出了一些"放小"改革的做法和经验,比如山东诸城、广东顺德、黑龙江宾县、四川宜宾等地的改革经验,相继被政府推广。其中,诸城经验在全国引起了广泛的讨论,各地纷纷到诸城学习取经。同时,诸城以股份制改制为主要形式的做法,牵涉对国有资产的出售,招致各种质疑和非议,被认为是搞私有制,时任市委书记陈光被称为"陈卖光",几近谩骂。1996年春,国家体改委、国家经贸委等九个部门组成联合调查组,对诸城经验进行了调查,认为"县属企业改革探索,阻力大,困难多,诸城市在这种情况下取得成绩,是难能

---

① 中共中央党史研究室著:《中国共产党的九十年》,中共党史出版社、党建读物出版社2016年版,第815—816页。

可贵的,为'放活国有企业'创造了经验"①。

在"抓大放小"过程中,国有小企业按照"三个有利于"的原则走在了改革的前沿,从上到下解放思想,大胆探索,涌现了各种公有制的实现形式,包括"劳动者的劳动联合和劳动者的资本联合"的股份合作制等。1996年6月,国家体改委颁发了《关于加快国有小企业改革的若干意见》,7月国家经贸委颁布《关于放开搞活国有小型企业的意见》,鼓励小企业改革要因地制宜、因行业制宜、因企业制宜,允许企业依据自身特点,选择适合生产力水平的改制形式,不拘一格,大胆实践,不搞一个模式,不一刀切。

党的十五大以后,以建立现代企业制度为方向的国有企业改革攻坚全面展开。由于亚洲金融危机导致中国出口锐减,加上多年重复建设造成国内产能过剩,几乎所有工业产品都供大于求。这种状况使历史包袱沉重而且经营机制转换又没有到位的国有企业面临前所未有的严重困难,大批企业停产或半停产,上千万职工下岗。针对这种状况,中共中央提出用三年左右时间,使大多数国有大中型企业摆脱困境的要求。根据这一要求,国务院在1997年确定把1994年开始的"优化资本结构"改革试点的城市由18个增加到111个,建立企业集团试点由56家扩大到120家。1998年,中国在成功应对亚洲金融危机和抗御严重洪涝灾害的同时,继续推进国有企业改革。政企分开迈出重大步伐,组建了中国石油天然气集团、中国石油化工集团、上海新宝钢集团等一批特大型企业集团。这些大型国企按照市场要求运作,不再承担行政性职能,由政府授权经营国有资产,增强了自我发展和参与国际竞争的能力,初步形成了新的管理体制。

1999年9月,党的十五届四中全会集中研究国有企业改革发展问题,通过了《关于国有企业改革和发展若干重大问题的决定》。《决定》明确

---

① 王斌、郭玲玲、殷江宏:《陈光开刀国企,招招惊奇》,《文汇报》2003年12月28日。

了从现在起到2010年国有企业改革发展的主要目标和指导方针,强调要着眼于搞好整个国民经济,从战略上调整国有经济布局和改组国有企业;着力转换企业经营机制,提高企业整体素质;加强企业的科研开发和技术改造,走集约型和可持续发展道路;协调推进各项配套改革,建立权责明确的国有资产管理、监督和营运体系。

围绕实现"三年脱困"目标,着眼于从整体上搞好国有经济,党和国家采取了一系列力度很大的政策措施,对国有经济布局和国有企业进行战略性调整和改组,应该淘汰的淘汰,能够救活的救活,需要做大的做大,必须提高的提高。国有企业展开了多层面、深层次的改革攻坚。国有企业中亏损最大的纺织行业,通过压缩淘汰落后棉纺锭、分流下岗职工60余万人等措施,率先实现整体扭亏,成为国有企业中整个行业摆脱困境的突破口。国家重点监测的14个行业有12个整体扭亏和持续增盈。煤炭、军工两个行业的亏损额大幅减少。以东北老工业基地脱困为重点,带动了全国扭亏增盈,31个省区市有30个扭亏和持续增盈。小企业结束了连续六年净亏损的局面。国有大中型企业改革和脱困三年目标基本实现。

2000年9月,国务院办公厅转发了国家经贸委制定的《国有大中型企业建立现代企业制度和加强管理的基本规范(试行)》,以政府文件的形式对现代企业制度的具体内容作了规范。按照建立现代企业制度的要求,许多国有企业进行了公司制和股份制改造,并在境内或境外的资本市场成功上市,不仅募集了大量社会资金,改善了资产结构和经营状况,而且在促进多元化投融资体系形成、扩大国家财政收入渠道等方面都发挥了积极作用。

在国有企业改革中,累计出现了多达1000万人的职工下岗问题。党和国家高度重视下岗职工的基本生活保障和再就业,化解了国有企业改革的困难和风险。经过多年的国有经济布局调整、资产重组和结构调整,全国规模以上的国有控股企业由1998年的6.5万户减少到2002年的

4.3万户,但利润却从736亿上升到了2316亿,增长了2.15倍。其中,2002年税金达到4000亿,占全国工业上缴税金的65.6%,它们中的2/3仍是国有控股的企业。2001年底,中国基础产业占用国有资产总额为37235.7亿元,比1995年增长1.1倍;国有大型企业占用国有资产总额为45990.7亿元,比1995年末增长了1.5倍;国有净资产总量比1995年增长91.4%,但国有经济对经济总量的贡献率则逐步降低,从1978年占56%降至1997年的42%,有助于进一步改善所有制结构。[1]

通过国有企业股份制改革和国有中小企业放开搞活,国有经济质量和效益不断提高。到2002年年底,中国国有资产总量达到11.83万亿元,其中经营性国有资产7.69万亿元,占65%;非经营性国有资产4.14万亿元,占35%。15.9万户国有及国有控股企业的资产总额达18.02万亿元,实现利润3786.3亿元,上交税金6794.1亿元。1995—2002年,国有及国有控股工业企业户数从7.76万户减少到4.19万户,下降了46%,实现利润从838.1亿元提高到2209.3亿元,上升了163.6%。国有中小企业户数从24.5万户减少到14.9万户,下降了39.2%,1997年国有小企业盈亏相抵后净亏损额达502亿元,2002年盈亏相抵后实现利润286.9亿元。[2]经过“重生”之后的国企和国有控股企业,重新焕发出了新的活力,在新一轮的经济发展中展现出新的优势,创造出新的辉煌。

非公有制经济蓬勃发展

中国经济增长的奇迹,在很大程度上得益于所有制结构调整,是非公有制经济这个“火车头”拉动了中国经济的飞速发展。海内外公认中国经济体制改革成功地走了一条“渐进式”的道路,即“新体制增量式改革”的道路,这里“新体制增量”的物质内容就是非公有制经济。

党的十四大提出建立“以公有制包括全民所有制和集体所有制经

① 邹东涛:《新中国经济发展60年》,人民出版社2009年版,第398页。

② 邹东涛:《新中国经济发展60年》,人民出版社2009年版,第398—399页。

济为主体，个体经济、私营经济、外资经济为补充、多种经济成分长期共同发展"的社会主义市场经济体制。非公有制的经济地位得到了认可。1993年通过的宪法修正案明确了非公有制经济的地位和作用。下海经商风起云涌，一批批人从体制内移身商海。各种所有制经济形式如雨后春笋般涌现，在商潮中各显其能，为中国的经济建设添砖加瓦，并开创了无数个至今都被人津津乐道的标志性丰碑。

乘着新一轮改革开放的东风，1993年中国私营企业发展迎来了第二个春天，私营企业迅速地超过1988年的水平，达23.7万家；1994年又增至43.2万家。1989—1990年，私营企业的注册资金几乎没有增加；1991—1995年，增加了大约20倍，达到2400多亿元。1995年12月，国家工商总局列出中国30家最大的私营企业，它们的年销售收入全部超过1亿元，位居第一的是希望集团有限公司，年销售收入16亿元。到1997年底，中国非公经济在全国工业总产值中的比重已经上升到了36%，接近1992年的2.6倍，年均增幅达21%，经济地位得到了极大的提高，也为国家的经济建设作出了重要贡献，而且在就业岗位创造、劳动力价值提高、固定资产投入方面均有建树，成为中国经济迅速发展不可或缺的力量。[①]

党的十五大进一步明确了非公经济的合法地位。1999年3月九届全国人大二次会议通过《中华人民共和国宪法修正案》，以宪法这一国家根本大法的形式肯定了"国家在社会主义初级阶段，坚持公有制为主体、多种所有制经济共同发展的基本经济制度"；"在法律规定范围内的个体经济、私营经济等非公有制经济，是社会主义市场经济的重要组成部分"，"国家保护个体经济、私营经济的合法的权利和利益。国家对个体经济、私营经济实行引导、监督和管理"。个体、私营经济的法律地位大为提升，取得了"尚方宝剑"。

党的十五大之后，非公有制经济迅速发展。截至2002年底，中国个

[①]　邹东涛主编：《改革开放30年（1978—2008）》，社会科学文献出版社2008年版，第183—184页。

体工商户已发展到2377.5万户，从业人员4743万人，比1992年分别增长59%和92%。私营经济发展尤其迅速，2002年已发展到243万户，从业人员3409万人，分别比1992年增长16.5倍和13.7倍，平均每年增长33%和31%。

非公有制经济对中国国民经济总量的贡献份额呈逐步上升趋势，在中国经济增长中的作用已经超过国有经济。1992—2001年，非国有经济创造的增加值占GDP的比重由53.6%提高到62.32%，年均增长1.69%。1992—2001年，非国有工业总产值占全部工业总产值的比重由48.5%增至78.3%，年均增长5.47%。1992—2001年，在工业总产值中，集体工业产值所占比重从35.1%下降至30.1%，而个体和私营工业产值所占比重则由5.8%上升到17.2%，包括外商投资企业在内的其他工业产值所占比重则由7.6%上升到29.5%。[①]

非公有制经济的发展还带动了一批新兴产业和行业的发展，特别是一些高新技术产业，非公有制经济占了很大比重，为提高中国国民经济的整体水平和竞争力发挥了重要作用。1992年以后，民营科技企业迅速发展。民营科技企业实现技工贸总收入和上缴税金平均以30%多的速度增长。到2001年，全国民营科技企业已发展到10万户，企业员工644万，技工贸总收入18470亿元，企业资产总额超过24800亿元，出口创汇319亿美元。与发展初期的1992年相比，企业数增长了3倍，技工贸总收入增长了61.2倍，已成为中国国民经济中一个显著的亮点。[②]

现代市场体系初步形成

现代市场体系是现代市场经济体系的重要组成部分；构建一个体系完整、机制健全、统一开放、竞争有序的现代市场体系，是建立社会主义市场经济体制的重要内容。商品市场是现代市场体系的基础，要素市场

①　邹东涛主编：《改革开放30年（1978—2008）》，社会科学文献出版社2008年版，第185—186页。

②　胡康生：《毫不动摇发展非公有制经济》，《人民日报》2004年4月6日。

的培育和发展是现代市场体系成熟和完善的重要标志。一般而言，商品市场、金融市场和劳动力市场是现代市场体系的核心。20世纪90年代以后，在工业生产资料价格"双轨制"合并为市场价格单轨制的基础上，国家进一步放开消费品价格和服务价格，大部分商品和服务的价格均由市场形成，资本市场和劳动力市场初步形成。

第一个方面是极大丰富的商品市场。到20世纪末，全国已基本形成了包括生产资料和生活资料在内的、有形市场和无形市场相结合、期货市场和现货市场相结合、以批发市场为主导零售市场为主体的多层次、多门类、多形态的较为完整的市场体系；形成了多种经济成分、多种市场流通渠道、多种经营方式并存的商品市场格局；形成了遍布城乡的商品流通网络体系，比较完备的商业网点基础设施。

随着国民经济总量不断增长和城乡居民消费结构的快速升级，国内市场规模和市场需求持续扩大。2002年，中国有各类商品市场8.9万多家，成交额34772亿元，相当于GDP的33.95%，相当于社会消费品零售总额40911亿元的84.99%。[1]商品市场的供求关系发生了重大变化，市场供需态势逐渐从以商品短缺为主要特征的"卖方市场"转变为绝大多数商品供大于求的"买方市场"。

价格改革步伐加快，以市场形成价格为主的价格机制基本建立。1993年底，中央农村工作会议作出粮食定购实行"保量放价"的决定，即保留定购数量，收购价格随行就市，这意味着实行了多年的粮食价格"双轨制"终于结束。同时，钢铁、煤炭等重要生产资料价格也相继并轨。1996年，价格"双轨制"成为历史。到2000年，市场调节价在社会商品零售总额、农副产品收购总额和生产资料销售总额中所占比例分别达到95.8%、92.5%和87.4%。[2]

市场环境不断改善。一大批年交易额上百亿元的现代化商品交易市

---

① 洪涛：《中国商品交易市场的现状及其特点》，《中国市场》2004年第1期。
② 曾培炎：《国民经济和社会发展的历史性变化》，学习出版社2002年版，第8页。

场,成为沟通产销、衔接城乡的重要渠道。商品市场的现代化步伐明显加快,电子商务、连锁经营和现代物流配送日益受到重视和推广,商品的单品管理、条形码的普及、自动销售管理系统(POS)的应用、现代物流配送设施建设都取得了较快发展。发达国家探索了一二百年形成的现代流通组织形式和经营业态,中国不到20年就都发展起来了。与此同时,市场法规逐步健全,市场监督机构和认证机构逐步完善,地区封锁和行业垄断逐渐消除,基本上形成公开、公平的市场竞争秩序。

第二个方面是从起步到初步发展的资本市场。改革开放以后,中国资本市场萌生于经济转轨过程中企业的内生需求。在这一时期,中国资本市场从无到有,从小到大,从区域到全国,得到了迅速的发展,在很多方面走过了一些成熟市场几十年甚至是上百年的道路。

1992年邓小平在南方谈话中指出:"证券、股市,这些东西究竟好不好,有没有危险,是不是资本主义独有的东西,社会主义能不能用?允许看,但要坚决地试。看对了,搞一两年对了,放开;错了,纠正,关了就是了。关也可以快关,也可以慢关,也可以留一点尾巴。怕什么,坚持这种态度就不要紧,就不会犯大错误。"[1]1993年,股票发行试点正式由上海、深圳推广至全国,打开了资本市场进一步发展的空间。1992年深圳"8·10事件"[2]促使中央政府下决心在证券市场设立专门监管机构。1992年10月,国务院证券管理委员会和中国证监会成立;12月,国务院发

---

[1] 《邓小平文选》第3卷,人民出版社1993年版,第373页。

[2] 1992年,中国资本市场刚刚起步,新股发行还处于摸索阶段。在沪深两地,出现了一种新事物——"新股认购抽签表",股民通过购买抽签表,可以获得申购新股的权利。在当时,一级市场申购到的新股,在二级市场就意味着财富的成倍增值。深圳在当年8月初,开始了新股认购抽签表发售的宣传。8月10日,深圳进行"1992股票认购证"第四次摇号。当时预发认购表500万张,每人凭身份证可购表10张,时称有"百万人争购",不到半天的时间,抽签表全部售完,人们难以置信。秩序就在人们的质疑中开始混乱,并发生冲突。这天傍晚,数千名没有买到抽签表的股民在深南中路,打出反腐败和要求公正的标语,并形成对深圳市政府和人民银行围攻的局面,酿成"8·10事件"。深圳市政府当夜紧急协商,决定增发50万张新股认购兑换表,事态才慢慢得到平息。

布《关于进一步加强证券市场宏观管理的通知》，明确了中央政府对证券市场的统一管理体制，标志着中国证券市场开始逐步纳入全国统一监管框架，资本市场从早期的区域性市场开始走向全国性统一市场。到1997年11月，中国金融体系进一步确定了银行业、证券业、保险业分业经营、分业管理的原则。1998年4月，国务院证券管理委员会撤销，中国证监会成为全国证券期货市场的监管部门，建立了集中统一的证券期货市场监管体制。

中国证监会成立后，推动了《股票发行与交易管理暂行条例》《公开发行股票公司信息披露实施细则》《禁止证券欺诈行为暂行办法》《关于严禁操纵证券市场行为的通知》等一系列证券期货市场法规和规章的建设，资本市场法规体系初步形成，使资本市场的发展走上规范化轨道，为相关制度的进一步完善奠定了基础。《证券法》于1998年12月颁布并于1999年7月实施，是新中国成立后第一部规范证券发行与交易行为的法律，并由此确认了资本市场的法律地位。资本市场走向更高程度的规范发展，对资本市场的法规体系建设产生了深远的影响。

伴随着全国性市场的形成和扩大，证券中介机构也随之增加。经过清理整顿，到1998年底，全国有证券公司90家，证券营业部2412家。①从1991年开始，出现了一批投资于证券、期货、房地产等市场的基金（统称为"老基金"）。1997年11月，《证券投资基金管理暂行办法》颁布，规范证券投资基金的发展。同时，对外开放进一步扩大，推出了人民币特种股票（B股），境内企业逐渐开始在香港、纽约、伦敦和新加坡等海外市场上市。

期货市场得到初步发展。1993年底，中国开始清理整顿期货市场。

---

① 中国证券监督管理委员会：《中国资本市场发展报告》，中国金融出版社2008年版，第26页。

1995年"3·27"国债期货风波①之后，期货市场进一步健全制度，规范交易行为，加强市场风险控制，防范过度投机。1998年，重组调整后的期货交易所为上海期货交易所、大连商品交易所和郑州商品交易所3家，其余均撤销或改组为证券公司或期货交易厅。同时，清理整顿了期货经纪公司，压缩了期货交易品种。2000年12月，中国期货业协会在北京成立。从2001年开始，中国期货市场走出低谷，呈现恢复性增长态势，期货交易量逐步回升，市场规模不断扩大。

债券市场得到初步发展。中国债券市场规模有所增加，市场交易规则逐步完善，债券托管体系和交易系统等基础建设不断加快。交易所债券市场的债券品种和市场规模持续增长，交易方式不断完善；1997年建立的银行间债券市场逐步完善，市场品种和规模不断扩大；2002年设立的面向个人投资者和中小企业从事国债零售业务的商业银行柜台市场的网点快速增长，投资者数量和交易结算量有一定的增长。

自1998年建立集中统一监管体制后，为适应市场发展的需要，证券期货监管体制不断完善，实施了"属地监管、职责明确、责任到人、相互配合"的辖区监管责任制，并初步建立了与地方政府协作的综合监管体系。与此同时，执法体系逐步完善。中国证监会在各证监局设立了稽查分支机构，2002年增设了专司操纵市场和内幕交易查处的机构。一批大案的及时查办对防范和化解市场风险、规范市场参与者行为起到了

---

① 为应对1992年的通货膨胀，国家于1992年发行了三年期国库券，发行总量为240亿元，1995年6月到期兑付，利率是9.5%的票面利息加保值贴补率，即"3·27"国债期货品种。在此后的一年多时间里，由于财政部政策的不透明，使得参与交易的万国证券、中国经济开发信托投资公司以及上海证券交易所等各方出现了违规交易行为。当时万国证券总裁管金生认为，财政部不会再以16亿元来补贴"3·27"国债，决定做空，违规甩出730万口的卖单，即相当于国债面值1460亿元，而"3·27"国债发行总额只为240亿元。这迫使上交所紧急宣布，23日16时22分13秒之后所有"3·27"品种的交易无效。2月24日，财政部宣布补息，对百元面值的"国债92（三）"按148.50元兑付，彻底打击了所有做空的券商。管金生因大量恶意透支交易被判刑入狱，上交所总经理尉文渊也被免职。这一事件对中国证券市场尤其是国债期货市场造成了巨大影响。

重要作用。中国证监会不断加强稽查执法基础性工作，严格依法履行监管职责，集中力量查办了"琼民源""银广夏""中科创业""德隆""科龙""南方证券""闽发证券"等一批大案要案，坚决打击各类违法违规行为，切实保护广大投资者的合法权益，维护"公平、公正、公开"的市场秩序。

第三个方面是逐步完善的劳动力市场。劳动力市场是社会主义市场体系中不可或缺的一个组成部分，也是生产要素市场中的重要内容。1993年，在党的十四届三中全会《中共中央关于建立社会主义市场经济体制若干问题的决定》中，第一次明确提出要培育和发展"劳动力市场"。其后，国有企业职工下岗制度使得员工的薪酬也可以随着市场供求决定的劳动力价格而调整。市场机制在劳动力资源开发利用和配置中的基础性作用开始逐步显现。

进入20世纪90年代后期，中国劳动力就业遇到了新的挑战：产业结构调整和国有企业改革推进带来大量职业下岗，这一过程又伴随着城市化加速的必然趋势——农村劳动力大量流向城市，尤其是中国新增经济活动人口压力一直居高不下，使得世纪之交的中国面临严重的就业"冲击波"。1998年以后，国家注重培育和发展劳动力市场，各类职业咨询网络基本形成，城市劳动力职业的选择趋于多样化，劳动力市场供求机制和自由流动机制发挥了更大作用，社会保障制度的逐步建立和完善为劳动力市场的进一步发展奠定了基础。经过多年改革，就业双向选择机制、劳动力流动与竞争机制、失业机制、社会保险机制等劳动力市场机制与政府对劳动力市场的宏观调控机制也开始逐步完善，劳动力流动开始突破城乡、地区之间的分割，市场导向在劳动力资源配置中的作用得到体现和加强，中国城乡劳动力市场都已经初步确立。

新型宏观调控体系完整建立

这一时期中国经济政策从"适度从紧"走向"积极"和"稳健"的历

史过程，是新型宏观调控体系探索建立的过程。伴随经济高速发展的态势，中国国民经济经历了1993—1996年的经济过热、通货膨胀，1997年的亚洲金融危机，1999—2000年的通货紧缩等一系列经济问题。这一时期，针对不同经济形势，中国采取不同的财政和货币政策。这些间接宏观调控手段可以大致分为：适度从紧的财政政策（1993—1996年）以及积极的财政政策和稳健的货币政策（1998—2002年）两个阶段。中国的宏观经济在经历了过热和过冷后，经济政策逐渐从滞后经济形势走向紧跟经济形势。由于党和国家不断深化对市场机制的认识，逐渐改变了以往宏观调控多采用行政命令和计划的手段，转向以经济和法律手段为主，以必要的行政命令方式为辅的宏观调控手段，从而保证了中国经济平稳、健康的发展，并且随着财税、金融、投资体制改革的不断深入，以财政政策和货币政策为核心的间接宏观调控体系逐步建立起来。

20世纪90年代，中国经历了一场经济体制的大变革。按照现代市场经济规律，中央银行宏观调节职能得到加强，金融分业监管体制逐步完善；公共财政框架初步建立，分税制改革进一步深化。宏观调节由主要依靠计划指令和信贷规模控制等直接手段，转向综合运用发展规划、货币政策和财政政策等间接手段。宏观调节重点由干预微观经济转向调节市场供求总量变动，由追求速度、数量扩张转向提高质量、效益和优化结构，注重实现经济和社会协调发展。中央政府根据国内外经济形势变化，适时调整宏观经济政策取向和力度，积累了治理通货膨胀和应对通货紧缩趋势的经验。

第一是稳步推进财税体制改革。党的十四大确立了建立社会主义市场经济体制的目标，但是财政包干体制却表现出与市场经济发展明显的不相适应性，财政包干体制过于强调地方组织收入的积极性，在收入增量分配方面向地方倾斜过多，使得中央财政收入在整个财政收入增量中所占的份额越来越少，造成国家财力过于分散，中央财政收入占全部财政收入的比重不断下降。加之原有体制中"基数比例法"并非处理政府间财力分配的规范做法,于是国家借鉴市场经济国家的通行做法,在1994年启动了分税制财政体制改革。

分税制改革主要内容是工商税制改革。它包括:全面改革流转税;对内资企业实行统一的企业所得税;统一个人所得税;调整、撤并和开征其他一些税种。在1994年后又逐步取消农业税,并对车辆购置税、车船使用税、城镇土地使用税等其他税制进行改革。进行分税制改革后,国家财政实力不仅大大增强,同时也极大地支持了经济社会的发展。国家税收增加更为重要的是,增强了中央政府宏观调控能力。截至2003年,全国各项税收达到20017.31亿元。国家财政实力的提高,为宏观调控提供了强有力的资金保障。预算、税收、公债和政府间转移支付等政策工具的日臻完善,更是极大丰富了宏观调控的手段。自1993年以来,国家先后在应对经济过热、亚洲金融危机、通货紧缩等国民经济问题时,运用了相应且得当的财政政策,从而保持国民经济总量基本平衡、经济良性发展的局面。

随着1994年分税制改革的成功,中央与地方的财权、事权相继得到明晰。为了进一步完善间接宏观调控的经济政策,1998年启动了公共财政体制改革。自2000年开始,实行部门预算改革:即一个部门一本预算,由基层开始预算编制,逐级上报、审核、汇总,经财政部门审核,经政府同意交人大立法机关。2001年底,国务院办公厅转发了《财政部关于深化收支两条线改革,进一步加强财政管理意见的通知》,以综合预算编制为出发点,以预算外资金管理为重点和难点,以强调收支脱钩为中心,以国库管理制度改革为保障,明确提出进一步深化"收支两条线"的改革目标。同期,国库单一账户和财政资金集中收付制度也逐渐在中国确立。财税体制改革,不仅划清了政府与企业的利益分配关系,同时也走向与市场经济相符合的道路;不仅提高了自身国力,同时也为完善社会主义宏观调控奠定了良好的基础。

第二是不断完善金融体制改革。这一时期,金融体制改革进入全面

深化的阶段，初步建立了与社会主义市场经济相协调的金融体系。

1993年12月25日，国务院通过《国务院关于金融体制改革的决定》，明确提出深化金融体制改革，首要任务是把中国人民银行办成真正的中央银行，同时明确人民银行各级机构的职责，转换人民银行职能。[①]1995年3月正式颁布《中国人民银行法》。自1998年底开始，人民银行在全国设置了九大跨省市分行，外加两个营业管理部。同时，按照政策金融与商业金融相分离的原则，国家组建了国家开发银行、中国进出口银行和中国农业发展银行三家政策性银行，使政策性贷款从中央银行和专业银行的业务中剥离，使人民银行宏观调控职能更加清晰。为方便基层人民生活，吸收社会剩余资金，国家发展了一批非银行金融机构，包括农村信用社、城市信用社以及城市商业银行。同时，国家还重新组建了一批全国和区域性质的保险公司，多元化金融组织机构大力发展。

1996年1月3日，全国统一的银行间同业拆借市场交易网络系统在上海联网运行，4月1日正式运行，实现了同业拆借的统一报价、统一交易、统一结算。全国统一的同业市场拆借利率（CHIBOR）开始形成。商业票据贴现和再贴现市场也得到了较快发展，再贴现手段真正作为货币政策工具发挥作用。同时，证券回购业务为中央银行公开市场业务、减少金融风险创造了条件。中国人民银行于1994年缩小了信贷规模控制范围，对商业银行实行贷款限额控制下的资产负债比例管理。1997年建立了货币政策委员会，使得货币政策的制定更加科学化、民主化。亚洲金融危机后，公开市场业务逐渐成为中央银行货币政策的主要工具。货币市场发展与货币间接调控能力不断增强。

1994年4月4日，中国外汇交易总中心在上海成立，银行间外汇市场正式运行。1996年6月20日，外商投资企业纳入银行结售汇体系后，各地的调剂中心改造成为外汇市场的分中心。在汇率制度上，1994年1月，实

---

① 中共中央文献研究室编：《十四大以来重要文献选编》（上），人民出版社1996年版，第593页。

现汇率并轨，实行以市场供求为基础的、单一的、有管理的浮动汇率制。1996年底，实现了人民币经常项目兑换，并在亚洲金融危机爆发后保证了人民币币值的稳定。外汇管理体制改革进一步深化。

继《中国人民银行法》颁布之后，1995年5月10日，《商业银行法》随之颁布。这是国家第一次以立法的形式明确了商业银行的性质和地位，是调整商业银行的组织及业务经营的基本法律。与此同时，《票据法》也随之公布。同年6月30日，全国人民代表大会常务委员会作出了《关于惩治破坏金融秩序犯罪的决定》；10月30日，全国人民代表大会常务委员会又作出了《关于惩治虚开、伪造和非法出售增值税专用发票犯罪的决定》。1997年9月，中国人民银行先后发布《城市信用合作社管理办法》《农村信用社合作管理规定》《农村信用合作社县级联合社管理规定》等一系列规章，表明通过立法对非银行业金融机构的规范化管理，保证健康、有序的发展。至此形成了以《中国人民银行法》《商业银行法》《票据法》《保险法》等基本法律为基石，以《关于惩治破坏金融秩序犯罪的决定》《关于惩治虚开、伪造和非法出售增值税专用发票犯罪的决定》等其他法律法规为配套的多层次的金融法律框架。

第三是深化推进投资体制改革。党的十四大确立了社会主义市场经济体制改革目标，为深化投资体制指明了方向。投资体制以改革高度集中的投资决策权、投资资源配置权为主线，以发挥市场配置投资资源基础性作用和加强改善政府投资调控为重点相继展开。为了改进投资管理体制，党的十四届三中全会进一步提出把投资项目分为公益性、基础性和竞争性三类；公益性项目由政府投资建设；基础性项目以政府投资为主，并广泛吸引企业和外资参与投资；竞争性项目由企业投资建设。由此拉开了深化投资体制改革的新一轮序幕。

1994年3月，国务院批准发布了《90年代国家产业政策纲要》，这是指导企业投资方向的重要政策文件，也是中国第一部完整的产业政策文件。4月，国家计委颁布了《工程咨询业管理暂行办法》，对工程咨询业的

发展和管理进行了规范。1995年7月,审计署发布《关于内部审计工作规定》,要求国家大型建设项目的建设单位要设立独立的内部审计机构。1996年8月,国务院颁布了《关于固定资产投资项目试行资本金制度的通知》,规范了经营性投资项目的资金使用;翌年4月,国家计委发布了《关于实行建设项目法人责任制的暂行规定》,明确规定了对投资项目由项目法人全过程管理。1997年3月,国家计委颁布《关于基本建设大中型项目开工条件的规定》,对资本金、监理、开工和准备工作等条件作了严格规定;同年8月,又颁布《国家基本建设大中型项目实行招标投标的暂行规定》,对国有大中型项目要实现全过程招标,确立了项目法人在招标过程中的主导地位。

1998年,国家计委将《深化投资体制改革方案》上报国务院,并发布《国家重点鼓励发展的产业、产品和技术目录》,指导企业投资。同时,国家计委设立"国家重大项目稽察特派员办公室",对国债项目和国家大型项目进行稽察。1999年4月,国家计委发布《重大项目违规问题举报办法》,要求各有关单位和广大群众如果发现重大项目在建设过程中有违反国家法规,可向国家计委举报。2000年1月1日,《中华人民共和国招标投标法》正式实施。2001年,国家计委将《深化投资体制改革方案》修改稿上报国务院。同年12月,国务院发布《促进和引导民间投资若干意见》,鼓励民间投资参与基础设施和公用事业建设,为公共服务民营化创造公平竞争环境,依法保护民间投资者的合法权益。2002年2月,国家计委颁布《国家重大建设项目招标投标监督暂行办法》,对重大建设项目的招投标监督作了具体规定。

国家通过一系列法律、规章制度的颁布,改变了以往高度集中的投资决策权,充分发挥市场机制,并辅之以宏观投资政策。由此,国家完善了间接宏观调控的手段。与经济体制转轨同步,财税、金融和投资作为宏观调控政策的工具,也随体制的改革不断推进。财政由资源配置的主要工具向公共财政方向转变;金融由出纳向市场主体转变;投资由高度集中向企业是投资主体转变。这一系列转变不仅是基于对计划和市场的认识不断加深，更是适应社会主义市场经济发展要求的宏观调控手段的完善的重要方面。

第四章

社会主义市场经济体制的完善

（2002~2012）

40
Years

在开始实施社会主义现代化建设第三步战略的新形势下，2002年党的十六大确定全面建设小康社会的奋斗目标。党的十六大提出，全面建设小康社会，最根本的是坚持以经济建设为中心，不断解放和发展社会生产力。根据世界经济科技发展新趋势和中国经济发展新阶段的要求，21世纪头20年经济建设和改革的主要任务是，完善社会主义市场经济体制，推动经济结构战略性调整，基本实现工业化，大力推进信息化，加快建设现代化，保持国民经济持续快速健康发展，不断提高人民生活水平。前十年要全面完成"十五"计划和2010年的奋斗目标，使经济总量、综合国力和人民生活水平再上一个大台阶，为后十年的更大发展打好基础。2002年至2012年，党和国家紧紧抓住和用好发展的重要战略机遇期，深化社会主义市场经济体制改革，战胜一系列重大挑战，开拓经济发展的广阔空间，促进国民经济实现新跨越。

一、经济改革与发展的民生转向

针对新世纪新阶段国际环境和国内经济运行的新变化新情况，以胡锦涛为总书记的中共中央，坚持以邓小平理论和"三个代表"重要思想为指导，提出了科学发展观，明确了加快转变经济发展方式的战略任务，并将其贯穿于五年经济发展规划中，在全面建设小康社会进程中大力推进实践创新、理论创新和制度创新，完善和发展了社会主义市场经济体制。

中共十六大和科学发展观的提出

2002年11月8日至14日，党的十六大成功召开。江泽民代表第十五届中央委员会作题为《全面建设小康社会，开创中国特色社会主义事业新局面》的报告。党的十六大的主题是：高举邓小平理论伟大旗帜，全面贯彻"三个代表"重要思想，继往开来，与时俱进，全面建设小康社会，加快推进社会主义现代化，为开创中国特色社会主义事业新局面而奋斗。围绕这一主题，江泽民在报告中明确回答了新世纪新阶段中国共产党举什么旗、走什么路、实现什么样的目标发展等重大问题，把"三个代表"重要思想确立为党的指导思想。

党的十六大根据全面开创中国特色社会主义事业新局面的要求，作出新世纪头20年是我国一个重要战略机遇期的重大判断，从经济、政治、文化等方面勾画了全面建设小康社会的宏伟蓝图。党的十六大报告指出：综观全局，21世纪头20年，对我国来说，是一个必须紧紧抓住并且大有作为的重要战略机遇期。根据党的十五大提出的到2010年、建党100周年和建国100周年的发展目标，我国要在21世纪头20年，集中力量，全面建设惠及十几亿人口的更高水平的小康社会，使经济更加发展、民主更加健全、科教更加进步、文化更加繁荣、社会更加和谐、人民生活更加殷实。这个阶段，是实现现代化建设第三步战略目标必经的承上启下的发展阶段，也是完善社会主义市场经济体制和扩大对外开放的关键阶段。经过这个阶段的建设，再继续奋斗几十年，到21世纪中叶基本实现现代化，把我国建成富强民主文明的社会主义国家。党的十六大还提出了全面建设小康社会的具体目标，对经济建设和经济体制改革、政治建设和政治体制改革、文化建设和文化体制改革，以及国防和军队建设、实现祖国统一、对外工作等作出战略部署，为全面建设小康社会、加快推进社会主义现代化指明了方向。

党的中共十六大之后，全面建设小康社会的新目标新任务在中共中央领导下全面展开。但从2003年2月中下旬起，一场突如其来的非典型性肺炎（简称"非典"）疫病灾害影响全国。"非典"的发生和蔓延，集中暴露了中国在经济社会发展中长期存在的问题和不足，主要是：经济发展和社会发展、城市发展和农村发展、区域发展还不够协调；人口资源环境压力加大；公共卫生事业发展滞后，公共卫生体系存在缺陷；突发事件应急机制不健全，处理和管理危机能力不强，一些地方和部门缺乏应对突发事件的准备和能力。夺取防治"非典"工作的阶段性胜利，不仅使中国共产党和中国政府获得了应对重大突发事件的宝贵经验，而且由此引发了对中国发展问题的深刻反思。

"非典"疫情发生后的2003年4月14日，胡锦涛在广东视察时指出：要坚持全面的发展观，通过促进三个文明协调发展，不断增创新优势。7月28日，胡锦涛在全国防治"非典"工作会议上讲话指出："我们讲发展是党执政兴国的第一要务，这里的发展绝不只是指经济增长，而是要坚持以经济建设为中心，在经济发展的基础上实现社会全面发展。要更好地坚持全面发展、协调发展、可持续发展的发展观，更加自觉地坚持推动社会主义物质文明、政治文明和精神文明协调发展，坚持在经济社会发展的基础上促进人的全面发展，坚持促进人与自然的和谐。"[①]这是第一次完整提出"坚持全面发展、协调发展、可持续发展的发展观"。8月底9月初，胡锦涛在江西考察工作时，明确使用了"科学发展观"的概念，并指出："要牢固树立协调发展、全面发展、可持续发展的科学发展观，积极探索符合实际的发展新路子。"

2003年10月，胡锦涛在党的十六届三中全会上对科学发展观作了阐述，形成了"坚持以人为本，树立全面、协调、可持续的发展观"的完整表述。全会通过的《中共中央关于完善社会主义市场经济体制若干问题

---

① 中共中央文献研究室编：《十六大以来重要文献选编》（上），中央文献出版社2005年版，第395—397页。

的决定》明确提出坚持以人为本，树立全面、协调、可持续的发展观，促进经济社会和人的全面发展，并提出要统筹城乡发展、统筹区域发展、统筹经济社会发展、统筹人与自然和谐发展、统筹国内发展和对外开放。这标志着科学发展观正式形成。随后，胡锦涛在12月召开的中央经济工作会议和2004年3月的中央人口资源环境工作座谈会上，又对科学发展观作了进一步阐发。

　　中国共产党从"非典"暴露出来的问题中总结中国经济社会发展的经验教训，提出了科学发展观这一重大战略思想。经过不断丰富和发展，科学发展观的科学内涵、根本要求和指导地位日益明确。全党和全国范围内对科学发展观深入学习和持续贯彻，形成了推动中国特色经济改革和发展的重要动力。

党的十七大和全面建设小康社会新部署

　　党的十六大以后，面对复杂多变的国际形势和国内改革发展稳定的艰巨任务，中共中央团结带领全党全国各族人民开拓了马克思主义中国化新境界，开创了中国特色社会主义事业新局面。党的十七大在新的历史起点上，提出实现全面建设小康社会奋斗目标的新要求，从思想上、政治上、组织上为夺取全面建设小康社会新胜利、不断开创中国特色社会主义事业新局面提供了根本保证。

　　2007年10月15日至21日，党的十七大成功召开。胡锦涛作题为《高举中国特色社会主义伟大旗帜，为夺取全面建设小康社会新胜利而奋斗》的报告。党的十七大的主题是：高举中国特色社会主义伟大旗帜，以邓小平理论和"三个代表"重要思想为指导，深入贯彻落实科学发展观，继续解放思想，坚持改革开放，推动科学发展，促进社会和谐，为夺取全面建设小康社会新胜利而奋斗。围绕这一主题，胡锦涛在报告中科学回答了党在改革发展关键阶段举什么旗、走什么路、以什么样的精神状态、朝着什么样的发展目标继续前进等重大问题。党的十七大报告提出

高举中国特色社会主义伟大旗帜、坚持中国特色社会主义道路,首次对马克思主义中国化第二次飞跃的理论成果——中国特色社会主义理论体系作了概括,并将科学发展观写入党章。

党的十七大深刻分析国际国内形势发展变化和新世纪新阶段中国发展一系列新的阶段性特征,对实现全面建设小康社会的宏伟目标作出全面部署,提出更高要求。这就是:增强发展协调性,努力实现经济又好又快发展;扩大社会主义民主,更好保障人民权益和社会公平正义;加强文化建设,明显提高全民族文明素质;加快发展社会事业,全面改善人民生活;建设生态文明,基本形成节约能源资源和保护生态环境的产业结构、增长方式、消费模式。党的十七大报告展望说:到2020年全面建设小康社会目标实现之时,我们这个历史悠久的文明古国和发展中的社会主义大国,将成为工业化基本实现、综合国力显著增强、国内市场总体规模位居世界前列的国家,成为人民富裕程度普遍提高、生活质量明显改善、生态环境良好的国家,成为人民享有更加充分民主权利、具有更高文明素质和精神追求的国家,成为各方面制度更加完善、社会更加充满活力而又安定团结的国家,成为对外更加开放、更加具有亲和力、为人类文明作出更大贡献的国家。

转变经济发展方式战略任务的提出

进入21世纪,中国发展呈现出一系列新的阶段性特征。一方面经济实力显著增强,另一方面生产力水平总体上不高、自主创新能力不强、粗放型经济增长方式尚未根本改变;一方面社会主义市场经济体制初步建立,另一方面影响科学发展的体制机制障碍大量存在;一方面人民生活总体上达到小康水平,另一方面收入分配差距拉大趋势未根本扭转,城乡贫困人口和低收入人口还有相当数量;一方面协调发展取得显著成绩,另一方面农业基础薄弱,农村发展滞后的局面未改变;一方面对外开放日益扩大,另一方面面临的国际竞争日趋激烈。党的十六大之后,为破解新世纪新阶段呈现出来的新矛盾和全面建设小康社会，形成了又好又快新理念，提出了加快转变经济发展方式的战略任务。

从2006年至2007年，是加快转变经济发展方式思想的提出和形成时期。2006年中共中央第一次提出促进经济又好又快发展的新要求。这与此前沿用14年的"又快又好"的提法，既有一定联系又有很大不同，"好"字当头替代了"快"字当头。这不是简单的文字变动，而是发展理念的重要调整。2007年10月，胡锦涛在党的十七大召开期间参加江苏代表团审议时指出，2006年底把"又快又好"调整为"又好又快"，这个重要调整，强调的是更加注重发展质量和效益，走生产发展、生活富裕、生态良好的文明发展道路。

从2007年党的十七大到2012年，是加快转变经济发展方式思想的丰富和发展时期，中共中央逐渐明确了加快转变经济发展方式的目标方向、基本要求、政策导向、工作重点、战略关键等。2007年9月，胡锦涛在《推进全面合作　实现持续发展》的演讲中首次提出转变经济发展方式的概念。10月，党的十七大将加快转变经济发展方式确立为关系国民经济全局紧迫而重大的战略任务，并强调要加快转变经济发展方式，实现又好又快发展。

由转变经济增长方式到转变经济发展方式，虽然只是两个字的改动，但却有着十分深刻的内涵。转变经济发展方式，除了涵盖转变经济增长方式的全部内容外，还对经济发展的理念、目的、战略、途径等提出了新的更高的要求。一是超越"快"字优先的又快又好的发展理念，树立"好"字优先的又好又快的发展理念。不再将追求GDP的快速增长置于战略优先地位，而是要求在"加快形成"符合科学发展观要求的发展方式上下功夫、见实效。二是超越转变经济增长方式的概念，确立转变经济发展方式的概念。发展是解决中国所有问题的关键，发展对于全面建设小康社会、实现中华民族伟大复兴具有决定性意义；发展应该是又好又快的发展，要努力实现以人为本、全面协调可持续的科学发展。

中国正处于改革发展的关键阶段，也正处于工业化、现代化的重要时期。中国经济发展中出现的很多情况和问题，在很大程度上是中国基本国情和发展阶段性特征的客观反映。在这个关键阶段和重要时期，要加快转变经济发展方式，走中国特色新型工业化道路，由此明确了加快转变经济发展方式的目标方向、基本要求、政策导向、工作重点和战略关键。

关于目标方向，党的十七大提出了加快转变经济发展方式"三个转变"的目标方向：促进经济增长要由主要依靠投资、出口拉动向依靠消费、投资、出口协调拉动转变；由主要依靠第二产业带动向依靠第一、第二、第三产业协同带动转变；由主要依靠增加物质资源消耗向主要依靠科技进步、劳动者素质提高、管理创新转变。

关于基本要求，2007年12月，中央经济工作会议明确提出了加快转变经济发展方式"五个必须坚持"的基本要求：一是必须坚持创新驱动。要实现由工业大国到工业强国的转变，关键在于坚持不懈地增强自主创新能力。二是必须坚持城乡统筹。我国能否由发展中大国逐步成长为现代化强国，从根本上取决于我们能不能加快改变农业、农村、农民的面貌，形成城乡经济社会发展一体化新格局。三是必须坚持节约资源、保护环境。节约资源、保护环境，关系经济社会可持续发展，关系人民群众切身利益，关系中华民族生存发展。四是必须坚持内外协调，为我国现代化拓展更加广阔的市场空间和提供持久可靠的资源保障，努力促进我国发展和各国共同发展的良性互动。五是必须坚持以人为本，做到发展为了人民、发展依靠人民、发展成果由人民共享。

2009年12月，在中央经济工作会议上，胡锦涛阐明了加快转变经济发展方式三个方面的政策导向。一是从制度安排入手，完善加快经济发展方式转变的体制机制和政策导向。推进财税体制、收入分配制度、生产要素价格形成机制改革，健全相关法律法规，形成有利于加快经济发展方式转变的体制机制和利益导向。要进一步完善财税政策、信贷政策、环保政策、土地政策、贸易政策和技术标准，加强发展规划引导，形成系统的政策体系和强大的政策合力。二是以优化经济结构、提高自主创新能力为重点，实现经济发展方式转变新突破。要扩大国内需求特别是居民消费需求，拉动经济结构调整优化；要把促进工业由大变强与大力发展服务业特别是现代服务业结合起来，把淘汰落后生产能力与抢占新兴产业制高点结合起来，提升经济整体素质和国际竞争能力；要坚持走中国特色自主创新道路，坚持把建设创新型国家作为面向未来的重大战略选择；要坚持人才资源是第一资源，全面实施人才强国战略。三是以完善政绩考核评价机制为抓手，增强加快经济发展方式转变的自觉性和主动性。加快经济发展方式转变、推动科学发展，正确的政绩导向是关键。要完善促进科学发展的干部考核评价机制，既要看发展速度和规模，更要看经济结构是否优化、自主创新水平是否提高、就业规模是否扩大、收入分配是否合理、人民生活是否改善、社会是否和谐稳定、生态环境是否得到保护、可持续发展能力是否增强，总之要看是否真正做到好字当头、又好又快，从而使加快发展方式转变成为各级党委和政府的自觉行动。

2008年国际金融危机发生后，中国发展面临的外部环境和内部条件都发生了很大变化，转变经济发展方式问题更加突显出来。国际金融危机对中国经济的冲击，表面上是对经济增长速度的冲击，实质上是对经济发展方式的冲击。从这一背景出发，中共中央提出并部署了加快转变经济发展方式工作的八个重点：

一是加快推进经济结构调整。经济结构不合理依然是我国经济发展方式存在诸多问题的主要症结。调整经济结构，对加快经济发展方式转变具有决定性意义。二是加快推进产业结构调整。推进产业结构调整是加快经济发展方式转变的重要途径和主要内容，对推动经济从粗放型增长转变为集约型增长、实现全面协调可持续发展具有重大意义。三是加快推进自主创新。加快经济发展方式转变，根本出路在自主创新。

只有紧紧跟上世界经济技术发展潮流、在自主创新方面持续占有优势地位的国家才能够在激烈的国际竞争中把握先机、赢得主动。四是加快推进农业发展方式转变。农业是安天下、稳民心的战略产业，是衣食之源、发展之本。五是加快推进生态文明建设。良好生态环境是经济社会可持续发展的重要条件，也是一个民族生存和发展的根本基础。六是加快推进经济社会协调发展。没有社会发展与经济发展方式转变相协调，没有相应的教育、就业、社会保障等制度相配套，加快经济发展方式转变也难以实现。七是加快发展文化产业。发展文化产业，有利于优化经济结构和产业结构，有利于拉动居民消费结构升级，有利于扩大就业和创业。八是加快推进对外经济发展方式转变。随着我国经济实力增强和我国对外贸易占世界份额不断上升，针对我国的经贸摩擦和各种保护主义措施不断上升，单纯靠量的扩张来推动我国出口贸易发展已难以为继，必须加快调整进出口贸易结构，加快提高利用外资质量和水平，加快实施"走出去"战略。[①]

关于战略关键，2010年至2012年间，中共中央多次强调，加快转型发展和提高创新能力是加快转变经济发展方式的两个战略关键，其中最关键的是提高创新能力、实施创新驱动发展战略。2010年2月，胡锦涛指出："综合判断国际国内经济形势，转变经济发展方式已刻不容缓。"2010年2月，在省部级主要领导干部深入贯彻落实科学发展观加快经济发展方式转变专题研讨班上的讲话中，胡锦涛强调指出："转变经济发展方式关键是要在'加快'上下功夫、见实效。"这里的"加快"，之所以加上引号，就是为了与过去几十年偏重于追求速度、数量上的加快相区别，是特指加快实现经济发展方式转变。2010年6月在中科院第十五次院士大会上，10月在党的十七届五中全会第二次全体会议上，2012年5月在中共中央政治局会议上，胡锦涛都强调，加快转变经济发

---

① 中共中央文献研究室编：《十七大以来重要文献选编》（中），中央文献出版社2011年版，第455—568页。

展方式,最关键的是要大幅度提高自主创新能力,实施驱动发展战略。

加快转变经济发展方式的战略思想,揭示了中国经济社会发展的客观规律,反映了中国共产党对发展问题的新认识,推动中国经济转型发展取得可喜进展。按照中央部署,各地区各部门采取有力措施,推动经济发展方式转变和经济结构调整。内需潜力持续释放,经济发展的协调性得到增强。2010年,内需对经济增长的贡献率达到92.1%,比2005年大幅度提高15.2个百分点。农业基础进一步巩固。自主创新能力提高,高技术产业快速发展,战略性新兴产业起步良好。第三产业在国内生产总值中比重上升。单位国内生产总值能耗下降等资源环境目标基本或超额完成。区域发展总体战略深入推进,中西部和东北地区加快发展,区域发展的协调性不断增强,各具特色的区域发展格局初步形成。统筹城乡发展,农村公共服务水平得到提升。

但是,这一时期内制约经济发展方式转变的深层次问题还没有得到根本解决。在三大需求中,消费对经济的拉动作用还不强;在三次产业中,一产不稳、二产不强、三产不足的问题比较突出;在可持续发展上,资源环境约束还在强化;在城乡区域协调发展上,缩小差距的任务还很繁重。如果不能加快经济发展方式转变,中国今后发展代价就会越来越大、空间就会越来越小、道路就会越走越艰难。因此,胡锦涛在2012年7月23日再次强调指出:"以科学发展为主题、以加快转变经济发展方式为主线,是关系我国发展全局的战略抉择。全党同志一定要统一思想、提高认识,坚决执行中央加快转变经济发展方式的重大决策部署。"转变经济发展方式任重道远。

二、社会主义市场经济体制的完善

党的十六大之后,中国大力推进社会主义市场经济体制的完善,主要包括坚持和完善公有制为主体、多种所有制经济共同发展的基本经济

制度,健全统一开放有序的现代市场体系,完善宏观调控体系、行政管理体制和经济法律制度,健全就业、收入分配和社会保障制度,建立有利于逐步改变城乡二元经济结构的体制。

在发展中推进体制改革和完善

经过1992年党的十四大后十年的奋斗探索,中国初步建立起社会主义市场经济体制,极大地促进了社会生产力的发展。但是,经济生活中还存在结构不合理、分配关系尚未理顺、农民收入增长缓慢、就业矛盾突出、资源环境压力加大、经济整体竞争力不强等问题。改革发展的现实表明,新体制还需要进一步完善和发展。

针对这种情况,党的十六大提出完善社会主义市场经济体制的任务。2003年10月,党的十六届三中全会通过《中共中央关于完善社会主义市场经济体制若干问题的决定》。《决定》提出完善社会主义市场经济体制的主要任务是:完善公有制为主体、多种所有制经济共同发展的基本经济制度;建立有利于逐步改变城乡二元经济结构的体制;形成促进区域经济协调发展的机制;建设统一开放、竞争有序的现代市场体系;完善宏观调控体系、行政管理体制和经济法律制度;健全就业、收入分配和社会保障;确立促进经济社会可持续发展的机制。《决定》是新世纪完善社会主义市场经济体制纲领性文件。

按照党的十六届三中全会的部署,中国经济体制改革向重点领域和关键环节稳步推进。

在完善基本经济制度方面,主要是巩固和发展公有制经济,发挥国有经济的主导作用,鼓励、支持、引导非公有制经济的发展。为此,2003年3月,国务院成立国有资产监督管理委员会,改变过去那种政府直接管理企业的职能,从机构设置上实现政企分开、政资分开,以保证国有资产保值增值的责任得到落实。同时,国有企业股份制改革取得重大进展。改革后,国有企业数量有所减少,但实力不断增强。2005年2月,国务院印发《关于鼓励支持和引导个体私营等非公有制经济发展的若干意见》，该文件共36条，简称"非公36条"。其后，有关部门又相继出台了40多个配套文件，形成一整套鼓励非公有制经济发展的政策法规体系，改善了非公经济的发展环境。由此，逐步形成公有制经济为主体、多种所有制经济共同发展的局面。

在宏观管理体制改革方面，主要是进一步深化财政、金融体制改革。国家逐步规范和调整财政转移支付办法，加大了对中西部地区的支持力度和对经济社会发展薄弱环节的支持力度。全国许多省份推进"省直管县"和"乡财县管"改革试点，逐步规范了省以下财政分配关系，提高了财政资金运用效率，促进了县乡财政健康发展。国家进一步深化预算管理制度改革，提高财政管理的透明度和依法理财水平。2007年3月，十届全国人大五次会议通过《中华人民共和国企业所得税法》，统一内外资企业所得税制度，为各类企业创造了更加公平竞争的税收法制环境。国家着力加快国有商业银行如中国银行、中国建设银行、中国工商银行和交通银行等的股份制改革。积极培育和发展外汇市场。2005年7月21日，中国宣布开始实行以市场供求为基础、参考"一篮子货币"进行调节、有管理的浮动汇率制度。由于坚持主动性、可控性、渐进性原则，人民币汇率形成机制改革顺利实施。人民币汇率弹性明显增强，保持在合理、均衡水平上的基本稳定。改革后，国家计划和财政政策、货币政策等相互配合的宏观调控体系得到进一步健全。

在健全现代市场体系方面，主要抓了两方面工作：一是整顿、规范市场秩序；二是推进要素市场发展。中国市场体系朝着统一开放、竞争有序的方向发展。

经济体制改革的深化，为国民经济快速健康发展提供了体制保障。然而，快速发展的社会主义市场经济仍需要中央及时采取措施，加大宏观调控力度。

进入新世纪，在成功抵御亚洲金融危机和克服国内有效需求不足

之后,从2003年起,中国经济增长逐渐回升。但是,也出现了固定资产投资增长过快、规模过大,特别是一些行业投资增长过猛的问题。2003年全社会固定资产投资实际增长26.7%,一些行业投资超高速增长,其中钢铁比2002年增长96.6%,铝增长92.9%,水泥增长121.9%。[①]如果这个问题不能得到及时、有效、妥善的解决,就会助长信贷规模过度扩张,加剧煤电油运的紧张,拉动生产资料价格上涨,加大通货膨胀的压力,同时也会占用大量耕地、削弱粮食生产能力,面临的资源环境问题将会更加突出,经济结构不合理的矛盾将会更为尖锐,而且将会出现大量生产能力过剩的局面,最终势必造成经济的大起大落。

针对这些问题,中共中央、国务院果断采取措施,及时加强和改善宏观调控。2002年12月,中央经济工作会议对出现低水平重复建设问题提出预警。2004年初,中央明确提出,适当控制固定资产投资规模,坚决遏制部分行业和地区盲目投资、低水平重复建设,是今年宏观调控的一项重要任务。2004年"两会"以后,国家紧紧把住信贷和土地两个闸门,及时加大调控力度。2004年下半年,中央明确提出宏观调控仍处于关键阶段,多次强调要注意防止反弹。在实施宏观调控中,既坚决抑制部分行业的盲目投资和低水平扩张,又采取得力措施加强农业特别是粮食生产,加强经济社会发展的薄弱环节。同时,注重实际效果,综合运用经济手段、法律手段和必要的行政手段进行宏观调控。

由于及时采取措施,从2004年第二季度起经济缓慢降温。经济运行中虽然仍存在着固定资产投资增幅仍然过大、货币信贷仍在高位运行、煤电油运紧张、价格总水平继续上涨等问题,但经济运行总体上已回升向好。当年,国内生产总值增长9.5%,粮食生产出现重要转机,农民收入实现较快增长,部分行业投资过快增长势头得到有效遏制。居民消费价格上涨4%左右,控制在社会可承受范围之内。

---

① 中共中央党史研究室著:《中国共产党的九十年》,中共党史出版社、党建读物出版社2016年版,第901页。

　　为巩固宏观调控的成果，2004年12月，中央经济工作会议确定2005年实施"双稳健"的宏观经济政策，即稳健的财政政策和稳健的货币政策。此后，国家多次调整金融机构存款准备金率、存贷款基准利率，取消或降低高耗能高排放和资源性产品的出口退税，调整关税政策、加工贸易政策，充分发挥财税、金融在淘汰落后生产能力、加强重点和薄弱环节、加快产业结构升级中的作用。同时，国家把促进粮食增产和农民增收作为首要任务，在制度、政策和投入等方面采取一系列重大举措，全国粮食生产扭转多年下滑趋势，实现了连年增产和农民持续增收。

　　由于采取的政策预见性、针对性强，这一轮宏观调控成效显著，经济运行中的一些突出矛盾得到缓解，国民经济保持了增长较快、结构趋优、效益提高的良好态势。2003年至2007年，中国国内生产总值增速连续五年达到或超过10%，大大高于同期世界经济平均增长率，经济发展的稳定性显著增强。经济总量从世界第六位上升到第四位。在经济持续较快增长的同时，经济效益大幅提升。2003年至2007年，全国财政收入累计约17万亿元，比上一个五年增加10万亿元。工业企业利润年均增长30%以上，企业发展后劲不断增强。经济结构调整取得积极进展，农业综合生产能力得到巩固和提升，高技术产业增加值占国内生产总值的比重不断提高。2007年消费对经济增长的贡献率七年来首次超过投资。开放型经济水平不断提高，中国进出口总额从世界第六位上升到第三位。[①]

　　实践证明，中共中央作出的加强和改善宏观调控的决策及采取的一系列措施，是完全必要和正确有效的，对于保持经济平稳快速度发展、防止大起大落，对于推动科学发展、提高经济增长质量和效益，对于增强国家经济实力和国际竞争力，都起到了重要作用。加强和改善宏观调控的实践，也使全党进一步深化了对科学发展观的认识，进一步增强了贯彻落实科学发展观的自觉性和坚定性。

---

① 中共中央党史研究室著：《中国共产党的九十年》，中共党史出版社、党建读物出版社2016年版，第903页。

在应对国际金融危机中深化改革开放

从2007年开始的美国次贷危机,到2008年演化成一场全球性的金融危机,并且迅速由金融领域扩散到实体经济领域,由美国扩散到世界主要经济体。其来势之猛、扩散之快、影响之深,百年罕见。受国际金融危机严重冲击,中国经济社会发展遇到严重困难,对外贸易发生逆转,有效需求不足矛盾凸显,经济增长压力加大。

美国次贷危机爆发后,中央就密切关注危机的发展态势,特别是可能对中国经济发展带来的风险和产生的冲击,一再强调树立忧患意识、做好应对危机的预案。从2008年7月开始,中共中央、国务院着手对经济工作进行调查研究。胡锦涛、温家宝等中央领导到长三角、珠三角、华北等地考察、了解经济运行情况。7月8日至11日,国务院连续三次召开经济形势座谈会。7月25日,中央政治局召开会议,明确将宏观调控的首要任务从年初的"防止经济增长由偏快转为过热、防止价格由结构性上涨演变为明显通货膨胀",调整为"保持经济平稳较快发展、控制物价过快上涨"。

到2008年9月,国际金融危机冲击迅速加剧。中国经济第四季度增速由第三季度的9.0%急剧滑落至6.8%,[①]大批企业出现停产、半停产甚至倒闭,就业压力迅速加大,经济社会发展面临很大困难。

在复杂严峻的形势下,中共中央、国务院全面分析、准确判断、果断决策、从容应对,将宏观调控的着力点转到防止经济增速过快下滑上来。10月,党的十七届三中全会强调要采取灵活审慎的宏观经济政策,着力扩大国内需求特别是消费需求,保持经济稳定、金融稳定、资本市场稳定。11月初,国务院研究提出进一步扩大内需、促进经济平稳较快增长的十项措施。11月6日,中央政治局常委会议决定把促进经济平稳

---

① 《中国统计年鉴(2008)》,中国统计出版社2008年版,第53页。

较快增长作为经济工作的首要任务，果断实施积极的财政政策和适度宽松的货币政策，大规模增加政府投资，启动总额达4万亿元的两年投资计划。2009年初，中央又出台一系列政策措施，形成了应对国际金融危机、促进经济平稳较快增长的一揽子计划。主要包括大规模增加政府投资、实行结构性减税、大范围实施汽车、钢铁等10个重点产业调整振兴规划、大力推进科技进步和自主创新、大幅度提高社会保障水平等。一揽子计划内涵丰富，保增长与调结构相统一，发展与改革相促进，克服当前困难与着眼长远相结合，既是保增长、保民生、保稳定的应急之举，又是远近结合、综合治理、推动中国经济实现科学发展的长远之策。一揽子计划的出台，体现了"出手要快、出拳要重、措施要准、工作要实"的要求。

经过艰苦努力，中国在世界上率先实现经济回升向好。从2009年第二季度起，中国经济止跌回升，增长7.9%，比第一季度加快1.7个百分点。随后经济增速一季快于一季，2009年经济增长9.2%。[①]在较短时间内扭转经济增速下滑趋势，既战胜了特殊困难、有力保障和改善了民生，又为长远发展奠定了坚实基础。事实证明，中国应对国际金融危机冲击的方针政策是成功的，对于保持中国经济平稳较快发展的良好势头发挥了重要作用。

应对国际金融危机的过程，也是深化改革、扩大开放的过程。中共中央强调要始终坚持推动发展和深化改革相结合，通过不断推进改革，既从制度上更好发挥市场在资源配置中的基础性作用，又形成有利于科学发展的宏观调控体系，为经济社会发展提供强大动力和制度保障。

在此期间，经济体制改革在重点领域和关键环节实现新的突破。在所有制改革方面，国有经济战略性调整和国有大型企业改革加快推进。2011年国资委监管的中央企业从2007年的159家减少到117家，并且有超

---

① 《中国统计年鉴（2009）》，中国统计出版社2009年版，第47页。

过80%的资产集中在石油石化、电力、国防和通信等关键领域以及运输、矿业、冶金等支柱行业。2010年5月，国务院印发《关于鼓励和引导民间投资健康发展的若干意见》，进一步明确民营资本可以进入能源、军工、电信、航空等传统垄断行业，非公有制经济发展的体制环境继续得到改善。

在财税体制改革方面，从2009年1月1日起，国家在全国范围内实施增值税向消费型增值税转型的改革。这一改革消除了生产型增值税存在的重复征税因素，减轻了纳税人负担。国家还推进个人所得税改革，以减轻中低收入者的税收负担，鼓励消费；进行成品油税费改革和资源税改革，充分发挥税收对节能减排的调节作用。

在金融体制改革方面，2009年1月16日，中国农业银行股份有限公司成立。此前，中国工商银行、中国银行、中国建设银行和交通银行完成股份制改造并成功上市。中国大型商业银行股份制改革基本完成。2009年之前，中国跨境贸易不能使用人民币结算，使得进出口企业面临着很大的汇率风险。2009年4月，国务院决定在上海等地开展跨境贸易人民币结算试点，受到企业的普遍欢迎。2011年8月，国务院决定将跨境贸易人民币结算地区扩大至全国。2009年10月，创业板市场正式推出，有力地促进了资本资源与技术创新的有机融合。为改善农村金融服务，2006年底，国务院决定调整放宽农村地区银行业金融机构准入政策。到2011年底，全国金融机构空白乡镇从此项工作启动时的2945个减少到1696个。

适应形势发展的需要，国家还适时推出以全方位改革为主要特征的综合配套改革试验。2005年6月，国务院批准上海浦东新区进行市场经济综合配套改革试点。2005年至2011年，国务院还批准上海浦东新区、重庆市、成都市、深圳市、武汉城市圈和长株潭城市群、沈阳经济区、山西省、厦门市进行不同类型的综合配套改革试验。这些改革试验，旨在对制约中国经济社会发展的重点难点问题进行探索，在转变政府职能、调整产业结构、深化金融体制改革、提升对外开放水平、统筹城乡发展、建设资源节约型和环境友好型社会等方面取得了积极进展。

在农村改革发展方面，2008年10月，党的十七届三中全会通过《关于推进农村改革发展若干重大问题的决定》，对进一步推进农村改革发展作出部署，要求大力推进改革创新，加强农村制度建设，积极发展现代农业，提高农业综合生产能力，加快发展农村公用事业，促进农村社会全面进步。2010年，中共中央、国务院印发《中国农村扶贫开发纲要（2011—2020年）》，决定将农民人均纯收入2300元（2000年不变价）作为新的国家扶贫标准，1.28亿农村低收入人口纳入扶贫开发范围。农村社会事业的进步和各项社会保障制度的建立，极大地增强了广大农民的幸福感、尊严感和安全感。建设社会主义新农村的战略决策和一系列政策措施，进一步催发了农村大地的勃勃生机。粮食生产克服严重自然灾害影响连获丰收，产量自2004年以来实现八年连续增长，2011年达到57121万吨。农民收入也实现连续八年较快增长，2011年达到人均6977元。城乡结构和城乡关系向着城乡一体化方向继续发展。农业农村经济发展保持持续向好的强劲势头，为成功应对各种困难和风险、保持国民经济平稳较快发展奠定了物质基础，为维护社会和谐稳定大局提供了重要支撑。

在扩大对外开放方面，中国全面履行加入世界贸易组织承诺，大规模开展法律法规清理修订工作，中央政府共清理法律法规和部门规章2300多件，地方政府共清理地方性政策和法规19万多件。中国对外开放政策的稳定性、透明度、可预见性不断提高。在不断扩大对外开放过程中，对外贸易、利用外资、对外投资等领域取得重要进展，开放型经济水平不断提高。到2011年，中国加入世界贸易组织的十年间，出口和进口分别以年均18.3%和17.6%的速度增长，远高于同期世界8.9%和9.0%的年平均增长速度，也远远快于中国国内生产总值的增长速度。中国坚持实行平等、互利、合作、共赢的对外开放政策，给世界经济发展以有力推动。

中国货物贸易额的全球排名由第六位上升到第二位；累计外商直接投资居发展中国家首位；对外直接投资2010年居世界第五位。中国每年平均进口7500亿美元的商品，为贸易伙伴创造大量就业岗位和投资机会。实践证明，中国加入世界贸易组织，扩大对外开放，惠及13亿中国人民，也惠及世界各国人民。中国的发展是和平的发展、开放的发展、合作的发展、共赢的发展，其勃勃生机和巨大潜力在不断扩大对外开放中日益得到充分发挥。

坚持和完善基本经济制度

坚持和完善公有制为主体、多种所有制经济共同发展的基本经济制度，是完善社会主义市场经济体制的基本前提和首要任务，是巩固和发展中国特色社会主义制度的重要支柱。

党的十六大报告第一次明确而完整地提出"两个毫不动摇"的重要思想。第一，必须毫不动摇地巩固和发展公有制经济。发展壮大国有经济，国有经济控制国民经济命脉，对于发挥社会主义制度的优越性，增强中国的经济实力、国防实力和民族凝聚力，具有关键性作用。集体经济是公有制经济的重要组成部分，对实现共同富裕具有重要作用。第二，必须毫不动摇地鼓励、支持和引导非公有制经济发展。个体、私营等各种形式的非公有制经济是社会主义市场经济的重要组成部分，对充分调动社会各方面的积极性、加快生产力发展具有重要作用。第三，坚持公有制为主体，促进非公有制经济发展，统一于社会主义现代化建设的进程中，不能把这两者对立起来。各种所有制经济完全可以在市场竞争中发挥各自优势，相互促进，共同发展。

在中国特色社会主义道路、制度、理论这三个层面上，"两个毫不动摇"都具有极为重要的理论意义和现实意义。正如时任中共浙江省委书记习近平所说的，它"是对马克思主义所有制理论的新发展，标志着我们党对建设中国特色社会主义规律的认识进一步深化"，标志着中国共产党关于维护公有制经济与非公有制经济之间公平竞争的良性互动关系，发挥多种所有制经济共同发展的体制机制优势的理论和政策的认识进一步深化，对于"加快建立完善社会主义市场经济体制，提供了良好的机遇，开辟了广阔的通途"①。

党的十六大之后，"两个毫不动摇"成为中央一以贯之的基本理论和政策原则。2007年，党的十七大报告再次强调指出，毫不动摇地巩固和发展公有制经济，毫不动摇地鼓励、支持、引导非公有制经济发展，坚持平等保护物权，形成多种所有制经济平等竞争、相互促进新格局。

改革开放以来，中国非公有制经济从不允许到允许，再到鼓励、支持，从小到大，已经挺拔地发展起来，成为中国经济不可或缺的"方面军"。2001年兴起的"国进民退"争论，引起学界、媒体、企业、政府、社会等各方面的广泛关注，且愈演愈烈，2009年跃居为新闻舆论焦点和全国"两会"话题。争论主要分为两种截然对立的观点：一种观点认为"国进民退"浪潮大规模呈现且2009年以来愈演愈烈；另一种观点认为总体上不存在所谓"国进民退"。争论的焦点是对"两个毫不动摇"的不同解读，实质上是对公有制为主体、多种所有制经济共同发展的基本经济制度的不同解读。

事实上，中国的社会主义市场经济，是在社会主义公有制为主体的基础上，国有经济、集体经济、非公有制经济等各种经济成分共同发展的经济模式。改革开放以来，中国所有制结构逐步调整，公有制经济的比重趋于下降，非公有制经济的比重趋于上升。国有经济一方面继续从竞争性行业退出，另一方面加强发挥在关系国计民生和重点行业中的主导作用。随着国家鼓励非公有制经济发展、多渠道开发就业岗位政策的实施，非公有制经济在吸纳就业方面的作用进一步增强。截至2012年

---

① 习近平：《坚持"两个毫不动摇"　再创浙江多种所有制经济发展新优势》，《经济日报》2003年3月15日。

底，有限责任公司、股份有限公司以及外商和港澳台商投资单位的城镇就业人员为7245万人，比2002年增加5068万人；私营企业、个体企业的城镇就业人员为13200万人，比2002年增加8932万人。[①]非公有制经济的发展，不仅为中国经济的快速发展作出了重大贡献，也成为缓解城镇就业压力，吸纳农村富余劳动力的重要途径。

健全市场体系

经过20多年的改革发展，到世纪之交，中国社会主义市场经济体制初步建立，但在市场体系建设方面还有待完善，主要问题表现为，市场秩序有待规范、生产要素市场发展滞后、市场规则不统一、市场竞争不充分。市场体系是市场经济的基础，只有建立统一、开放、竞争、有序的市场体系，才能扫除不利于经济发展与繁荣的弊端，让各种生产要素在市场经济的平台上充分利用与有效发挥作用，促进社会财富增长，让全体人民共享改革发展成果。

中国在资源配置方式上基本实现了由国家计划配置为主向市场配置为主的转变，但从经济发展的客观要求来看，市场配置资源的作用发挥得还不够，在一些重点领域仍然以政府配置资源为主。2002年至2012年，为了更好发挥市场配置资源的基础性作用，政府大大减少了对经济活动的干预，行政审批的项目大幅度减少。

全国统一市场，是指在全国范围内，在社会分工和商品经济发展基础上形成的各地市场相互依存、优势互补、整体协调、开放高效、通达顺畅的市场体系。市场封锁、地方保护等现象基本消除，商品和要素资源能够依据经济规律和统一市场规则在全国范围内顺畅流动和优化配置。健全全国统一、开放、竞争、有序的市场体系是改革的重要目标。改革开放以来，随着社会主义市场经济体制的建立、市场体系的形成以及

---

① 《中国统计年鉴（2012）》，中国统计出版社2012年版，第72页。

相关法律法规的颁布实施，中国在打破地区封锁、建设全国统一市场方面取得长足进展，商品和要素的跨区域流动明显增强。但是，市场封锁和地方保护问题仍然存在，影响了全国统一市场的形成和完善。2002年至2012年，对于保护本地商品、要素和服务市场而限制外地商品、要素和服务进入，对于设置关卡和地方行政壁垒，以及其他种种影响全国统一市场形成和完善的问题，中央进行了大量的清理，成效非常显著。电子商务、连锁经营、物流配送等现代流通方式快速发展，促进了商品和各种要素在全国范围自由流动和充分竞争。

中国土地、劳动力、资本等生产要素配置的市场化程度不断提高。中国的土地产权划分为城市土地和农村土地，土地交易实行的是二级交易市场制度，即集体土地必须首先转化为国有，才可以进入土地市场，用于非农业用途。2008年10月，党的十七届三中全会通过的《中共中央关于推进农村改革发展若干重大问题的决定》提出："加强土地承包经营权流转管理和服务，建立健全土地承包经营权流转市场，按照依法自愿有偿原则，允许农民以转包、出租、互换、转让、股份合作等形式流转土地承包经营权，发展多种形式的适度规模经营。""逐步建立城乡统一的建设用地市场，对依法取得的农村集体经营性建设用地，必须通过统一有形的土地市场、以公开规范的方式转让土地使用权，在符合规划的前提下与国有土地享有平等权益。"

至2002年之后，国家在户籍制度、流动人口子女受教育机会、劳动者权益等多个方面，为劳动力流动就业创造了更好的便利条件，推动了抑制劳动力自由流动的制度障碍逐渐拆除的进程，在推进劳动力市场从分割到一体化转变的方向上，取得了一系列重大进展。企业就业人员的劳动合同签订率逐步提高。截至2012年底，全国企业劳动合同签订率达到88.4%。农村劳动力转移政策发生了根本性变化，由限制变为鼓励，政策着力点是保障合法权益，为农民进城务工创造良好条件。2012年全国农民工总量达到26261万人，比上年增加983万人，其中外出农民工16336

万人。①2002年至2012年，每年都颁布若干政策法规，逐步取消对农民进城就业的各种不合理限制，合理引导农村剩余劳动力有序转移，重视城乡劳动力市场一体化建设，重视转移过程中多方面的配套改革，重视农村劳动力流动中涉及的工伤、医疗、养老、子女教育、住房等社会保障问题。在改革城乡二元分割体制，推动城乡劳动力市场一体化建设方面，迈出了实质性步伐。

同时，中国在建立多层次资本市场体系，拓展债券市场，规范发展产权交易，积极发展财产、人身保险和再保险市场，逐步发展期货市场等方面，都取得了多方面的重大进展。多方位的市场体系总体上建立完整并逐步完善。

完善宏观调控体系

经过改革发展的实践探索，到2002年前后，中国在社会主义市场经济体制框架内，初步构建了以国家发展战略和规划为导向，以财政政策、货币政策、产业政策、价格政策等为主要手段的宏观调控体系基本框架。但是，在实践中仍然存在着体现经济发展质量和效益、居民生活改善和生态建设等方面指标不足，行政干预手段使用较多的突出问题。

国家发展战略和规划明确的宏观调控目标和总体要求，是制定财政政策和货币政策的主要依据。在2002年至2012年间，中央所作的"十一五"、"十二五"规划，在中华人民共和国经济发展史上具有不同寻常的重大里程碑意义。"十一五"规划是中华人民共和国历史上第一个"五年规划"，以此为标志，"一五"时期延续下来的发展"计划"变成了"规划"。规划与计划相比，不仅仅是名称的改变，许多方面都发生了重大调整和变化。比如，过去十个五年计划中的经济社会发展的各类指标一律是约束性的刚性指令，而"十一五"、"十二五"规划中的经济社

---

① 数据出自人力资源和社会保障部：《2012年度人力资源和社会保障事业发展统计公报》。

会发展指标划分为约束性和预期性两类，这就从顶层设计层面极大地遏制了行政干预手段使用较多的传统积弊。此外，"十一五"、"十二五"规划还有一个突出特点是，高度重视体现经济发展质量和效益、居民生活改善和生态建设等方面的指标，并将其中如单位国内生产总值能源消耗降低率、森林覆盖率等确定为指令性的约束指标，而国内生产总值年均增长率等经济增长指标则被确定为指导性的预期指标。节能减排和环境保护受到"十一五"、"十二五"规划的空前重视，也是一个突出特点。"十一五"规划在共和国的历史上第一次把节能减排列为约束性指标。

完善宏观调控体系中的关键一环是完善发展成果考核评价体系。2009年12月，中央经济工作会议要求，要完善促进科学发展的干部考核评价机制，既要看发展速度和规模，更要看经济结构是否优化、自主创新水平是否提高、就业规模是否扩大、收入分配是否合理、人民生活是否改善、社会是否和谐稳定、生态环境是否得到保护、可持续发展能力是否增强，总之要看是否真正做到好字当头、又好又快，从而使加快发展方式转变成为各级党委和政府的自觉行动。

深化投资体制改革，确立企业投资主体地位，实行谁投资、谁决策、谁受益、谁承担风险。2004年国务院作出了关于投资体制改革的决定，提出改革项目审批制度，落实企业投资自主权。对于企业不使用政府投资建设的项目，一律不再实行审批制，区别不同情况实行核准制和备案制。国家只审批关系经济安全、影响环境资源、涉及整体布局的重大项目和政府投资项目及限制类项目。国家主要通过产业规划和政策指导、信息发布以及规范市场准入，引导社会投资方向，抑制无序竞争和盲目重复建设。

建立城乡一体化发展体制机制

改革开放以来，中国农村面貌发生了巨大的变化。但是，城乡二元结构没有根本改变，城乡发展差距不断拉大趋势没有根本扭转。坚持改革

开放,完善社会主义市场经济体制,必须把握农村改革这个重点,在统筹城乡改革上取得重大突破,进行体制机制创新。

第一,完善农村土地制度,推进集体林权制度改革。2002年8月29日九届全国人大常委会第29次会议通过并于2003年3月1日起施行的《中华人民共和国农村土地承包法》,旨在稳定和完善以家庭承包经营为基础、统分结合的双层经营体制,赋予农民长期而又有保障的土地所有权,维护农村土地承包当事人合法权益,促进农业、农村经济发展和农村社会稳定。2007年10月1日起施行的《中华人民共和国物权法》,将土地承包经营权界定为用益物权,从法律上明确了土地承包经营权的财产权性质。2008年10月党的十七届三中全会通过的《中共中央关于推进农村改革发展若干重大问题的决定》指出,以家庭承包经营为基础、统分结合的双层经营体制,是适应社会主义市场经济体制、符合农业生产特点的农村基本经营制度,是农村政策的基石,必须毫不动摇地坚持,要赋予农民更加充分而有保障的土地承包经营权,现有土地承包经营关系要保持稳定并长久不变。

2003年中央启动集体林权制度改革试点,将林地承包经营权和林木所有权落实到农户。这是继农村土地家庭承包经营制度确立后的又一重大制度创新。2008年6月,中共中央、国务院发布《关于全面推进集体林权制度改革的意见》,推动集体林权制度改革扎实展开。在林权制度改革的过程中,25亿多亩集体林地承包到户,数万亿林木资产落实到户。到2012年,集体林权制度改革所规定的"明晰产权,确权到户"这一主要任务基本完成。

第二,推进以农村税费改革为主要内容的农村综合改革。农村税费改革是中共中央、国务院为解决"三农"问题作出的一项重大决策。农村税费改革是减轻农民负担和深化农村改革的重大举措。2000年以来,农村税费改革试点由点到面,稳步推进,于2003年推广到全国范围内展开,取得了重要阶段性成效,基本实现了"减轻、规范、稳定"的预期目标，有力地促进了农村各项改革和经济社会事业发展。但是，农村税费改革试点中存在的问题还没有完全解决，农民负担仍然较重，相关配套改革滞后，农民减负的基础还不牢固；农村税费改革之后，乡村组织运转难、公益性事业投入不足等成为突出问题。

为了巩固改革成果，2004年7月国务院发出《关于做好2004年深化农村税费改革试点工作的通知》，提出推进各项配套改革，巩固农民减负基础。以2005年7月国务院发出《关于2005年深化农村税费改革试点工作的通知》为标志，农村综合改革不断深化。《通知》要求，进一步减轻农民负担，规范和完善农村分配关系，积极稳妥地推进建立精干高效的农村行政管理体制和覆盖农村的公共财政制度，加快以农村税费改革为主要内容的农村综合改革试点，探索建立农村经济社会发展新机制。2005年12月29日，十届全国人大常委会第19次会议通过了关于自2006年1月1日起废止《农业税征收条例》的决定。2006年，涉及农业税、牧业税、农业特产税、牲畜屠宰税全部取消，9亿农民彻底告别了自古以来的"皇粮国税"，农民每年减负达1250亿元。[1]取消农业税这一历史性举措，对调动农业生产者积极性、促进农民增收、理顺国家和农民之间关系、转变基层政府职能具有非常重要的作用。

从2001年开始，中国对农村义务教育阶段贫困家庭学生实行免杂费、免书本费、补助寄宿生生活费的"两免一补"政策。中央财政负责提供免费教科书，地方财政负责免杂费和补助寄宿生生活费。2005年，中央和地方财政安排"两免一补"资金70多亿元，共资助中西部贫困家庭学生3400万人。2006年又从西部地区开始全部免除农村义务教育阶段学生的学杂费，享受免学杂费政策的学生达到4880万人。2007年至2012年，全国农村义务教育阶段家庭经济困难学生均享受到了"两免一补"政策。

---

[1]　中共中央党史研究室著：《中国共产党的九十年》，中共党史出版社、党建读物出版社2016年版，第911页。

2002年开始，浙江、广东、河南、辽宁、湖北等省出现了在财政上省直管县的试点，浙江率先在一些社会管理事务上进行省直管县的试点，村级经费保障明显增强，初步形成了政府、农民、社会三方投入的农村公用事业建设投入新机制。

第三，推进农产品流通市场体系改革。2004年国务院《关于进一步深化粮食流通体制改革的意见》提出，要积极稳妥地放开粮食主产区粮食收购市场和粮食收购价格，在继续发挥国有粮食购销企业主渠道作用的同时，发展和规范多种市场主体从事粮食收购和经营活动。转换粮食价格形成机制，在充分发挥市场机制的基础性作用的同时，国家实行宏观调控。2006年国务院《关于完善粮食流通体制改革政策措施的意见》要求，加快推进国有粮食购销企业改革，加快建立全国统一、开放、竞争、有序的粮食市场体系，加强粮食产销衔接，逐步建立产销区之间的利益协调机制。国家还建立了中央为主、地方为辅的粮食储备体系。2012年出台的《粮食流通管理条例》，要求全面放开粮食购销市场，积极稳妥推进粮食流通体制改革。

实行最低收购价和临时收储政策。最低收购价政策是指当年粮食市场收购价格低于最低收购价时，国家将在执行区域和执行日期内实行敞开收购。最低收购价政策已涉及水稻、小麦，执行时间一般为粮食集中上市的几个月。最低收购价水平到2012年已提高了九次。2008年2月，国家先后下达了两批中央储备和国家临时收储玉米计划。临时收储已涉及大豆、玉米、油菜籽、棉花等主要农作物。

2012年国务院发布《关于深化流通体制改革、加快流通产业发展的意见》，对农村市场建设提出系统的政策措施，包括：支持依法使用农村集体建设用地发展流通业；支持公益性流通设施、农产品和农村流通体系、流通信息化建设；实施鲜活农产品运输绿色通道政策；免征鲜活农产品流通环节增值税；在一定期限内免征农产品批发市场、农贸市场城镇土地使用税和房产税；规范农产品市场收费、零售商和供应商收费等流通领域收费行为，降低交易成本。

第四，推进农村金融改革。在中国农业增长方式由传统粗放型向现代集约型转变的阶段，农业的资金需求急剧增加，对金融服务提出更高要求。为增强农村金融供给和服务能力，2003年以来，中央推动农村金融改革的力度明显加大。每年中央一号文件和三次全国金融工作会议，都对农村金融改革提出明确要求。在一系列政策推动下，中国信贷支农的水平显著提高，到2012年6月，涉农贷款余额达16.29亿元。

这一时期，国家对农业农村的信贷支持力度显著加大。为缓解农村发展资金困难，扭转资金通过转存方式大量流出的不利局面，多个中央一号文件提出了要求。2005年要求明确金融机构在县及县以下机构、网点新增存款用于支持当地农业和农村经济发展的比例，并要求县及县以下吸收的邮政储蓄资金回流农村。2007年银监会出台了具体办法。2008年要求通过批发或转贷等方式解决部分农村信用社及新型农村金融机构资金来源不足的问题，加快落实县域内银行业金融机构将一定比例新增贷款投放当地的政策。2012年要求确保银行业金融机构涉农贷款增速高于全部贷款平均增速。

农村金融体系不断改革健全。国家要求以服务"三农"为根本方向，充分发挥政策性金融、商业性金融和合作社性金融的作用，构建多层次、多样化、适度竞争的农村金融服务体系。重点包括：推动农村信用社产权改革，加大支持力度，完善治理结构，稳定县（市）农村信用社的法人地位；推进农业银行股份制改革，探索服务"三农"新模式；扩大邮政储蓄资金的自主运用范围，引导邮政储蓄资金返还农村；加快发展中小银行和村镇银行、贷款公司、农村资金互助社等新型农村金融组织和小额贷款组织；通过补贴费用的方式消除基础金融服务空白的乡镇；强化农业发展银行政策性职能定位，扩大服务"三农"的范围；鼓励国家开发银行推动现代农业和新农村建设；支持社会资本参与设立新型农村金融机构。

一系列政策措施的出台也促进了银行机构贷款积极性的提高。首先是降低贷款风险。中央一号文件先后提出发展动产、大型农用生产设备、林权、四荒土地使用权等抵押贷款和应收账款、仓单、可转让股权、专利权、商标专用权、水利项目收益权等权利质押贷款。加强涉农信贷与保险的合作，降低贷款风险。其次是加强财税支持。与财政政策相结合，对涉农贷款给予税收优惠、定向费用补贴、增量奖励等。2010年，财政部要求对县域金融机构当年涉农贷款平均余额同比增长超过15%的部分，按2%给予奖励。再次是提高利率弹性。扩大农村贷款利率浮动幅度，增加贷款收益率。同时，还实行差别化监管，适当提高涉农贷款风险容忍度，实行适度宽松的市场准入、弹性存贷比政策。最后是加强农村征信体系和支付环境建设。

三、经济发展实现新跨越

党的十六大之后，在2002年至2012年的十年中，中国着力加快转变经济发展方式和推进统筹协调发展，在诸多方面实现了新跨越，经济实力获得大幅提升，人民生活水平得到显著提高。

统筹城乡区域协调发展

在社会主义市场经济条件下，区域、城乡发展不平衡，是制约中国经济社会发展的突出问题。为解决这些突出问题，党和国家采取了多种措施，进行了不懈探索。

党的十六大以后，中央着眼于全面建设小康社会和构建社会主义和谐社会，按照科学发展观的要求对西部大开发作出进一步部署。西部大开发战略实施后，按照中央提出的重点先行、适当超前的方针，经过十年的努力，西部基础设施建设取得重要进展。其中重点开展了青藏铁路、西气东输、西电东送等标志性工程的建设。2006年7月1日，举世瞩目的青藏铁路全线建成通车。2004年12月30日，西气东输工程（新疆轮南至上海）全线建成并正式运营。这些工程的建成，有利于将西部能源资源优势转化为经济优势，促进中国经济社会的可持续发展。在基础设施建设快速发展基础上，西部地区经济社会发展也呈现良好局面，城乡面貌发生历史性变化，人民生活得到明显改善。

在西部大开发扎实推进过程中，东北地区等老工业基地和中部地区在新形势下怎样发展的问题被摆上重要地位。为解决东北地区和中部地区发展相对滞后的问题，党的十六大以后，中共中央着眼实现区域协调发展，相继作出振兴东北地区等老工业基地、促进中部地区崛起等重大决策。

2003年10月，党的十六届三中全会提出要振兴东北地区等老工业基地。同月，中共中央、国务院印发《关于实施东北地区等老工业基地振兴战略若干意见》。按照党的十六届三中全会精神和《若干意见》精神，中央有关部门、东北三省进一步制定一系列相关政策，支持东北地区改革发展。实施振兴东北地区等老工业基地战略后，东北地区资源型城市转型以及国有企业、国有林区垦区等多项改革扎实推进，发展活力和支撑能力增强。在振兴东北地区等老工业基地的进程中，沈阳提出"东北振兴，沈阳先行"的口号。沈阳装备制造业乘势推进结构调整，产业升级步伐加快，成为沈阳最重要的支柱产业。特变电工股份有限公司沈阳变压器集团先后获得三个工业国债项目，全面承接了国家"十一五"重大科研攻关项目中输变电领域的研制课题。通过技术储备和不断自主创新，沈变集团产品结构调整集中向高端产品倾斜，市场占有率不断提高。民营企业沈阳远大集团多年坚持打造自己的品牌、自己的核心技术、自己的市场网络，通过提高产品技术含量超越一个个对手，市场从发展中国家扩展到发达国家，产品由低端走向尖端。经过大刀阔斧的调整改造，经过自主创新的锤炼，老工业基地沈阳正快步成为具有国际竞争力的世界级装备制造业基地。

为解决制约中部地区发展问题，2004年9月，党的十六届四中全会明确提出促进中部地区崛起战略。2006年4月，中共中央、国务院印发《关于促进中部地区崛起的若干意见》。按照《意见》精神，国务院有关部门就促进中部地区崛起提出相应的配套措施，加大了促进中部地区发展的支持力度。中部地区崛起战略的实施，促进中部重点地区改革发展迈出新步伐，中部地区承东启西的区位优势进一步凸显，可持续发展能力显著提高。武汉城市圈、中原城市群、长株潭城市群、皖江城市带、鄱阳湖生态经济区、太原城市圈等重点经济区加快发展，成为带动地区发展的重要增长极。

在振兴东北地区等老工业基地、促进中部地区崛起的同时，中共中央、国务院继续支持东部地区率先发展。2006年，国务院批准天津滨海新区为全国综合配套改革试验区。国家还积极推动长江三角洲、海峡西岸等重点地区的开发开放，提出关于进一步推进长江三角洲地区改革开放和经济社会发展的指导意见。在这些措施推动下，东部地区加快调整经济结构，发展方式转变和产业升级步伐明显加快。

随着以上发展战略的实施，区域协调发展取得明显成效。中西部地区、东北地区均呈现加速发展态势。2007年，西部地区经济增长速度首次超过东部地区。2008年和2009年，中西部、东北地区的经济增速连续两年超过东部地区。2011年，中部地区、西部地区生产总值占全国的比重分别为22.1%、21.2%，分别比2002年提高了3.2、3.8个百分点。[①]条件较好地区进一步推进开发开放，新的区域增长极不断涌现。经济特区、上海浦东新区、天津滨海新区开发开放迈出新步伐，长三角、珠三角和京津冀三大都市圈仍是我国经济发展的"三大引擎"。成都、重庆、武汉、长株潭作为国家新批准的综合配套改革试验区，发挥了中心城市的辐射带动作用。广西北部湾、关中—天水、成渝三大经济区发展势头强劲，

---

① 中共中央党史研究室著：《中国共产党的九十年》，中共党史出版社、党建读物出版社2016年版，第909页。

正成为我国区域发展中新的活跃力量。区域协调发展战略实施所取得的成就，有力地支持了我国经济社会又好又快发展，有力地推进了全面小康社会和社会主义和谐社会的建设。

为解决城乡发展不平衡问题，党的十六大提出要统筹城乡经济社会发展。2003年12月31日，中共中央印发《关于促进农民增加收入若干政策的意见》（即2004年中央一号文件），强调按照统筹城乡经济社会发展的要求，坚持"多予、少取、放活"①的方针。2004年9月，胡锦涛在党的十六届四中全会上提出"两个趋向"的重要论断，指出：纵观一些工业化国家的发展历程，在工业化初始阶段，农业支持工业、为工业提供积累是带有普遍性的趋向；但在工业化达到相当程度以后，工业反哺农业、城市支持农村，实现工业与农业、城市与农村协调发展，也是带有普遍性的趋向。在同年12月召开的中央经济工作会议上，胡锦涛作出我国总体上已到了以工促农、以城带乡发展阶段的重要判断。在认识不断深化基础上，2005年10月，党的十六届五中全会明确提出建设社会主义新农村的重大战略任务，强调按照生产发展、生活宽裕、乡风文明、村容整洁、管理民主的要求，扎实稳步地加以推进。同年12月，中共中央、国务院印发《关于推进社会主义新农村建设的若干意见》，对社会主义新农村建设作了部署。

在减轻负担、增加农民收入的基础上，国家以解决制度缺失为重点，按照广覆盖、保基本、多层次、可持续的原则，积极构建中国农村社会保障制度基本框架，并取得突破性进展，有的甚至超出人们的预期。以农村最低生活保障、新型农村合作医疗、新型农村社会养老保险、农村五保供养等为主要内容的农村社会保障体系基本形成，被征地农民、农民工工伤、医疗等社会保险逐步健全，改变了农村无社保、城乡不平等的局面。

---

① "多予、少取、放活"是2002年1月召开的中央农村工作会议作为增加农民收入的指导思想首次提出的。

为推动社会主义新农村建设，2006年4月至2007年1月，中央决定在中央党校等连续举办50期培训班，对全国5474名县委书记、县长进行"建设社会主义新农村"专题培训，对于贯彻落实科学发展观、推动新农村建设起到了重要作用。为加快社会主义新农村建设，国家还进一步推进农村经济体制改革，进行了包括乡镇机构、农村义务教育、县乡财政管理体制改革在内的农村综合改革和集体林权制度改革，并取得积极进展。在社会主义新农村建设的推动下，农村改革发展揭开新的篇章，社会主义和谐社会建设进一步打开新局面。

"走出去"和"引进来"并举

经过多年的改革和发展实践探索，中国经济越来越与国际经济接轨，逐步形成了全方位、多层次、宽领域的对外开放，从以"引进来"为主，转变为"走出去"与"引进来"并举。

"走出去"战略的形成经历了"九五"计划前的探索、到"十五"期间的正式提出、再到"十一五"以来的完善和落实过程。2002年党的十六大指出，要适应经济全球化和加入世贸组织的新形势，在更大范围、更广领域和更高层次上参与国际经济技术合作和竞争，充分利用国际国内两个市场，优化资源配置，拓宽发展空间，以开放促改革促发展。要进一步扩大商品和服务贸易。实施市场多元化战略，发挥中国的比较优势，巩固传统市场，开拓新兴市场，努力扩大出口。坚持以质取胜，提高出口商品和服务的竞争力。优化进口结构，着重引进先进技术和关键设备。深化外经贸体制改革，推进外贸主体多元化，完善有关税收制度和贸易融资机制。要进一步吸引外商直接投资，提高利用外资的质量和水平。逐步推进服务领域开放。通过多种方式利用中长期国外投资，把利用外资与国内经济结构调整、国有企业改组改造结合起来，鼓励跨国公司投资农业、制造业和高新技术产业。大力引进海外各类专业人才和智力。改善投资环境，对外商投资实行国民待遇，提高法规和政策透明度。实施"走出去"战略是对外开放新阶段的重大举措。鼓励和支持有比较优势的各种所有制企业对外投资，带动商品和劳务出口，形成一批有实力的跨国企业和著名品牌。积极参与区域经济交流和合作。同时，还应在扩大对外开放中十分注意维护国家经济安全。2005年中共中央关于制定国民经济和社会发展第十一个五年规划的建议提出，支持有条件的企业"走出去"，按照国际通行规则到境外投资，鼓励境外工程承包和劳务输出，扩大互利合作和共同发展。

在这种情况下，对外直接投资实现了由个案审批到核准备案制的转变。2004年7月，国务院在关于投资体制改革的决定中，明确区别不同情况实行核准制和备案制。彻底改革之前不分投资主体、不分资金来源、不分项目性质，一律按投资规模大小分别由各级政府及有关部门审批的企业投资管理办法。对于企业不使用政府投资建设的项目，一律不再实行审批制，区别不同情况实行核准制和备案制。其中，政府仅对重大项目和限制类项目从维护社会公共利益角度进行核准，其他项目无论规模大小，均改为备案制，项目的市场前景、经济效益、资金来源和产品技术方案等均由企业自主决策、自担风险，并依法办理环境保护、土地使用、资源利用、安全生产、城市规划等许可手续和减免税确认手续。对于企业使用政府补助、转贷、贴息投资建设的项目，政府只审批资金申请报告。企业投资建设实行核准制的项目，仅需向政府提交项目申请报告，不再经过批准项目建议书、可行性研究报告和开工报告的程序。政府对企业提交的项目申请报告，主要从维护经济安全、合理开发利用资源、保护生态环境、优化重大布局、保障公共利益、防止出现垄断等方面进行核准。对于外商投资项目，政府还要从市场准入、资本项目管理等方面进行核准。中方投资3000万美元及以上资源开发类境外投资项目，由国家发展和改革委员会核准；中方投资用汇额100万美元及以上的非资源类境外投资项目，由国家发展和改革委员会核准。上述项目之外的境外投资项目，中央管理企业投资的项目报国家发展和改革委员会、商务部备

案；其他企业投资的项目由地方政府按照有关法规办理核准。国内企业对外投资开办企业（金融企业除外）由商务部核准。这种制度创新加快了中国企业"走出去"的步伐。

2005年，商务部、财政部制定对外经济技术合作专项资金管理办法，对境外投资、境外高新技术研发、境外农林和渔业合作、对外承包工程、对外设计咨询、对外劳务合作等业务采取直接补助或贴息等方式给予支持。2006年7月，国家外汇管理局发布关于调整部分境外投资外汇管理政策的通知，出台了两大新政策。一是取消境外投资购汇额度的限制，自2006年7月1日起，国家外汇管理局不再核定并下达境外投资购汇额度，境内投资者从事对外投资业务的外汇需求可以得到充分满足；二是境内投资者如需向境外支付与其境外投资有关的前期费用，经核准可以先行汇出。新政策对"走出去"战略的贯彻实施和积极推进，对中国企业境外投资的持续健康快速发展，具有重大促进作用。

这一时期实行的外汇管理新政，也为企业"走出去"提供了金融支持。中国取消了境外投资风险审查制度，取消了境外投资汇回利润保证金制度，简化了外汇资金来源审查制度，允许企业在额度内购汇进行境外投资，下放审批权限，允许境外企业产生的利润用于境外企业的增资或者在境外再投资。另外，各相关部门在境外开设企业，境外企业的财税、信贷、保险、外汇，以及投资国别的导向等方面，都出台实施了一系列新政策新措施。

2002年至2012年，中国积极实施"走出去"战略，对外投资合作取得新发展，"走出去"的规模迅速扩大，"走出去"的层次、水平与效益进一步提高。2003年，中国非金融类对外直接投资只有29亿美元，2012年增加到778亿美元。2012年的对外承包工程业务完成额1166亿美元，比2002年增长9.4倍。[①]对外经济合作驶入良性发展的快车道，已形成了门

---

① 国家统计局：《对外开放实现跨越式发展》报告，国家统计局网站，2012年8月21日。

类比较齐全、具有较强国际竞争力的队伍，业务范围向技术性较强的领域不断扩展，经济效益和社会效益以及国际影响力明显提高。当然，这与中国加入世贸组织的战略机遇是分不开的，中国经济吸纳经济全球化的红利，"借力用力"，加速融入国际经济的大格局中。

2002年至2012年，中国吸收利用外资已从弥补"双缺口"为主转向优化资本配置、促进技术进步和推动社会主义市场经济体制的完善，从规模速度型向质量效益型转变，利用外资实现新突破，规模和质量得以全面提升。2002年至2012年，全国累计实际使用外商直接投资8805亿美元，连续多年成为吸收外商直接投资最多的发展中国家，2011年全球排名上升至第二位。2012年服务业实际使用外资占比达48.2%，超过制造业4.5个百分点。[①]

2002年至2012年，是中国经济史上货物贸易发展最快的十年。中国经济与世界经济的互动不断增强，国际地位和国际影响力显著提高。2012年，货物进出口总额跃居世界第二位，达到38671亿美元，比2002年增长6.2倍。其中，货物出口额居世界第一位，达到20487亿美元，比2002年增长6.3倍；货物进口额居世界第二位，达到18184亿美元，比2002年增长6.2倍。[②]

2008年后，"走出去"和"引进来"的良好发展态势受到了国际金融危机的严重冲击。国际金融危机的爆发和蔓延，导致世界经济衰退，全球总需求低迷，中国外需骤减，经济下滑。为应对国际金融危机对中国经济带来的不利影响，党中央、国务院及时作出决定，实施积极的财政政策和适度宽松的货币政策，出台更加有力的促进经济发展的政策措施。这些措施共有十项，分别为：加快建设保障性安居工程；加快农村基础设施建设；加快铁路、公路和机场等重大基础设施建设；加快医疗卫生、文化教育事业发展；加强生态环境建设；加快自主创新和结构调整；

---

① 国家统计局：《对外开放实现跨越式发展》报告，国家统计局网站，2012年8月21日。

② 国家统计局：《对外开放实现跨越式发展》报告，国家统计局网站，2012年8月21日。

加快震区灾后重建工作；提高城乡居民收入；在全国所有地区、所有行业全面实施增值税转型改革；加大金融对经济增长的支持力度，取消对商业银行的信贷规模限制，合理扩大信贷规模，加大对重点工程、"三农"、中小企业和技术改造、兼并重组的信贷支持，有针对性地培育和巩固消费信贷增长点。中央多次强调，尽管我们面临不少困难，但中国内部需求的潜力巨大，金融体系总体稳健，企业应对市场变化的意识和能力较强，世界经济调整为中国加快结构升级、引进国外先进技术和人才等带来新的机遇。只要我们及时果断采取正确的政策措施，把握机遇，应对挑战，就一定能够保持经济平稳较快发展。

事实证明，虽然有国际金融危机这样的重大挑战，但中国"走出去"和"引进来"并举的方针和政策是正确的。"走出去"和"引进来"并举的实施，不仅发展绩效是显著的，收益大于成本，弊大于利，而且在困难情况下拉动了经济增长，促进了经济平稳较快发展。这一时期国内生产总值年均增长9.2%，对世界经济复苏作出了极大贡献。

"十五"计划和"十一五"规划的相继完成

世纪之交，世界上有一些人怀疑中国在经历20多年的快速发展之后还能否持续，有的人甚至预言中国经济即将崩溃。然而，在中国共产党领导下，中国继续保持经济快速发展势头，用无可争辩的事实回答了担心者的疑虑和预言。中国经济不仅没有崩溃，而且成为全球经济发展的重要支撑和引擎。

"十五"时期，中国国内生产总值增长59.3%，年均增长9.8%，由居世界第六位上升为第四位。财政收入增长1.4倍，年均增加3650亿元。农业特别是粮食生产出现重要转机。主要工业品产量大幅度增长，高技术产业快速发展，基础产业和基础设施建设取得重要成就，经济社会信息化程度迅速提高。改革开放成果丰硕，农村、国有企业、金融、财税、投资等改革和市场体系、社会保障体系建设都取得重大进展。对外开放进入新阶段进出口贸易总额增长两倍，实际利用外商直接投资累计2740.8亿美元。人民生活明显改善城镇居民人均可支配收入和农村居民人均纯收入分别实际增长58.3%和29.2%。政治建设、文化建设、社会建设均取得新的进展。[①]

但是，"十五"时期经济社会发展仍存在不少矛盾和问题。主要是：经济结构不合理，就业矛盾比较突出，投资和消费的关系不协调，城乡、区域发展差距和部分社会成员之间收入差距继续扩大，社会事业发展仍然滞后。中央高度重视存在的问题，通过制定"十一五"规划努力加以克服和解决。

2005年10月，党的十六届五中全会通过《关于制定国民经济和社会发展第十一个五年规划的建议》。全会确定了未来五年中国经济社会发展所要遵循的原则，并确定了奋斗目标、指导方针和主要任务。《建议》的鲜明特点是强调坚持以科学发展观统领经济社会发展全局；制定和实施"十一五"规划，必须认真落实科学发展观，把科学发展观贯穿到改革开放和现代化建设全过程。为此，《建议》提出，"十一五"期间要坚持六个方面的原则，即：必须保持经济平稳较快发展；必须加快转变经济增长方式；必须提高自主创新能力；必须促进城乡区域协调发展；必须加强和谐社会建设；必须不断深化改革开放。

根据党的十六届五中全会的《建议》，国务院制订了《中华人民共和国国民经济和社会发展第十一个五年规划纲要（草案）》。2006年3月，十届全国人大四次会议审议通过了"十一五"规划纲要。《纲要》根据《建议》确定的指导方针和原则，提出了"十一五"规划时期经济社会发展的主要目标，强调在优化结构、提高效益和降低消耗的基础上，实现2010年人均国内生产总值比2000年翻一番。这个"人均"的指标，比中央以前提出的十年国内生产总值翻一番的要求更高了。这是综合考虑

---

① 中共中央党史研究室著：《中国共产党的九十年》，中共党史出版社、党建读物出版社2016年版，第912页。

"十五"期间经济发展状况和未来五年发展的各方面条件提出的,是一个积极稳妥的目标。《纲要》提出的另一个重要指标是资源利用效率显著提高,单位国内生产总值能源消耗比"十五"期末降低20%左右,这是针对资源环境约束日益加重的问题而提出的,突出体现了建设资源节约型、环境友好型社会和可持续发展的要求。《纲要》还提出了建设社会主义新农村、促进区域协调发展、深化体制改革、实施互利共赢的开放战略、推进社会主义和谐社会建设、加强社会主义民主政治建设、加强社会主义文化建设、加强国防和军队建设的主要任务和政策措施。

"十一五"规划纲要确定的目标、任务和政策措施,既与全面建设小康社会的目标相衔接,又反映了国家经济社会发展的阶段性特征和客观要求。"十一五"规划还第一次将延续了50多年的"计划"改成了"规划"。这一字之差,准确体现了社会主义市场经济条件下中长期规划的功能定位,反映了中国发展理念、经济体制、政府职能的重大变革。中国经济按照"十一五"规划纲要的部署,向着全面建设小康社会的宏伟目标继续前进。

"十一五"时期,中国经济在成功应对各种风险挑战和战胜一系列自然灾害的基础上,取得不俗的成就。中国国内生产总值年均增长11.3%,比"十五"时期平均增速提高1.5个百分点;2010年国内生产总值超过40万亿元,经济总量由2005年的世界第四位跃升至第二位,先后超过英国、法国、德国和日本,成为仅次于美国的世界第二大经济体。财政收入从3.16万亿元增加到8.31万亿元。对外贸易总额达到2.97万亿美元。各项社会事业加快发展,人民生活明显改善,城镇居民人均可支配收入和农村居民人均纯收入年均分别增长9.7%和8.9%。[①]

经过"十一五"期间五年的不懈奋斗,中国社会生产力、综合国力显著提高,各项社会事业加快发展,人民生活明显改善,改革开放取得重

---

① 中共中央党史研究室著:《中国共产党的九十年》,中共党史出版社、党建读物出版社2016年版,第927页。

大进展，中国国际地位和影响力显著提高。中国道路不仅引起发达国家的关注，更使广大发展中国家看到了发展的希望。

"十二五"规划的制定和加快转变经济发展方式

为推动2020年实现全面建设小康社会宏伟目标的第二个十年的经济社会发展，制定好"十二五"规划十分重要。从"十二五"规划文件起草工作一开始，中共中央就"十二五"规划的主题、主线、主要任务和重大举措等，广泛征求了意见。中共中央的建议稿形成后，胡锦涛主持中央政治局常委会议和中央政治局会议，就一些重大问题进行认真研究，为开好党的十七届五中全会作了充分准备。

2010年10月15日至18日，党的十七届五中全会审议通过了《关于制定国民经济和社会发展第十二个五年规划的建议》。《建议》深刻认识并准确把握国内外形势新变化新特点，对在新的历史起点上向着全面建设小康社会目标继续前进作出全面部署。《建议》指出："十二五"时期是全面建设小康社会的关键时期，是深化改革开放、加快转变经济发展方式的攻坚时期。制定"十二五"规划，必须高举中国特色社会主义伟大旗帜，以邓小平理论和"三个代表"重要思想为指导，深入贯彻落实科学发展观，适应国内外形势新变化，顺应各族人民过上更好生活新期待，以科学发展为主题，以加快转变经济发展方式为主线，深化改革开放，保障和改善民生，巩固和扩大应对国际金融危机冲击成果，促进经济长期平稳较快发展和社会和谐稳定，为全面建成小康社会打下具有决定性意义的基础。

"十二五"期间发展主题和主线的确定，是中共中央在深入分析世情、国情变化及中国发展面临的机遇和挑战后作出的重大战略决策。以科学发展为主题，是时代的要求，关系改革开放和现代化建设全局。发展是中国共产党执政兴国的第一要务，是解决中国所有问题的关键和基础，这是要始终坚持的。在当代中国，坚持发展是硬道理的本质要求，就

是坚持科学发展，更加注重以人为本，更加注重全面协调可持续发展，更加注重统筹兼顾，更加注重保障和改善民生，促进社会公平正义。这就需要创新发展理念、转变发展方式、破解发展难题，真正实现科学发展。以加快转变经济发展方式为主线，是推动科学发展的必由之路，符合中国基本国情和发展的阶段性特征。中共中央对转变经济发展方式始终高度重视，进行了不懈探索和努力。党的十四届五中全会就已提出实现经济增长方式转变的方针。党的十七大报告将"转变经济增长方式"改为"转变经济发展方式"，提出"促进经济增长由主要依靠投资、出口拉动向依靠消费、投资、出口协调拉动转变，由主要依靠第二产业带动向依靠第一、第二、第三产业协同带动转变，由主要依靠增加物质资源消耗向主要依靠科技进步、劳动者素质提高、管理创新转变"。经济增长方式主要是就增长过程中资源、劳动、资本等投入的效率而言的，而经济发展方式则不仅包括经济效益的提高、资源消耗的降低，也包含了经济结构的优化、生态环境的改善、发展成果的合理分配等，内容更加丰富。党的十七届五中全会的《建议》进一步强调：加快转变经济发展方式是我国经济社会领域的一场深刻变革，必须贯穿经济社会发展全过程和各领域，提高发展的全面性、协调性、可持续性，坚持在发展中促转变、在转变中谋发展，实现经济社会又好又快发展。

党的十七大以后，各地区各部门按照中央要求，积极推动经济发展方式转变，从宏观领域到微观领域都取得了可喜进展。但是，取得的成效还是初步的，在重点领域和关键环节仍然相当滞后。比如：经济增长高度依赖国际市场、主要依靠物质投入的传统发展方式、与资源环境的矛盾日益突出、经济发展技术含量不高、居民收入在国民收入分配中的比重偏低、生态总体恶化的趋势尚未根本扭转。2008年国际金融危机冲击形成的倒逼机制，客观上为中国加快经济发展方式转变提供了难得机遇。

在应对国际金融危机冲击中，中央对加快转变经济发展方式和调整经济结构作出全面部署。2010年，中央举办省部级主要领导干部深入贯彻落实科学发展观转变经济发展方式专题研讨班。胡锦涛在研讨班上讲话，提出了八个方面的重点工作，即：加快推进经济结构调整；加快推进产业结构调整；加快推进自主创新；加快推进农业发展方式转变；加快推进生态文明建设；加快推进经济社会协调发展；加快发展文化产业；加快推进对外经济发展方式转变。在取得这些进展的基础上，党的十七届五中全会的《建议》对加快转变经济发展方式提出五个方面的基本要求：坚持把经济结构战略性调整作为加快转变经济发展方式的主攻方向；坚持把科技进步和创新作为转变经济发展方式的重要支撑；坚持把保障和改善民生作为加快转变经济发展方式的根本出发点和落脚点；坚持把建设资源节约型、环境友好型社会作为加快转变经济发展方式的重要着力点；坚持把改革开放作为加快转变经济发展方式的强大动力。这"五个坚持"，涉及转变经济发展方式的各个关键要素，从"方向""支撑""目的""着力点""动力"等方面全方位提出要求，相互联系、相互促进，形成一个完整的体系。

主题和主线是规划的灵魂，具有纲举目张的作用。以科学发展为主题、以加快转变经济发展方式为主线，符合党心民心，符合时代潮流，符合现代化建设要求，具有很强的指导性和重大现实意义。

在明确主题和主线基础上，《建议》为推动"十二五"时期的科学发展描绘了宏伟蓝图，提出了今后五年中国发展的目标任务，即：经济平稳较快发展；经济结构战略性调整取得重大进展；城乡居民收入普遍较快增加；社会建设明显加强；改革开放不断深化。要经过全国人民共同努力奋斗，使中国转变经济发展方式取得实质性进展，综合国力、国际竞争力、抵御风险能力显著提高，人民物质文化生活明显改善，全面建成小康社会的基础更加牢固。这些目标任务，反映了中国改革发展的趋势和要求，回应了广大人民群众对发展的关切和期盼，也是中国共产党对全国人民的庄严承诺。

根据中共中央的建议，国务院制订了《中华人民共和国国民经济和社会发展第十二个五年规划纲要（草案）》。2011年3月，十一届全国人大四次会议批准了这个规划纲要。

转型发展的新跨越①

在2002年至2012年的十年中，中国着力加快转变经济发展方式和推进统筹协调发展，在诸多方面实现了新跨越，经济实力获得大提升，人民生活得到新改善。

第一，农业综合生产能力显著提高。2002年至2012年，中央高度重视"三农"工作，坚持把解决好"三农问题"作为重中之重，连续出台一系列具有重大里程碑意义的强农惠农富农政策，逐步形成新时期保护和支持农业的政策体系，农业综合生产能力显著提高，农业基础地位更加巩固。

中国谷物、肉类、花生、茶叶、水果等农产品产量稳居世界第一位。2012年，粮食总产量达到58958万吨，比2002年增长29.0%，连续六年稳定在五万亿吨以上，实现半个世纪以来首次"九连增"。这标志着中国粮食综合生产能力跃上新台阶，并且连续多年稳定在这个高水平上。

经济作物全面增长。2012年，棉花产量为683万吨，比2002年增产242万吨，增长54.9%；油料产量为3436万吨，比2002年增产539万吨，增长18.6%；甘蔗和甜菜的产量为124288万吨，比2002年增产113996万吨，增长11.1倍；水果产量为24056万吨，比2002年增产17104万吨，增长2.5倍。

森林资源和林业经济快速增长。根据国家林业局第六次全国森林资源清查（1999年至2003年）到第七次全国森林资源清查（2004年至2008年）清查结果，全国森林面积净增2054.30万公顷，森林覆盖率由

---

① 文中数据出自国家统计局：《从十六大到十八大经济社会发展成就系列报告》，国家统计局网站，2012年8月。

18.21%提高到20.36%，活立木总蓄积净增11.28亿立方米，森林蓄积净增11.23亿立方米，天然林面积净增393.05万公顷，天然林蓄积净增6.76亿立方米，人工林面积净增843.11万公顷，人工林蓄积净增4.47亿立方米。

肉蛋奶等主要畜产品产量稳定持续增长。2012年全国肉类总产量达到8387万吨，比2002年增加2153万吨，增长34.5%；禽蛋产量为2861万吨，比2002年增加596万吨，增长26.3%；奶类产量为3875万吨，比2002年增加2475万吨，增长1.7倍。

水产品产量快速增长。2012年，全国水产品总产量为5908万吨，比2002年增长49.4%；海水产品产量为3033万吨，比2002年增长31.9%；淡水产品产量为2874万吨，比2002年增长73.6%。

农业技术装备水平不断改善。2002年至2012年，中国在生物育种、粮食丰产、节水农业、数字农业、循环农业、动植物疾病防治等领域开展科技攻关，取得了一系列重大科技成果，增加了中国农业技术储备，显著提高了农业生产技术水平和综合生产能力。国家大力推广保护性耕作技术，实施旱作农业示范工程，推广测土配方施肥，推行有机肥综合利用和无害化处理，引导农民多施农家肥，增加土壤有机质。农业科技进步有力地推动了现代农业发展，促进了农业生产水平的提高。

第二，工业经济全球影响力大幅提升。工业领域充分利用工业化进程加快和加入世界贸易组织带来的机遇，坚持科学发展，坚持走新型工业化道路，经受住了国际金融危机以及其他不利因素带来的冲击，中国在全球工业化体系中的影响力不断提升。

2002年至2012年，中国工业对国民经济增长的平均贡献率超过40.2%，成为拉动国民经济平稳较快发展的重要动力，主要工业产品规模扩张迅速。2012年，微型计算机设备产量达到3.5亿台，比2002年增长21.9倍；移动通信手持机11.8亿台，比2002年增长8.7倍；集成电路823.3亿块，比2002年增长7.6倍；家用电冰箱8427万台，比2002年增长3.1倍；

房间空气调节器1.3亿台，比2002年增长3.2倍；彩色电视机1.3亿台，比2002年增长1.5倍；粗钢7.2亿吨，比2002年增长3.0倍；水泥22.1亿吨，比2002年增长2.0倍；平板玻璃7.5亿重量箱，比2002年增长2.2倍；纱2984万吨，比2002年增长2.5倍；布849亿米，比2002年增长1.6倍；汽车1928万辆，比2002年增长4.9倍；发电量达到5.0万亿千瓦小时，比2002年增长2.0倍。

2001年中国加入世界贸易组织之后，"中国制造"与世界经济的深度融合进一步加快，中国工业出口保持快速增长。2012年，工业制成品出口达到1.9万亿元，比2002年增长5.6倍。2012年，机电设备类商品出口8632亿美元，比2002年增长6.4倍；光学、照相、电影、计量及精密仪器设备类商品出口794亿美元，比2002年增长2.3倍。先进技术、设备、关键零部件进口快速增长。2012年，机电设备类商品进口5635亿美元，比2002年增长3.5倍；光学、照相、电影、计量及精密仪器设备类商品进口1106亿美元，比2002年增长40.0倍。

第三，基础设施和基础产业实现新飞跃。固定资产投资特别是基础设施和基础产业投入快速增长。2003年至2012年全社会固定资产投资累计完成182.4万亿元，年均增长20%以上。投资规模之大、增速之快为历史所少有。青藏铁路、京沪高铁等一批关系国计民生的重大项目建成投产，西气东输、南水北调、长江三峡等重大工程进展顺利。为应对国际金融危机冲击，国家实施了四万亿投资计划，主要投向国民经济和社会发展的重点领域和薄弱环节，形成了一批利于长远发展的优良资产，增强了经济社会发展的后劲。

能源生产供应能力稳步提高。2012年，中国能源生产总量达到33.2亿吨标准煤，比2002年增长1.2倍，成为世界第一大能源生产国，能源自给率约90%。能源结构进一步优化，非化石能源站能源生产总量的比重由2002年的7.8%提高到2012年的10.3%，水电装机规模居世界第一位。

交通运输能力持续增强。铁路迎来了史无前例的跨越式发展，高速铁路从无到有飞速发展，生产出时速高达350公里的动车组，标志着中国铁路运输达到国际先进水平。"五纵七横"国道主干线和西部开发八条公路干线建成。截至2012年，铁路营运里程达到9.7万公里，比2002年增长34.7%；公路里程达到423.8万公里，比2002年增长1.4倍，其中高速公路9.6万公里，比2002年增长2.8倍；定期航班航线里程达到328.0万公里，比2002年增长1.0倍。旅客周转量由2002年的1.4万亿人公里增加到2012年的3.3万亿人公里，货物周转量由2002年的5.1万亿吨公里增加到2012年的17.4万亿吨公里，沿海规模以上主要港口货物吞吐量由2002年的16.7亿吨增加到2012年的66.5亿吨。

邮电通信业蓬勃发展。全国邮电业务总量由2002年的0.6万亿元增加到2012年的1.5万亿元。传统业务继续发展，新兴业务不断发展壮大，快递等新兴业务不断涌现。3G移动用户迅猛发展，互联网规模快速壮大。互联网上网人数由2002年的0.6亿人增加到2012年的5.6亿人，稳居全球第一。

第四，人民生活水平持续提高。城乡居民收入快速增长。2012年，城镇居民人均可支配收入24565元，比2002年增长2.2倍，扣除价格因素年均实际增长率超过9.2%；农村居民人均纯收入7917元，比2002年增长2.2倍，扣除价格因素年均实际增长率超过8.1%。

居民生活质量明显改善。2012年城乡居民家庭恩格尔系数分别为36.2%和39.3%，分别比2002年降低了1.5和6.9个百分点。主要耐用消费品拥有量大幅增长。到2012年底，城镇居民家庭平均每百户拥有家用汽车21.5辆，比2002年底增长23.4倍；拥有移动电话212.6部，比2002年底增长2.4倍；拥有家用电脑87.0台，比2002年底增长3.2倍。2012年底，农村居民家庭平均每百户拥有电冰箱67.3台，比2002年底增长3.5倍；空调机25.4台，比2002年底增长10.0倍；拥有移动电话197.8部，比2002年底增长13.4倍。

总体来看，2002年至2012年这十年，中国经济发展进程是极不平凡

的，世情和国情发生了深刻变化，面临的发展机遇和风险挑战前所未有。2008年下半年国际金融危机爆发，在世界主要经济体增长明显放缓甚至面临衰退时，中国经济依然保持了相当高的增速并率先回升，成为带动世界经济复苏的重要引擎。经济总量实现了历史性跨越。2008年国内生产总值超过德国居世界第三位，2010年超过日本居世界第二位。

但同时，在这十年的发展进程中，中国经济也显现出一些问题。发展中不平衡、不协调、不可持续问题依然突出，科技创新能力不强，产业结构不合理，农业基础依然薄弱，资源环境约束加剧，制约科学发展的体制机制障碍较多，深化改革开放和转变经济发展方式的任务仍然艰巨。城乡区域发展差距和居民收入差距依然较大，生态环境、食品药品安全、安全生产等关系群众切身利益的问题较多，部分群众生活比较困难。这些问题有的是新中国60多年经济发展进程中积累下来的老问题及其新表现，有的是改革开放以来在经济体制和经济发展方式转变过程中产生的新问题及其集中爆发。对于任何国家来说，在经济快速发展、经济体制深刻变革、经济发展方式根本转变的过程中，出现这样那样的问题是难以避免的，对于中国这样一个在几千年经济发展进程中长期存在不平衡问题的世界人口第一大国来说，出现问题更是不可避免的。发展是解决中国所有问题的关键。在继续推进改革开放、转变经济增长方式的历史进程中，中国有能力解决好这些问题，实现更好的发展。

第五章

经济发展进入新常态

（2012~2018）

改革开放40年的中国经济

党的十八大以来，以习近平同志为核心的党中央作出经济发展进入新常态的重大判断，提出主动适应和引领经济发展新常态，使市场在资源配置中起决定性作用和更好发挥政府作用，促进经济持续健康发展。在这一系列经济思想的指引下，中国迎难而上，砥砺前行，取得经济发展新的辉煌成就，夺取全面建成小康社会新的重大胜利，展现中国特色社会主义伟大事业新的壮丽前景，为实现"两个一百年"奋斗目标和中华民族伟大复兴中国梦打下坚实基础。

一、全面深化改革

实践是思想的源泉，思想是实践的先导。党的十八大以来，以习近平同志为核心的党中央形成的一系列经济发展和改革思想，不仅在实践中获得巨大成功，而且在思想上形成完整体系，进一步丰富和发展了中国特色社会主义经济理论，成为新时期中国共产党经济思想的重大创新和最新发展。这一系列经济思想包括了关于中国经济怎么看、怎么干的所有重大问题，立意高远，内涵丰富，思想深刻，并且呈现出鲜明的内在逻辑性，即："适应和引领经济发展新常态，促进经济持续健康发展"是总体判断和主体任务；"使市场在资源配置中起决定性作用和更好发挥政府作用"是实现路径和政策"母体"。一项任务、两条路径构成了党的十八大以来中国共产党经济思想的基本内核。

党的十八大

在转变经济发展方式和消除国际金融危机消极影响的关键时期，2012年11月8日至14日，党的十八大胜利召开。胡锦涛作题为《坚定不移沿着中国特色社会主义道路前进，为全面建成小康社会而奋斗》的报告。党的十八大的主题是，高举中国特色社会主义伟大旗帜，以邓小平理论、"三个代表"重要思想、科学发展观为指导，解放思想，改革开放，凝聚力量，攻坚克难，坚定不移沿着中国特色社会主义道路前进，为全面建成小康社会而奋斗。

党的十八大回顾和总结了过去五年的工作和党的十六大以来的奋斗历程及取得的历史性成就，确立了科学发展观的历史地位。党的十八大报告指出，总结十年奋斗历程，最重要的就是我们坚持以马克思列宁主义、毛泽东思想、邓小平理论、"三个代表"重要思想为指导，勇于推进实践基础上的理论创新，围绕坚持和发展中国特色社会主义提出一系列紧密相连、相互贯通的新思想、新观点、新论断，形成和贯彻了科学发展观。科学发展观是马克思主义同当代中国实际和时代特征相结合的产物，是马克思主义关于发展的世界观和方法论的集中体现，对新形势下实现什么样的发展、怎样发展等重大问题作出了新的科学回答，把我们对中国特色社会主义规律的认识提高到新的水平，开辟了当代中国马克思主义发展新境界。科学发展观是中国特色社会主义理论体系最新成果，是中国共产党集体智慧的结晶，是指导党和国家全部工作的强大思想武器。科学发展观同马克思列宁主义、毛泽东思想、邓小平理论、"三个代表"重要思想一道，是党必须长期坚持的指导思想。确定科学发展观为党的指导思想，是党的十八大作出的重要决策和历史性贡献。

党的十八大贯穿始终的一条主线就是坚持和发展中国特色社会主义。党的十八大报告强调，中国特色社会主义道路，中国特色社会主义理论体系，中国特色社会主义制度，是党和人民90多年奋斗、创造、积累

的根本成就，必须倍加珍惜、始终坚持、不断发展。报告阐明中国特色社会主义道路、中国特色社会主义理论体系、中国特色社会主义制度的科学内涵及其相互联系，强调：中国特色社会主义道路是实现途径，中国特色社会主义理论体系是行动指南，中国特色社会主义制度是根本保障，三者统一于中国特色社会主义伟大实践，这是党领导人民在建设社会主义长期实践中形成的最鲜明特色。报告指出，建设中国特色社会主义，总依据是社会主义初级阶段，总布局是社会主义经济建设、政治建设、文化建设、社会建设、生态文明建设五位一体，总任务是实现社会主义现代化和中华民族伟大复兴。中国特色社会主义，既坚持了科学社会主义基本原则，又根据时代条件赋予其鲜明的中国特色，以全新的视野深化了对共产党执政规律、社会主义建设规律、人类社会发展规律的认识，从理论和实践结合上系统回答了在中国这样人口多底子薄的东方大国建设什么样的社会主义、怎样建设社会主义这个根本问题，使我们国家快速发展起来，使我国人民生活水平快速提高起来。党的十八大进一步提出夺取中国特色社会主义新胜利必须牢牢把握的基本要求，其中必须坚持人民主体地位、必须坚持解放和发展社会生产力、必须坚持推进改革开放、必须坚持维护社会公平正义、必须坚持走共同富裕道路，都与经济改革和发展紧密相关。

党的十八大确定了全面建成小康社会和全面深化改革开放的目标。为确保到2020年实现全面建成小康社会的宏伟目标，根据中国经济社会发展实际，在党的十六大、十七大确立的全面建设小康社会目标的基础上，党的十八大报告提出了努力实现的新要求。即：经济持续健康发展，人民民主不断扩大，文化软实力显著增强，人民生活水平全面提高，资源节约型、环境友好型社会建设取得重大进展。其中经济持续健康发展方面的目标具体是，转变经济发展方式取得重大进展，在发展平衡性、协调性、可持续性明显增强的基础上，实现国内生产总值和城乡居民人均收入比二〇一〇年翻一番。科技进步对经济增长的贡献率大幅上升，进入创新型国家行列。工业化基本实现，信息化水平大幅提升，城镇化质量明显提高，农业现代化和社会主义新农村建设成效显著，区域协调发展机制基本形成。对外开放水平进一步提高，国际竞争力明显增强。

党的十八大报告还强调，全面建成小康社会，必须以更大的政治勇气和智慧，不失时机深化重要领域改革，坚决破除一切妨碍科学发展的思想观念和体制机制弊端，构建系统完备、科学规范、运行有效的制度体系，使各方面制度更加成熟更加定型。在经济方面，党的十八大作出全面部署，提出要加快完善社会主义市场经济体制，完善公有制为主体、多种所有制经济共同发展的基本经济制度，完善按劳分配为主体、多种分配方式并存的分配制度，更大程度更广范围发挥市场在资源配置中的基础性作用，完善宏观调控体系，完善开放型经济体系，推动经济更有效率、更加公平、更可持续发展。

党的十八大肩负着全党全国各族人民的信任和期待，凝聚亿万人民的智慧和力量，开启了具有许多新的历史特点的伟大斗争，开启了共创中国人民和中华民族更加幸福美好未来的崭新征程。党的十八大以后，以习近平同志为核心的党中央，团结带领全党全国各族人民，高举中国特色社会主义伟大旗帜，锐意进取，攻坚克难，继往开来，全面建成小康社会、夺取中国特色社会主义新胜利展现出更加壮丽的前景，中国人民和中华民族的美好未来展现出更加灿烂的前景。

全面深化改革的决策部署

为进一步落实党的十八大提出的改革和发展任务，2013年11月，党的十八届三中全会召开。全会听取和讨论了习近平受中央政治局委托作的工作报告，审议通过了《中共中央关于全面深化改革若干重大问题的决定》。习近平就《决定（讨论稿）》向全会作了说明。党的十八届三中全会是全面深化改革的一次总部署、总动员，对推动中国特色社会主义事业产生了重大而深远的影响。

全会强调，全面深化改革，必须高举中国特色社会主义伟大旗帜，以马克思列宁主义、毛泽东思想、邓小平理论、"三个代表"重要思想、科学发展观为指导，坚定信心，凝聚共识，统筹谋划，协同推进，坚持社会主义市场经济改革方向，以促进社会公平正义、增进人民福祉为出发点和落脚点，进一步解放思想、解放和发展社会生产力、解放和增强社会活力，坚决破除各方面体制机制弊端，努力开拓中国特色社会主义事业更加广阔的前景。

全会指出，全面深化改革的总目标是完善和发展中国特色社会主义制度，推进国家治理体系和治理能力现代化。必须更加注重改革的系统性、整体性、协同性，加快发展社会主义市场经济、民主政治、先进文化、和谐社会、生态文明，让一切劳动、知识、技术、管理、资本的活力竞相迸发，让一切创造社会财富的源泉充分涌流，让发展成果更多更公平惠及全体人民。

全会指出，要紧紧围绕使市场在资源配置中起决定性作用深化经济体制改革，坚持和完善基本经济制度，加快完善现代市场体系、宏观调控体系、开放型经济体系，加快转变经济发展方式，加快建设创新型国家，推动经济更有效率、更加公平、更可持续发展；紧紧围绕坚持党的领导、人民当家作主、依法治国有机统一深化政治体制改革，加快推进社会主义民主政治制度化、规范化、程序化，建设社会主义法治国家，发展更加广泛、更加充分、更加健全的人民民主；紧紧围绕建设社会主义核心价值体系、社会主义文化强国深化文化体制改革，加快完善文化管理体制和文化生产经营机制，建立健全现代公共文化服务体系、现代文化市场体系，推动社会主义文化大发展大繁荣；紧紧围绕更好保障和改善民生、促进社会公平正义深化社会体制改革，改革收入分配制度，促进共同富裕，推进社会领域制度创新，推进基本公共服务均等化，加快形成科学有效的社会治理体制，确保社会既充满活力又和谐有序；紧紧围绕建设美丽中国深化生态文明体制改革，加快建立生态文明制度，健全国土空间开发、资源节约利用、生态环境保护的体制机制，推动形成人与自然和谐发展现代化建设新格局；紧紧围绕提高科学执政、民主执政、依法执政水平深化党的建设制度改革，加强民主集中制建设，完善党的领导体制和执政方式，保持党的先进性和纯洁性，为改革开放和社会主义现代化建设提供坚强政治保证。

全会指出，全面深化改革，必须立足于我国长期处于社会主义初级阶段这个最大实际，坚持发展仍是解决我国所有问题的关键这个重大战略判断，以经济建设为中心，发挥经济体制改革牵引作用，推动生产关系同生产力、上层建筑同经济基础相适应，推动经济社会持续健康发展。

全会强调，改革开放的成功实践为全面深化改革提供了重要经验，必须长期坚持。最重要的是，坚持党的领导，贯彻党的基本路线，不走封闭僵化的老路，不走改旗易帜的邪路，坚定走中国特色社会主义道路，始终确保改革正确方向；坚持解放思想、实事求是、与时俱进、求真务实，一切从实际出发，总结国内成功做法，借鉴国外有益经验，勇于推进理论和实践创新；坚持以人为本，尊重人民主体地位，发挥群众首创精神，紧紧依靠人民推动改革，促进人的全面发展；坚持正确处理改革发展稳定关系，胆子要大、步子要稳，加强顶层设计和摸着石头过河相结合，整体推进和重点突破相促进，提高改革决策科学性，广泛凝聚共识，形成改革合力。

全会要求，到2020年，在重要领域和关键环节改革上取得决定性成果，形成系统完备、科学规范、运行有效的制度体系，使各方面制度更加成熟更加定型。全会对全面深化改革作出系统部署，强调坚持和完善基本经济制度，加快完善现代市场体系，加快转变政府职能，深化财税体制改革，健全城乡发展一体化体制机制，构建开放型经济新体制，加强社会主义民主政治制度建设，推进法治中国建设，强化权力运行制约和监督体系，推进文化体制机制创新，推进社会事业改革创新，创新社会

治理体制,加快生态文明制度建设,深化国防和军队改革,加强和改善党对全面深化改革的领导。

全会对经济领域的改革问题作出系统部署。全会通过的《决定》明确提出,经济体制改革是全面深化改革的重点,核心问题是处理好政府和市场的关系,使市场在资源配置中起决定性作用和更好发挥政府作用。

围绕这一中心命题的,全会提出,公有制为主体、多种所有制经济共同发展的基本经济制度,是中国特色社会主义制度的重要支柱,也是社会主义市场经济体制的根基。公有制经济和非公有制经济都是社会主义市场经济的重要组成部分,都是我国经济社会发展的重要基础。必须毫不动摇巩固和发展公有制经济,坚持公有制主体地位,发挥国有经济主导作用,不断增强国有经济活力、控制力、影响力。必须毫不动摇鼓励、支持、引导非公有制经济发展,激发非公有制经济活力和创造力。要完善产权保护制度,积极发展混合所有制经济,推动国有企业完善现代企业制度,支持非公有制经济健康发展。

全会提出,建设统一开放、竞争有序的市场体系,是使市场在资源配置中起决定性作用的基础。必须加快形成企业自主经营、公平竞争,消费者自由选择、自主消费,商品和要素自由流动、平等交换的现代市场体系,着力清除市场壁垒,提高资源配置效率和公平性。要建立公平开放透明的市场规则,完善主要由市场决定价格的机制,建立城乡统一的建设用地市场,完善金融市场体系,深化科技体制改革。

全会提出,科学的宏观调控,有效的政府治理,是发挥社会主义市场经济体制优势的内在要求。必须切实转变政府职能,深化行政体制改革,创新行政管理方式,增强政府公信力和执行力,建设法治政府和服务型政府。要健全宏观调控体系,全面正确履行政府职能,优化政府组织结构,提高科学管理水平。

全会敏锐把握中国经济体制改革和发展的一个重要领域和关键环节,将财政税收方面的改革提高到一个突出位置。《决定》特别强调,财政是国家治理的基础和重要支柱，科学的财税体制是优化资源配置、维护市场统一、促进社会公平、实现国家长治久安的制度保障。必须完善立法、明确事权、改革税制、稳定税负、透明预算、提高效率，建立现代财政制度，发挥中央和地方两个积极性。要改进预算管理制度，完善税收制度，建立事权和支出责任相适应的制度。全会对财税体制的特别关注，符合国际经济史的一般规律，是一大理论和政策创新点，必将对今后的经济改革和发展产生历史性影响。

全会同时提出，城乡二元结构是制约城乡发展一体化的主要障碍。必须健全体制机制，形成以工促农、以城带乡、工农互惠、城乡一体的新型工农城乡关系，让广大农民平等参与现代化进程、共同分享现代化成果。要加快构建新型农业经营体系，赋予农民更多财产权利，推进城乡要素平等交换和公共资源均衡配置，完善城镇化健康发展体制机制。

全会还提出，适应经济全球化新形势，必须推动对内对外开放相互促进、引进来和走出去更好结合，促进国际国内要素有序自由流动、资源高效配置、市场深度融合，加快培育参与和引领国际经济合作竞争新优势，以开放促改革。要放宽投资准入，加快自由贸易区建设，扩大内陆沿边开放。

党的十八届三中全会体现出以习近平同志为核心的党中央治国理政的智慧。改革越深入，就越要触及深层问题、体制弊端，各个领域的改革越是相互影响、相互推动、相互制约。作为一个庞大复杂的系统工程，任何一项改革举措都会对其他改革产生影响，每一项改革又都需要其他改革协同配合。面对这种形势，全会强调全面深化改革是关系党和国家事业发展全局的重大战略部署，不是某个领域某个方面的单项改革，必须做到"六个紧紧围绕"。这一改革方式，体现出改革的系统性、整体性、协同性，体现出新一届领导人坚持改革的勇气和决心，高超的执政能力和非凡的理政智慧和"下好改革一盘棋"的宏观视野。

党的十八届三中全会引导着未来中国改革发展的方向。全面深化改

革绝非一哄而上,协同推进也不是齐头并进。基于这种认识,三中全会不仅阐明了全面深化改革的重大意义和未来方向,提出了全面深化改革的指导思想、目标任务、重大原则,更合理布局了深化改革的战略重点、优先顺序、主攻方向、工作机制、推进方式和时间表、路线图。从中不难看出,深化改革不仅要在经济领域充分发挥改革的牵引作用,而且要通过深化政治体制改革、文化体制改革、社会体制改革、生态文明体制改革、党的建设制度改革,让整体推进与重点突破相结合,通过抓住"牵一发而动全身"的重点领域和关键环节,由重点领域改革的"一子落",激发改革棋局的"全盘活"。

党的十八届三中全会反映了全体人民的共同心声。改革开放35年来,人民生活水平不断提高,对社会公平正义的要求愈加迫切。顺应这一时代发展的要求,全会强调要紧紧围绕更好保障和改善民生、促进社会公平正义深化社会体制改革,改革收入分配制度,促进共同富裕,推进社会领域制度创新,推进基本公共服务均等化,加快形成科学有效的社会治理体制,确保社会既充满活力又和谐有序。这些改革思路的目标指向,都是让改革成果更多更公平地惠及全体人民。

适应和引领经济发展新常态

"新常态"作为一个经济理论概念,与之前人们经常使用的经济发展"新阶段""新时期""新秩序"等概念,其含义不完全一致。在国际上,"新常态"最初是与经济衰退联系在一起的。早在2002年,"新常态"一词就已在西方媒体中出现,其经济含义主要是指无就业增长的经济复苏。在全球金融危机爆发之后,"新常态"旋即转变为刻画后危机时代全球经济新特征的专用名词。2009年,更有一些媒体和知名学者开始在危机之后的长期深度调整的意义上使用新常态概念。例如,2010年,太平洋投资管理公司(PIM-CO)CEO默罕默德·伊尔艾朗和著名经济学家克拉瑞达等人的研究报告和论文,使这一概念迅速传播开来,其经济含义主要是指无就业增长的经济复苏。在全球金融危机爆发之后，"新常态"旋即转变为刻画后危机时代全球经济新特征的专用名词，成为西方经济思想史上的一个重要创新。

在经济全球化的大背景下，中国不可避免地呈现出"新常态"这一概念所蕴含的普遍特征，同时又具有中国经济转型升级的独特阶段特征。从改革开放启动到2010年，中国经济保持了长达32年的持续高速增长，创造了世界经济增长奇迹。但2010年以后中国经济增速明显放缓，国内生产总值增长速度从2010年的10.4%下降到2011年的9.3%、2012年的7.7%、2013年的7.7%、2014年的7.4%、2015年的6.9%、2016年的6.7%、2017年上半年的6.9%。[1]同时，中国发展不平衡、不协调、不可持续问题突出，环境资源人口约束加强，传统比较优势弱化，在国际市场持续低迷和国内需求增速趋缓的情况下，部分产业供过于求矛盾日益凸显，传统制造业产能普遍过剩。中国经济表现出新的发展趋势。如何认识这个新趋势，将决定采取什么样的经济发展方略，关乎经济能否持续健康发展。

正是在这一时代背景下，2012年党的十八大确定到2020年"实现国内生产总值和城乡居民人均收入比二〇一〇年翻一番"的全面建成小康社会总体目标。在这一目标指引下，党中央对中国经济发展的重大问题展开了新的探索和深入思考。

党的十八大结束不久，习近平在广东考察工作时就指出："加快推进经济结构战略性调整都是大势所趋，刻不容缓。国际竞争历来就是时间和速度的竞争，谁动作快，谁就能抢占先机，掌控制高点和主动权；谁动作慢，谁就会丢失机会，被别人甩在后边。"[2]2012年底中央经济工作会议分析了我国战略机遇期在国际环境方面的内涵和条件等具体变化，

---

① 闫茂旭：《新时期的"一体两翼"：十八大以来中共经济思想新发展》，《北京党史》2017年第5期。

② 中共中央文献研究室编：《习近平关于社会主义经济建设论述摘编》，中央文献出版社2017年版，第73页。

指出"我们面临的机遇，不再是简单纳入全球分工体系、扩大出口、加快投资的传统机遇，而是倒逼我们扩大内需、提高创新能力、促进经济发展方式转变的新机遇"①。

针对一些人提出的中国经济会不会"硬着陆"、中国经济能不能持续健康发展、中国又将如何应对等质疑和担忧，习近平作了及时回应。他指出："中国经济基本面是好的，经济增长及其他主要经济指标保持在预期目标之内，一切都在预料之中，没有什么意外发生。"②"支撑中国经济发展的内生因素很充分。我们对中国经济保持持续健康发展抱有信心。中国不会落入所谓中等收入国家陷阱。"③他同时指出："虽然国际经济形势依然错综复杂、充满变数，但我国发展仍然具备难得的机遇和有利条件，同时我国发展仍面临不少风险和挑战，不平衡、不协调、不可持续问题依然突出，有些还相当尖锐。我们要保持清醒头脑，增强忧患意识，深入分析问题背后的原因，因势利导，顺势而为，紧紧抓住并切实用好我国发展的重要战略机遇期。"④

仍然处于发展重要战略机遇期，但是又面对产能严重过剩和持续经济下行压力的中国经济，处在什么样的发展阶段，发生了什么样的新变化？在科学分析中国经济发展阶段性特征的基础上，习近平和中共中央对中国经济发展形势的新概括、新判断逐步酝酿形成。2013年10月，习近平在出席亚太经合组织工商领导人峰会时，概述了当前中国经济发展的主要特点，强调"中国经济已经进入新的发展阶段，正在进行深刻的方式转变和结构调整"⑤。2013年底中央经济工作会议作出中国经济

---

① 《人民日报》2012年12月17日。

② 《习近平谈治国理政》，外文出版社2014年版，第345页。

③ 《人民日报》2013年11月3日。

④ 中共中央文献研究室编：《习近平关于社会主义经济建设论述摘编》，中央文献出版社2017年版，第3页。

⑤ 中共中央文献研究室编：《习近平关于全面深化改革论述摘编》，中央文献出版社2014年版，第39页。

正处于"经济增长速度换挡期、结构调整阵痛期、前期刺激政策消化期'三期叠加'"特定状况的重要判断。①2014年5月，习近平在河南考察工作时首次使用了"新常态"的概念。他指出："我们要增强信心，从当前我国经济发展的阶段性特征出发，适应新常态，保持战略上的平常心态。"②同年7月29日，在中央召开的党外人士座谈会上，习近平问计当前经济形势，又一次提到新常态，强调："正确认识我国经济发展的阶段性特征，进一步增强信心，适应新常态，共同推动经济持续健康发展。"③

从对中国发展重要战略机遇期的战略判断，到对中国发展阶段性新特点、新变化的准确把握，再到经济发展新常态的提出，可以清楚地看到，中央作出经济发展进入新常态的战略判断，是符合国际经济形势和国内经济实际的。它不是对中国经济发展增速下降的简单诠释，而是对中国经济发展阶段性新的历史定位。对此，习近平强调："我们提出要准确把握、主动适应经济发展新常态，就是适应国际国内环境变化、辩证分析我国经济发展阶段性特征作出的判断。准确把握我国不同发展阶段的新变化新特点，使主观世界更好符合客观实际，按照实际决定工作方针，这是我们必须牢牢记住的工作方法。"④

经济发展新常态甫一提出，就引起了社会的普遍关注。但是经济发展新常态的"新"在哪里、又是如何形成的？对此，各种理解众说纷纭。2014年11月，在亚太经合组织工商领导人峰会开幕式上，习近平分析了中国经济发展新常态三个方面的特点："一是从高速增长转为中高速增长。二是经济结构不断优化升级，第三产业、消费需求逐步成为主体，城乡区域差距逐步缩小，居民收入占比上升，发展成果惠及更广大民众。

---

① 参见中共中央文献研究室编：《习近平关于社会主义经济建设论述摘编》，中央文献出版社2017年版，第73页。

② 中共中央文献研究室编：《习近平关于社会主义经济建设论述摘编》，中央文献出版社2017年版，第73页。

③ 《人民日报》2014年7月30日。

④ 《人民日报》2015年1月25日。

三是从要素驱动、投资驱动转向创新驱动。"①在此基础上,2014年12月中央经济工作会议对经济发展新常态作出了全面系统的阐述。会议分析了中国经济在消费需求、投资需求、出口和国际收支、生产能力和产业组织方式、生产要素相对优势、市场竞争特点、资源环境约束、经济风险积累和化解、资源配置模式和宏观调控方式等九个方面的趋势性变化,作出中国经济正在向形态更高级、分工更复杂、结构更合理的阶段演化的重要判断,得出新常态下中国经济发展正在发生"四个转向"的重要结论,即:"增长速度正从百分之十左右的高速增长转向百分之七左右的中高速增长,经济发展方式正从规模速度型粗放增长转向质量效率型集约增长,经济结构正从增量扩能为主转向调整存量、做优增量并存的深度调整,经济发展动力正从传统增长点转向新的增长点"②。"九个趋势性变化""一个阶段演化"和"四个转向",准确定义了中国经济发展形成的长期性、趋势性、规律性的新特征,深刻揭示了中国经济在形态、结构、动力等方面的历史性变化,指明了中国经济的未来发展方向。习近平在这次会议上总结指出:"我国经济发展进入新常态,是我国经济发展阶段性特征的必然反映,是不以人的意志为转移的。认识新常态、适应新常态、引领新常态,是当前和今后一个时期我国经济发展的大逻辑。"③至此,新常态上升为中国目前及未来一段时期经济发展战略的逻辑起点。

显然,新常态概念在国内和国外基本上是相对独立形成的。中国的新常态更应该看作是以习近平同志为核心的党中央特别是习近平本人的创造性转化。如果说全球新常态是对未来世界经济趋势的一种悲观认

① 中共中央文献研究室编:《习近平关于社会主义经济建设论述摘编》,中央文献出版社2017年版,第74页。

② 中共中央文献研究室编:《十八大以来重要文献选编》(中),中央文献出版社2016年版,第245页。

③ 中共中央文献研究室编:《十八大以来重要文献选编》(中),中央文献出版社2016年版,第245页。

识，那么，中国新常态则蕴含着经济朝向更高、更先进阶段演化的积极内容。

全球新常态与中国新常态有着共同的经济基础，国内外的经济学家、政治家和商界领袖们都清醒地认识到，自本轮全球危机以后，全球经济的发展，包括构成"全球"的各个国家的经济发展，自然也包括中国在内，均进入一个新的发展时期。但它们之间的区别也十分明显。在国际上，新常态更多地是被动反映自20世纪80年代以来的经济增长之长周期的阶段转换，其隐含的意蕴，如果不是消极的，至少也是无可奈何的。在中国则不然，新常态构成面向未来更高发展目标的发展规划，它不仅分析了中国经济转型的必要性，而且明确指出了中国经济转型发展的方向以及动力结构。

"新常态"是一个具有历史穿透力的战略概念，一个"新"字，将20世纪80年代中后期以来的全球经济发展划分出存在系统性差别的两个不同时期。就外在特征而言，两个时期的经济增长率存在高低之别，自然地，与之内恰的宏观经济变量，诸如就业、物价、利率、汇率、国际收支、财政收支、货币供求等，均呈现不同的水平。就内在根源而论，支持经济长期发展的实体基础，诸如科技创新及其产业化水平、人口结构、要素供给效率、储蓄与投资关系，以及储蓄投资均衡状态下的真实利率水平等，都彰显出不同的性状。"新常态"的概念提醒人们，旧常态的辉煌或许值得留恋，但是，在大概率上它已经不能回归。因此，面向未来，人们必须全面调整理念、心态、战略和政策，主动适应新常态，学会在新常态下生产和生活，并积极引领新常态向着国家设定的更高目标发展。

毫无疑问，新常态蕴含着新动力。发现、挖掘并运用好这些动力，需要对旧常态下习以为常的发展方式进行革命性调整，必须对已被旧常态扭曲的经济结构进行壮士断腕式改革，必须以高度的智慧引领新常态。这也意味着，改革成为新常态下的经常性任务。鉴于新常态事实上是一个全球性现象，我们可以合乎逻辑地认为，2008年金融危机之后，全球已经进入一个"改革竞争期"。这意味着，对改革的紧迫性、艰巨性及多样性认识得最深刻、策略最完备、决心最大、绩效最明显的国家，将会在未来的全球竞争中抢占先机。毫无疑问，这一次，中国再次走在世界前沿。2013年10月召开的党的十八届三中全会，对全面深化改革作了总部署、总动员。全会通过的《中共中央关于全面深化改革若干重大问题的决定》，明确提出全面深化改革的重点是经济体制改革，核心问题是处理好政府和市场的关系，使市场在资源配置中起决定性作用和更好发挥政府作用。这就为中国经济在新常态下的持续健康发展这"一体"，指明了发展的路径，也就是发挥市场作用和政府作用，实现"两翼齐飞"。

发挥市场的决定性作用

使市场在资源配置中起决定性作用和更好发挥政府作用，是"我们党在理论和实践上的又一重大推进"[①]。从历史的脉络看，中国经济体制改革始终是围绕着如何处理好政府和市场关系展开的。囿于计划经济是社会主义经济制度一个本质特征的传统认识，中国的经济体制改革，不得不起始于对计划经济体制的修修补补：试图把高度的中央集权的计划经济体制，改革为中央与地方分权的计划经济体制；把单一的指令性计划改革为指令性与指导性相结合的计划。

然而，单纯的计划经济体制改革，并不足以消除现实生产关系中阻碍社会生产力发展和扭曲资源配置的各个环节。为此，党的十二大报告明确指出："正确贯彻计划经济为主、市场调节为辅的原则，是经济体制改革中的一个根本性的问题。"在这一思想指导下，经济生活中很快引入计划和市场并行的"价格双轨制"。当现实中的"市场轨"与"计划轨"旗鼓相当时，理论界就出现了"计划经济与市场调节相结合"的提法。

[①]　中共中央文献研究室编：《十八大以来重要文献选编》（上），中央文献出版社2014年版，第551页。

而当市场在配置资源中的作用逐步超过计划时，1984年《中共中央关于经济体制改革的决定》便第一次明确提出：社会主义经济"是在公有制基础上的有计划的商品经济"。这是一次认识上的飞跃，商品经济成了主词，而"计划"则由主词变成了商品经济的形容词。经过多年的经济改革和发展，也经过几番理论争论，1992年初，邓小平在南方谈话中明确指出，"计划多一点还是市场多一点，不是社会主义与资本主义的本质区别。计划经济不等于社会主义，资本主义也有计划；市场经济不等于资本主义，社会主义也有市场。计划和市场都是经济手段。"[①]这就解决了人们思想上的一个禁锢。在此基础上，党的十四大明确"我国经济体制改革的目标是建立社会主义市场经济体制"。一年后的党的十四届三中全会，通过《关于建立社会主义市场经济体制若干问题的决定》，构建起建立社会主义市场经济体制的政策体系，实现了对传统计划经济思想的根本突破。

此后经过20多年实践，中国社会主义市场经济体制初步建立起来。但是这一体制并不完善，不仅生产要素市场发展滞后，即使是产品市场也因某些行政垄断而存在不公平竞争。有鉴于此，党的十四大之后党的历届全国代表大会都对市场作用作出逐步升级的强调：党的十五大提出"使市场在国家宏观调控下对资源配置起基础性作用"，党的十六大提出"在更大程度上发挥市场在资源配置中的基础性作用"，党的十七大提出"从制度上更好发挥市场在资源配置中的基础性作用"，党的十八大提出"更大程度更广范围发挥市场在资源配置中的基础性作用"。正是在上述有关市场和政府关系的认识不断深化的基础上，党的十八届三中全会把市场在资源配置中的"基础性作用"修改为"决定性作用"。虽然只有两字之差，却反映了新一届党中央对市场经济的认识产生了一个质的飞跃。

---

① 　《邓小平文选》第3卷，人民出版社1993年版，第373页。

市场对资源配置起决定性作用,意味着凡是依靠市场机制能够带来较高效率和效益,并且不会损害社会公平和正义的,都要交给市场,政府和社会组织不要干预。各个市场主体在遵从市场规则范围内,根据市场价格信号,通过技术进步、管理、创新,来努力提高产品和服务质量,降低成本,在公平的市场竞争中求生存求发展,优胜劣汰。完善的社会主义市场经济体制是使市场在资源配置中起决定性作用的制度保障。这就要求我们必须积极稳妥地从广度和深度上推进市场化改革,大幅度减少政府对资源的直接配置,推动资源依据市场规则、市场价格、市场竞争实现效益最大化和效率最优化。新常态下,由于经济增长动力的转换,市场在配置资源中的决定性作用显得愈发紧迫,需要从广度上和深度上深化改革,在解决影响市场起决定性作用的深层次问题上着力,努力构建有利于市场经济发展的市场规则、法律体系、社会环境。这些都在党的十八大以来中国共产党领导经济改革和发展实践中得到推进和落实。

第一,通过全面深化改革释放市场活力。习近平指出:要适应和引领新常态,就要"更加注重使市场在资源配置中起决定性作用","要重视和善于激发微观主体活力"[1]。党的十八大以来,《关于深化国有企业改革的指导意见》《关于全面深化农村改革加快推进农业现代化的若干意见》《深化财税体制改革总体方案》等关系改革发展全局的一系列重大举措制定出台。利率、汇率市场化的改革力度增大,一些重要领域和关键环节取得新进展。混合所有制经济被正式确立为社会主义基本经济制度的重要实现形式,为非公经济的发展开辟了更广阔的空间,也为国有资本放大功能、保值增值,增强国有经济的竞争力、影响力开辟了有效途径。新一届政府加快职能转变,加快推进简政放权,以"放管服"改革为突破口激发市场主体活力。着力推进简政放权、放管结合、优

---

[1]　中共中央文献研究室编:《习近平关于社会主义经济建设论述摘编》,中央文献出版社2017年版,第94页。

化服务改革，截至2017年上半年已经取消和下放618项国务院部门行政审批事项，清理规范323项国务院部门行政审批中介服务事项、434项职业资格许可认定事项，中央层面累计取消、停征、减免收费543项，核准的企业投资项目累计削减90%。价格改革稳步开展，市场定价范围大幅扩大，2014年以来放开了约80项商品和服务政府定价，截至2016年底，市场形成的商品和服务价格比重提升至97%左右。输配电价改革实现全覆盖，占消费总量80%以上的非居民用气门站价格主要由市场主导形成。农产品、成品油、天然气、电力、铁路、医药等重点领域价格机制市场化改革也迈出关键步伐。

第二，通过供给侧结构性改革优化市场结构。习近平指出："推进供给侧结构性改革，是适应和引领经济发展新常态的重大创新，是适应我国经济发展新常态的必然要求。""提高发展质量和效益，关键是要加快转变经济发展方式、调整经济结构，采取果断措施化解产能过剩，这是唯一正确的选择。""在适度扩大总需求的同时，着力加强供给侧结构性改革，着力提高供给体系质量和效率，增强经济持续增长动力，推动我国社会生产力水平实现整体跃升。"[1]面对实体经济结构性失衡、金融和实体经济失衡、房地产和实体经济失衡三大结构性失衡问题，党和国家坚持向结构优化找出路，在供给侧上下功夫。国家出台去产能、去库存、去杠杆、降成本、补短板等方面的指导性文件，推动"三去一降一补"取得实效。2016年退出钢铁和煤炭产能分别超过6500万吨和2.9亿吨，2017年第一季度全国规模以上工业产能利用率提高到75.8%。2016年全年降低实体经济企业成本超过1万亿元，市场化银行债权转股权有序启动，关键领域和薄弱环节补短板力度进一步加大。[2]这些举措

---

[1]　中共中央文献研究室编：《习近平关于社会主义经济建设论述摘编》，中央文献出版社2017年版，第94、86、87页。

[2]　闫茂旭：《新时期的"一体两翼"：十八大以来中共经济思想新发展》，《北京党史》2017年第5期。

有效改善了供求关系和市场预期，促进了产业转型升级和供给质量提升，化解了诸多结构性矛盾，防范和缓释了风险隐患，加快了经济结构优化和新旧动能接续转换。

第三，通过实施创新驱动发展战略增强发展内生动力。习近平指出："适应和引领经济发展新常态，推进供给侧结构性改革，根本要靠创新。""改革开放这三十多年，我们更多依靠资源、资本、劳动力等要素投入支撑了经济快速增长和规模扩张。改革开放发展到今天，这些要素条件发生了很大变化，再要像过去那样以这些要素投入为主来发展，既没有当初那样的条件，也是资源环境难以承受的。我们必须加快从要素驱动发展为主向创新驱动发展转变，发挥科技创新的引领作用。"①党的十八大以来，党和国家出台了《中共中央国务院关于深化体制机制改革加快实施创新驱动发展战略的若干意见》《国家创新驱动发展战略纲要》《中国制造2025》《关于大力推进大众创业万众创新若干政策措施的意见》《关于积极推进"互联网+"行动的指导意见》《关于加快科技服务业发展的若干意见》等政策文件，为创新驱动发展"开路"和"助力"。加强信息基础设施建设、发展现代服务业等措施相继实施。8个区域全面创新改革试验和28个国家双创示范基地建设全面推进，移动互联网、集成电路、高端装备制造、新能源汽车等战略性新兴产业加快发展，互联网金融、电子商务、物流快递等新技术新产业新业态新模式蓬勃发展，创新对发展的支撑作用明显增强。全国创业浪潮喷涌而起，新登记企业呈现井喷式增长，文化创意产业蓬勃发展。2015年上半年，中国第三产业增加值同比增长8.4%，占国内生产总值的比重为49.5%。消费对经济增长的贡献率为60%，比上年同期提高5.7个百分点。②

---

① 中共中央文献研究室编：《习近平关于社会主义经济建设论述摘编》，中央文献出版社2017年版，第154、125页。
② 闫茂旭：《新时期的"一体两翼"：十八大以来中共经济思想新发展》，《北京党史》2017年第5期。

第四，通过扩大开放提升中国经济在国际市场上的竞争力。习近平指出："经过三十多年的改革开放，我国经济正在实行从引进来到引进来和走出去并重的重大转变，已经出现了市场、资源能源、投资'三头'对外深度融合的新局面。只有坚持对外开放，深度融入世界经济，才能实现可持续发展。""我们需要更多利用国际资源。我国产能过剩的现实矛盾也需要向国外转移和依靠国际市场消化。"[①]党的十八大以来，中国积极构建开放型经济新体制，加快实施新一轮高水平对外开放。在设立中国（上海）自由贸易试验区的基础上，又新增了广东、天津、福建自由贸易试验区，为新时期改革开放培育了新的试验田。国家颁布《关于加快培育外贸竞争新优势的若干意见》，为推动外贸由"大进大出"转向"优进优出"、提升中国对外贸易国际竞争力提出明确思路。同时，积极推动"一带一路"建设，开展国际产能合作，为企业打开国际市场牵线搭桥。互联互通取得新进展，中欧班列累计开行超过3500列，一批海外重大项目在民间资本的参与下有序推进，带动中国装备、技术、标准、服务走出去。国务院出台吸引外资20条措施，95%以上的外商投资项目由核准改为备案管理，《外商投资产业指导目录》和《中西部地区外商投资优势产业目录》修订实施，98%以上的境外投资项目改为网上备案。

这一系列的改革和发展实践，使市场在资源配置中起决定性作用的思想得到切实落实。市场活力和创新动力持续释放，对新常态下稳增长、调结构发挥了重要作用。"放管服"向纵深推进，市场准入负面清单制度、商事制度改革、国有企业改革、混合所有制改革、投融资体制改革、价格改革、社会信用体系建设、科技体制改革等一系列举措实施，为市场主体减负助力，改善了公平竞争市场环境，促进了产业转型升级，激发了社会创新创业热情，增强了经济发展内生动力。这些措施催生的发展新动能有效冲抵了传统动能减弱带来的影响。市场主体连续几年大幅

---

① 中共中央文献研究室编：《习近平关于社会主义经济建设论述摘编》，中央文献出版社2017年版，第290、288页。

增长，2016年日均新设市场主体4.5万户，日均新设企业1.5万户，企业活跃度保持在70%左右。[①]社会主义市场经济体制不断完善，发展社会主义市场经济的"四梁八柱"主体框架基本确立下来。

更好发挥政府作用

政府这只"看得见的手"自出世以来，就与人类社会的经济发展相伴随。从经济自身的发展规律来说，任何社会形态或者经济体的经济运行都不是经济本身的自运行，它必然同人类社会的其他因素尤其是政治因素相联系。随着经济运行技术和方式愈发复杂，这种联系愈发紧密。在现代经济体系中，我们已经看不到没有政府等政治组织施加影响的经济。换言之，现代市场经济必然是政府发挥作用的经济，完全自由放任或"无政府主义"的经济发展模式注定是"乌托邦"。

中国共产党对于政府在经济发展中作用的认识和实践，走过了一段曲折历程。受马克思主义经典作家的认识所限，政府包办包括经济领域在内的一切事务，被视作社会主义制度的重要特征。虽然中国共产党从探索建设社会主义道路伊始就认识到这一特征的局限性，但囿于新中国成立初期中国经济的薄弱基础和重工业优先发展战略的实行以及苏联经验的影响，政府包办一切经济社会事务的计划体制还是在中国建立起来。

在这种体制下，国家对经济活动采取直接指令性行政管理。中央政府成为经济运行中的核心主体，而企业由于只执行既定的生产计划而成为中央或地方政府的附属物。国家通过组建专门的经济计划部门制定发展计划，并对企业通过指标、计划参数、实际评价等实行全面的控制，而企业的绩效则完全表现在对计划的完成和政府管理部门的偏好。高度计划指令经济要求对经济运行的方方面面都要做出细致的计划，

---

① 闫茂旭：《新时期的"一体两翼"：十八大以来中共经济思想新发展》，《北京党史》2017年第5期。

但由于信息问题，导致计划多具有刚性而缺乏灵活性。政府不仅要负责宏观方面的资源配置，甚至对微观的企业和个人的收入和支出都作出计划，以实现资源在微观主体间的配置。这就导致在政府之外并不存在实际的微观经济主体，经济决策权力高度集中在中央和省级的党政领导机构，企业和民众个人、立法和司法机构以及下级党政部门没有决策权。再后来，随着党内政治生活发生偏差，决策更加集中于个别领导人手中，导致急于求成的指导思想和不规范的个人决策左右集体决策而引发一系列决策失误，严重损害了国民经济的正常运行。在20余年时间里，计划经济体制虽然充分发挥集中力量办大事的优势，在"一穷二白"的起跑线上取得了巨大的建设成就，奠定了中国工业化的坚实基础，显现出自身应有的历史价值；但是随着计划经济体制模式的日益僵化，这种体制的弊端和对经济的破坏性越来越显现出来，不得不进行体制改革。

在计划体制下，政府对经济发展的作用得到超越正常范畴的发挥，虽然对经济发展起到了一定程度上的积极作用，但也造成了资源配置的长期严重不合理。正是因为这样，中国在改革开放之初就将改革的着力点放在限制政府对经济的管理权、扩大企业自主权上。随着经济体制改革的深入推进，政府对经济发展的作用越来越退缩和弱化。当这种退缩和弱化达到一定程度之后，对国民经济同样带来了损害。最典型的就是20世纪80年代中后期，以价格"闯关"为代表的向市场完全放手的改革举措，引发了严重的通货膨胀和经济秩序混乱。此后，随着社会主义市场经济体制目标的确立，政府对于经济发展的作用再次被重视起来。这种重视在20世纪90年代中后期和本世纪初的几次经济波动中起到了极为重要的作用。

在新常态下，在让市场在资源配置中起决定性作用的条件下，又当如何认识和看待政府作用？对此，中国共产党作出明确回答：让市场在资源配置中起决定性作用，并非完全排除政府作用，相反是要更好地发挥政府作用。习近平指出："我国实行的是社会主义市场经济体制，我们

仍然要坚持发挥我国社会主义制度的优越性、发挥党和政府的积极作用。市场在资源配置中起决定性作用,并不是起全部作用","科学的宏观调控,有效的社会治理,是发挥社会主义市场经济体制优势的内在要求"。①

事实上,不仅社会主义市场经济体制需要更好发挥政府作用,即使在完全市场经济中,无论是在资源配置中起决定性作用的产品市场还是任何其他要素市场,都不是万能的,也不是完美无缺的,垄断势力、信息不对称以及外部性等因素的存在都会导致市场失灵,而在市场这只"看不见的手"失灵的情况下,就需要政府这只"看得见的手"出手相助。一般而言,政府应当发挥的作用包括:搞好宏观调控,保持宏观经济稳定运行,防止大起大落;加强市场监管,维护市场公平竞争秩序,政府主要是裁判员而不是运动员,即使对国有企业也要实行政企分开政资分开;加强社会治理,做好公共服务,促进社会和谐和进步等。

在当代中国,广义上的政府还包括执政的中国共产党,因为中国共产党是中国特色社会主义事业的领导核心,也是中国经济建设的领导核心。党对于经济改革和发展的领导作用是政府作用的重要组成部分。所以,政府在中国经济发展中的作用,除了上述几项内容之外,还包括党对于经济社会发展理念、发展目标、发展方向、发展道路的确定以及发展战略和规划的制定等。

有了历史上的经验教训和思想上的明确指导,党的十八大以来,政府对于经济发展的作用发挥得准确而有力。

第一,提出和实施新发展理念,提高经济发展质量。中央提出,"要把有质量、有效益的发展作为发展是硬道理战略思想的内在要求"②的新理念,认为"我国发展必须保持一定速度,不然很多问题难以解决。

① 中共中央文献研究室编:《习近平关于社会主义经济建设论述摘编》,中央文献出版社2017年版,第53、60—61页。

② 《人民日报》2015年5月1日。

同时，发展必须是遵循经济规律的科学发展，必须是遵循自然规律的可持续发展，必须是遵循社会规律的包容性发展"①。习近平认为，适应和引领中国经济发展新常态，关键是要依靠科技创新转换发展动力。他提出"创新是引领发展的第一动力。抓创新就是抓发展，谋创新就是谋未来"②的新思想。习近平认为，我国经济发展进入新常态，更加需要扩大对外开放，建设开放型经济新体制。他强调，在参与国际经贸规则制定和争取全球经济治理制度性权力中，"我们不能当旁观者、跟随者，而是要做参与者、引领者"，"在国际规则制定中发出更多中国声音、注入更多中国元素，维护和拓展我国发展利益"③。习近平指出："国家建设是全体人民共同的事业，国家发展过程也是全体人民共享成果的过程"，"要始终实现好、维护好、发展好最广大人民根本利益，让改革发展成果更多更公平惠及人民"④。他还强调，"协调发展、绿色发展既是理念又是举措，务必政策到位、落实到位"⑤。2015年10月，党的十八届五中全会把这些发展思想总结归纳为创新、协调、绿色、开放、共享五大发展理念，并写入全会通过的《中共中央关于制定国民经济和社会发展第十三个五年规划的建议》中。

第二，提出和落实以人民为中心的发展思想，提升人民生活水平。习近平指出："人民对美好生活的向往，就是我们的奋斗目标"⑥，"坚持以人民为中心的发展思想，把增进人民福祉、促进人的全面发展、朝着共同富裕方向稳步前进作为经济发展的出发点和落脚点。这一点，我们

---

① 《人民日报》2014年7月30日。

② 《人民日报》2015年3月6日。

③ 《人民日报》2014年12月7日。

④ 《习近平关于协调推进"四个全面"战略布局论述摘编》，中央文献出版社2015年版，第88页。

⑤ 《人民日报》2015年5月29日。

⑥ 中共中央文献研究室编：《十八大以来重要文献选编》（上），中央文献出版社2014年版，第70页。

任何时候都不能忘记,部署经济工作、制定经济政策、推动经济发展都要牢牢坚持这个根本立场"①。党的十八大以来,党和政府注重统筹民生改善与经济发展,着力补齐民生领域短板。印发实施"十三五"脱贫攻坚规划,编制出台全国"十三五"易地扶贫搬迁规划,在22个省(区、市)全面启动易地扶贫搬迁工程,开展贫困地区水电矿产资源资产收益扶贫改革试点,加大以工代赈投入力度,推动东西部扶贫协作,大力推动精准扶贫、精准脱贫,全面打响脱贫攻坚战。按照每人每年2300元(2010年不变价)的农村贫困标准计算,2016年农村贫困人口4335万人,比2012年减少5564万人,平均每年减贫近1400万人;贫困发生率下降到4.5%,比2012年下降5.7个百分点。2016年,贫困地区农村居民人均可支配收入8452元,比全国农村居民收入年均增速快2.7个百分点。②人民群众从经济发展中有了更多的获得感、幸福感。

第三,坚持稳中求进工作总基调,实施科学精准宏观调控,确保经济形势缓中趋稳、稳中向好。习近平指出:"稳中求进工作总基调是我们治国理政的重要原则,也是做好经济工作的方法论。""'稳'和'进'要相互促进,经济社会平稳,才能为调整经济结构和深化改革开放创造稳定宏观环境;调整经济结构和深化改革开放取得实质性进展,才能为经济社会平稳运行创造良好预期。"③党的十八大以来,党和政府针对经济运行的不断变化,在区间调控基础上加大定向调控和相机调控的力度,多次采用"定向降准+降息"的组合方式,主动实施减税降费,努力把握好保持适度流动性与防范化解金融风险的平衡。国民经济主要宏观指标表现良好,就业增加,物价稳定,城乡居民收入稳步增长,生态

---

① 中共中央文献研究室编:《习近平关于社会主义经济建设论述摘编》,中央文献出版社2017年版,第31页。

② 闫茂旭:《新时期的"一体两翼":十八大以来中共经济思想新发展》,《北京党史》2017年第5期。

③ 中共中央文献研究室编:《习近平关于社会主义经济建设论述摘编》,中央文献出版社2017年版,第332页。

环境有效改善，经济运行保持在合理区间。同时，财税、金融等宏观经济管理体制改革获得重要进展。新修订的预算法正式实施，深化预算管理制度改革的决定出台，基本搭建起现代预算管理制度主体框架。政府预算体系进一步完善，多项基金由政府性基金预算转列一般公共预算，中央国有资本经营预算调入一般公共预算比例达到19%，地方政府债务分类纳入预算管理。税收制度改革实现突破，营改增从2016年5月1日起在全国全面推开，2016年通过营改增为企业减税超过5700亿元。利率汇率市场化改革加快，利率管制基本放开，明确了"收盘汇率+一篮子货币汇率变化"的人民币对美元汇率中间价形成机制，市场在汇率形成中的决定性作用明显增强，人民币正式纳入国际货币基金组织特别提款权货币篮子。股票市场沪港通、深港通开通，新三板市场建设加快，截至2017年4月底，挂牌企业达11113家、总市值44266亿元，有效拓展了中小微企业融资渠道。[1]

第四，编制实施"十三五"规划，加快形成新的增长极、增长带，促进经济按规划有序、协同发展。习近平指出："要通过改革创新打破地区封锁和利益藩篱，全面提高资源配置效率。""政府要在宣传推介、加强协调、建立机制等方面发挥主导性作用。"[2]党和政府在全面评估"十二五"规划实施情况的前提下，高标准编制完成"十三五"规划，并在此基础上编制完成22个重点专项规划。编制实施京津冀协同发展规划纲要和京津冀"十三五"规划，稳步推进北京非首都功能疏解，加快推动北京城市副中心规划建设，有序推进雄安新区规划建设，有效推进京津冀协同发展。加快长江经济带发展步伐，不搞大开发，推进绿色生态走廊建设，全面建立覆盖全流域的长江经济带省际协商合作机制。加

---

① 闫茂旭：《新时期的"一体两翼"：十八大以来中共经济思想新发展》，《北京党史》2017年第5期。

② 中共中央文献研究室编：《习近平关于社会主义经济建设论述摘编》，中央文献出版社2017年版，第260、271页。

快新一轮西部大开发，出台实施新一轮东北振兴战略和若干重大政策举措，明确中部地区"一中心、四区"重要战略定位，支持东部地区转型升级、开放创新、陆海统筹。积极推进国家级新区、开发区、产业承接转移示范区、临空经济示范区、产城融合示范区、海洋经济示范区等重要功能平台建设，引导要素集聚。扎实推进以人的城镇化为核心的新型城镇化，加快农业转移人口市民化步伐，发展长三角、长江中游、成渝、哈长、中原等城市群，加快建设粤港澳大湾区城市群，推进国家中心城市建设。有序开展新生中小城市和特色小（城）镇培育，国家新型城镇化综合试点范围扩大到246个城市（镇）。

第五，全面提高党领导经济工作水平。新常态思想的提出，为我们提供了一把认识中国经济未来发展的钥匙，也给中国共产党领导经济工作提出了新要求、新任务、新挑战。习近平指出："我们党是执政党，抓好经济工作责无旁贷、义不容辞。""能不能驾驭好世界第二大经济体，能不能保持经济社会持续健康发展，从根本上讲取决于党在经济社会发展中的领导核心作用发挥得好不好。"[1]根据全面从严治党的战略部署，中央要求"党领导经济工作的观念、体制、方式方法也要与时俱进"[2]，"要摆脱旧的路径依赖，掌握认识发展趋势和准确分析经济形势、营造良好市场环境"[3]等新本领，要"更加注重按'三严三实'要求做好经济工作，精准分析和深入判断经济发展趋向、基本特征和各方面影响，提高政策质量和可操作性，扎扎实实把事情办好"[4]。加强党的建设推动经济发展，是中国共产党新时期以来的重要历史经验。中国经济自改革开放以来持续高速增长，这其中固然有各种经济要素的作用，但与相对短缺的自然资源、资金资源、技术创新能力和产权保护等制度

---

[1] 中共中央文献研究室编：《习近平关于社会主义经济建设论述摘编》，中央文献出版社2017年版，第321—322、325页。

[2] 《人民日报》2014年12月12日。

[3] 《人民日报》2015年5月1日。

[4] 《人民日报》2015年7月31日。

安排相比，"人"的因素显然更为重要。"人"既包括企业家、劳动者等经济活动的直接个体，也包括作为经济建设领导者和管理者的各级党政干部等间接个体。中国的经济建设以及社会主义市场经济体制，都是在中国共产党的设计和领导之下建立和发展的，间接个体的重要性在宏观领域要比直接个体更大。这些间接个体赖以发挥作用的平台和活动规范，就是党的自身建设。新常态条件下，经济发展需要从传统增长动能转向新的增长动能，各级领导干部推动经济增长的动力受到了阻滞和挑战，为官不为、不敢为、不会为的现象在很多领域滋生蔓延。党的十八大以来，中央通过全面从严治党，使党员干部进一步认清为政之道和成事之要，打造出新的干部激励机制和容错、纠错的保护机制，推动形成担事、干事、成事的完整制度闭环。同时，通过强有力的党风廉政建设和反腐败斗争，以风清气正的政治环境为经济发展保驾护航。

从经济思想史的角度看，党的十八大以来党的经济思想创新之处非常多，而适应和引领经济发展新常态，促进经济持续健康发展这"一体"，以及使市场在资源配置中起决定性作用和更好发挥政府作用这"两翼"，可以说是最为深刻和基础的思想元素。如果说20世纪50年代的"一体两翼"的历史意义在于建立中国社会主义基本经济制度，那么，党的十八大以来的"一体两翼"的历史意义则在于开辟了新的历史条件下中国特色社会主义经济建设道路。显然，这一思想体系必将在中国共产党的经济思想发展史上占有非凡的历史地位。

这其中，新常态是中国经济最大的实际，对于新常态的认识更是一个深邃的思想过程。习近平指出："我国经济发展已经进入新常态，如何适应和引领新常态，我们的认识和实践刚刚起步，有的方面还没有破题，需要广泛探索。"[①]这种探索注定是要贯穿中国共产党领导中国特色社会主义经济改革和发展的长期过程，注定是要成为我们很长一个

---

① 　《人民日报》2015年5月28日。

时期内经济建设的主体内容。而要实现适应和引领新常态,促进经济持续健康发展的目标,需要发挥市场在资源配置中的决定性作用和更好发挥政府作用这"两翼齐飞"。这已为党的十八大以来的经济建设实践充分证明。习近平将全面深化改革和全面推进依法治国喻作推动全面建成小康社会目标如期实现的"鸟之两翼、车之双轮",也是体现了同样的思想逻辑。

"车之双轮,鸟之两翼,若偏修习,即堕邪倒"。虽然党的十八大以来我们对于发挥市场和政府作用都进行了成功的探索和实践,但远未穷尽这一问题。习近平指出:"使市场在资源配置中起决定性作用、更好发挥政府作用,既是一个重大理论命题,又是一个重大实践命题。科学认识这一命题,准确把握其内涵,对全面深化改革、推动社会主义市场经济健康有序发展具有重大意义。在市场作用和政府作用的问题上,要讲辩证法、两点论,'看不见的手'和'看得见的手'都要用好,努力形成市场作用和政府作用有机统一、相互补充、相互协调、相互促进的格局,推动经济社会持续健康发展。"①市场与政府的关系问题一定程度上成为经济发展中的核心命题、永恒命题。要处理好市场和政府二者之间的关系,充分发挥各自的作用,中国共产党在理论和实践上都还有很长的路要走。

二、以新理念引领新发展

在全面建成小康社会进入决胜阶段之际,2015年10月,党的十八届五中全会审议通过了《中共中央关于制定国民经济和社会发展第十三个五年规划的建议》,描绘了未来五年中国经济社会发展蓝图,明确了发展的指导思想、基本原则、目标要求、基本理念和重大举措,提出了创新、

---

① 中共中央文献研究室编:《习近平关于社会主义经济建设论述摘编》,中央文献出版社2017年版,第58页。

协调、绿色、开放、共享的发展理念。会后，全党全国范围内掀起学习的热潮，深刻认识树立和坚持新的发展理念的重要性和紧迫性，准确把握新的发展理念的科学内涵及其内在联系，并以高度的思想和行动自觉坚持以新理念引领新发展，推动发展方式转变，提升发展质量和效益，确保第一个"百年目标"如期实现，为向第二个"百年目标"继续前进、实现中华民族伟大复兴的中国梦奠定坚实基础。

"十二五"规划的完成[①]

"十二五"时期的五年，是改革开放伟大历史进程中具有鲜明里程碑意义的五年。这五年，世情国情发生深刻变化，中国经济发展步入新常态。从国际看，世界经济处在危机后的深度调整期，呈现低增长、不平衡、多风险的特征，地缘政治等非经济因素影响加剧，中国发展面临的外部环境更趋复杂。从国内看，"三期叠加"的阵痛持续加深，多重困难和挑战相互交织，改革转型任务繁重。面对复杂多变的国际环境和艰巨繁重的改革发展任务，中共中央、国务院总揽全局，审时度势，紧紧围绕"四个全面"战略布局，主动适应引领经济发展新常态，扎实推动"大众创业、万众创新"，坚持稳中求进工作总基调，不断创新宏观调控政策、思路、方式；坚持实施创新驱动发展战略，大力推进结构调整和转型升级；坚持改革开放不动摇，着力开拓发展新空间、激发新动力，实现了经济平稳较快发展和社会和谐稳定，为全面建成小康社会奠定了坚实基础。

第一，国民经济保持中高速增长，综合国力显著增强。进入"十二五"时期，支撑中国经济高速增长的要素条件与市场环境发生明显改变，潜在生产率趋于下行，与此同时，"三期叠加"的影响不断深化，经济面临较大的下行压力。面对困难和挑战，中共中央、国务院把握规律，积极作

[①] 文中数据出自国家统计局：《新常态新战略新发展——"十二五"时期我国经济社会发展成就斐然》，国家统计局网站，2015年10月13日。

为,向改革要动力,向结构调整要助力,向民生改善要潜力,激活力、补短板、强实体、控风险,确保了经济增长换挡不失势。

经济增长保持中高速。2011—2014年,国内生产总值年均增长8.0%,由高速增长转为中高速增长。分年度看,2011年比上年增长9.5%,2012年、2013年均增长7.7%,2014年增长7.3%,2015年上半年增长7.0%。总起来看,"十二五"期间中国经济年均增长近8%,不仅高于同期世界2.5%左右的年均增速,在世界主要经济体中也名列前茅。

经济总量稳居世界第二位。继2009年超过日本成为世界第二大经济体后,中国经济总量稳步攀升,2014年达到636139亿元,折合10.4万亿美元,占世界的份额达到13.3%,比2010年提高4.1个百分点。2017年更是达到80万亿元,稳居世界第二。中国经济对世界经济复苏作出了重要贡献,2011—2014年对世界经济增长的贡献率超过四分之一,到2017年更是超过30%。

人均国内生产总值稳步提高。截至2014年,中国人均国内生产总值46629元,扣除价格因素,比2010年增长33.6%,年均实际增长7.5%。根据世界银行数据,中国人均国民总收入由2010年的4300美元提高至2014年的7380美元,在上中等收入国家中的位次不断提高。

外汇储备位居世界第一位。2011年末,中国外汇储备突破3万亿美元大关,2014年末达到38430亿美元,比2010年增长35.0%,年均增长7.8%,连续九年稳居世界第一位。

第二,经济发展迈向中高端,经济结构明显改善。"十二五"时期,面对多年积累的结构性矛盾和转型发展的压力,中共中央、国务院把调结构转方式放在更加突出的位置,在发展中促转型,在转型中谋发展,经济结构调整不断迈出新步伐,经济发展的后劲和内生动力明显增强。

服务业成为第一大产业。随着中国经济发展水平的提高,对生产性和生活性服务的需求不断扩大,服务业在国民经济中的地位上升。2012年,中国第三产业现价增加值占国内生产总值的比重上升到45.5%,首次超过第二产业成为国民经济第一大产业。2014年，第三产业比重上升到48.1%，比2010年提高3.9个百分点，2015年上半年进一步上升到49.5%。

工业转型升级步伐加快。坚持走新型工业化道路，推动工业化和信息化深度融合，工业发展向中高端迈进。2011—2014年，装备制造业和高技术产业增加值年均分别实际增长13.2%和11.7%，快于规模以上工业增加值2.7和1.2个百分点；2014年，装备制造业和高技术产业现价增加值占规模以上工业增加值的比重分别达到30.4%和10.6%，比2010年提高0.8和1.7个百分点。2015年上半年，高技术产业增加值占比提高到11.4%。

内需特别是消费对经济增长贡献明显增强。在扩大内需战略的带动下，消费的基础性作用和投资的关键性作用得到较好发挥，特别是消费结构升级带动居民消费潜力有序释放，消费成为拉动经济增长的主动力。2011—2014年，最终消费对经济增长的年均贡献率为54.8%，高于投资贡献率7.8个百分点。2015年上半年，消费对经济增长的贡献率上升为60%。

新型城镇化稳步推进。2011年末，城镇人口首次超过农村人口，城镇化率突破50%，2014年进一步提高到54.77%，2011—2014年城镇人口每年增加近2000万人，带动了巨大的投资和消费需求。与此同时，稳步推进农民工市民化，中国城镇化不仅有量的扩大，更有质的提升。

第三，经济发展质量效益明显提高，可持续发展能力增强。"十二五"时期，中共中央、国务院积极推动经济发展方式从规模速度型粗放增长转向质量效率型集约增长，以创新驱动提高劳动生产率和资源利用率，努力建设资源节约型、环境友好型社会，经济运行质量不断提高，可持续发展能力不断增强。

国家财政实力明显增强。2011年，中国公共财政收入突破10万亿元大关，2014年超过14万亿元，比2010年增长68.9%，年均增长14.0%。随着国家财政实力增强，财政对经济社会发展的支持不断加大。2014年，中

国公共财政支出超过15万亿元,比2010年增长68.7%。重点领域民生支出得到较好保障。2011—2014年,城乡社区事务、医疗卫生、交通运输、教育、社会保障和就业支出年均分别增长21.1%、20.4%、17.2%、16.2%和14.9%。

企业利润、居民收入持续增长。2014年,规模以上工业企业实现利润总额68155亿元,比2010年增长28.5%,年均增长6.5%。2011—2014年,扣除价格因素,城镇居民、农村居民人均可支配收入年均实际分别增长7.9%、10.1%。2014年,全国居民人均可支配收入已达到20167元,比上年增长8.0%,比GDP增速快0.7个百分点;2015年上半年全国居民人均可支配收入增长7.6%,继续快于经济增长。

新的增长动力加快孕育。随着互联网经济的快速发展,新业态、新模式、新产品不断涌现,信息消费、电子商务、物流快递等蓬勃发展。2014年,全社会电子商务交易额达16.39万亿元,同比增长59.4%;快递业务量达到140亿件,超过美国问鼎世界第一,连续四年保持了超过50%的增长速度。

第四,基础产业和基础设施明显加强,经济社会发展后劲提高。"十二五"时期,中共中央、国务院在完善基础产业、提高基础设施建设水平上进一步加大了力度,通过统筹规划,协调推进,突出重点,优化布局,基础产业和基础设施对经济社会发展的保障能力继续提高。

农业基础进一步巩固。2014年,粮食总产量取得历史性突破,达到60703万吨,比2010年增长11.1%,年均增长2.7%,实现"十一连增"。中国谷物、肉类、籽棉、花生、茶叶、水果等农产品产量在"十二五"时期稳居世界第一位。

交通运输能力持续增强。高效、便捷的铁路网、公路网、航空运输网、城际铁路网、航道网逐渐形成。2014年底,铁路营业里程、公路里程、高速公路里程、定期航班航线里程分别达到11.2万公里、446.4万公里、11.2万公里、463.7万公里,分别比2010年底增长22.6%、11.4%、

51.0%、67.7%。特别是高速铁路迎来了史无前例的大发展，2014年高速铁路运营里程突破1.6万公里，位居世界第一，高铁还驶出国门，参与多国铁路建设，成为独具特色、彰显国力的中国名片。

信息通信发展水平快速提高。2014年，中国邮电业务总量21846亿元（按2010年不变价格计算），比2010年增长90.4%，年均增长17.5%。移动互联网产业方兴未艾，"宽带中国"战略加快实施。2014年末，移动电话用户、互联网上网人数分别达到12.9亿户、6.5亿人，分别比2010年增长49.7%、41.9%；移动电话普及率、互联网普及率分别达到每百人94.5部和47.9%，分别比2010年提高每百人30.1部和13.6个百分点。

第五，对外开放不断向纵深推进，新一轮高水平对外开放局面初步形成。"十二五"时期，中共中央、国务院统筹国内国际两个大局，实施新一轮高水平对外开放，加快构建开放型经济新体制，以开放的主动赢得发展的主动、国际竞争的主动，对外开放的深度和广度得到进一步拓展。

进出口贸易规模稳步扩大。尽管国际金融危机以来世界经济复苏步履蹒跚，但由于中共中央和国务院积极应对，中国进出口贸易总体上保持了稳定增长，占国际贸易的份额继续上升。2014年，中国货物进出口总额达到26.4万亿元，居世界第一位，比2010年增长31.0%，年均增长7.0%。货物进出口总额占世界贸易总额的比重为11.3%，比2010年提高1.7个百分点。

进出口结构不断优化。初级产品出口占全部出口的比重由2010年的5.2%下降到2014年的4.8%，工业制成品出口比重则由94.8%上升到95.2%。贸易伙伴更趋多元化，中国在巩固同美、欧、日三大传统贸易伙伴关系的基础上，与新兴市场国家的贸易往来快速发展。

服务贸易取得长足发展。2014年，服务进出口总额达到6043亿美元，比2010年增长66.7%，年均增长13.6%。服务贸易结构逐步优化，计算机、保险、金融、咨询等高附加值服务贸易出口增长势头强劲。

利用外资规模跃居世界第一。利用外资从追求量的扩大转向质的提

高。2011—2014年，中国累计实际使用外商直接投资4649亿美元，年均增长3.1%，其中，2014年实际使用外商直接投资1196亿美元，首次跃居全球第一。外商投资领域也从一般制造业向高技术产业和金融、保险等服务业拓展。

"走出去"战略加快实施。对外投资进入加速发展阶段，沿海开放、沿边开放展现新格局。2014年，非金融类对外直接投资1072亿美元，比2010年增长78.1%，年均增长15.5%，2015年上半年非金融类对外直接投资同比增长29.2%。2014年，对外承包工程业务完成营业额1424亿美元，比2010年增长54.5%，年均增长11.5%。自贸区建设取得重要突破，2013年中国在上海设立了首个自由贸易园区，此后又新设广东、天津、福建自由贸易园区；与冰岛、瑞士自贸区启动实施，中韩、中澳自贸区完成实质性谈判。积极推进丝绸之路经济带和21世纪海上丝绸之路合作建设，参与境外基础设施建设和产能合作，在铁路、电力、通信、油气等领域对外合作取得重要成果。

"十三五"规划的制定

"十二五"的五年，中国经济社会发展经受住了各种重大挑战和考验，在高起点上取得了新的伟大成就。经济保持中高速增长，转型升级和改革创新稳步推进，人民生活持续改善，社会事业全面进步，综合国力和国际影响力显著提升，在全面建成小康社会征程中迈出了坚实步伐，谱写了中国特色社会主义事业新篇章。特别是，这些成绩是在困难和挑战大大超出预期的情况下实现的，更显得来之不易。同时，面对经济社会发展进入新常态，正处在爬坡过坎的关口，体制机制弊端和结构性矛盾还很突出，面对大变革大调整的世界格局，面对改革深水区、矛盾凸显期一系列时代课题，都需要进一步深化改革、推进新的发展。这些要求都体现在党的十八届五中全会及其通过的《中共中央关于制定国民经济和社会发展第十三个五年规划的建议》中。

2015年10月，党的十八届五中全会召开，审议通过《中共中央关于制定国民经济和社会发展第十三个五年规划的建议》。习近平在就《建议》作的说明中指出："十三五"时期是全面建成小康社会、实现中国共产党确定的"两个一百年"奋斗目标的第一个百年奋斗目标的决胜阶段。制定和实施好"十三五"规划建议，阐明党和国家战略意图，明确发展的指导思想、基本原则、目标要求、基本理念、重大举措，描绘好未来五年国家发展蓝图，事关全面建成小康社会、全面深化改革、全面依法治国、全面从严治党战略布局的协调推进，事关我国经济社会持续健康发展，事关社会主义现代化建设大局。[①]

为此，2015年1月，中央政治局决定，党的十八届五中全会审议"十三五"规划建议，成立由习近平担任组长，李克强、张高丽担任副组长，有关部门和地方负责同志参加的文件起草组，在中央政治局常委会领导下承担建议稿起草工作。在九个多月的文件起草时间里，文件起草组深入开展专题调研，广泛征求各方意见，多次召开会议进行讨论修改。根据中央政治局会议决定，7月底，建议稿下发党内一定范围征求意见，包括征求党内部分老同志意见，还专门听取了民主党派中央、全国工商联负责人和无党派人士意见。其间，中央政治局常委会召开三次会议、中央政治局召开两次会议分别审议建议稿。

从反馈情况看，各地区各部门对建议稿给予充分肯定。大家一致认为，建议稿体现了"四个全面"战略布局和"五位一体"总体布局，反映了党的十八大以来党中央决策部署，顺应了中国经济发展新常态的内在要求，有很强的思想性、战略性、前瞻性、指导性。建议稿提出创新、协调、绿色、开放、共享的发展理念，在理论和实践上有新的突破，对破解发展难题、增强发展动力、厚植发展优势具有重大指导意义。建议稿坚持问题导向，聚焦突出问题和明显短板，回应人民群众诉求和期盼，提

---

① 《中共中央关于制定国民经济和社会发展第十三个五年规划的建议》，人民出版社2015年版，第60—61页。

出一系列新的重大战略和重要举措，对保持经济社会持续健康发展具有重要推动作用。

在征求意见过程中，各方面提出了许多好的意见和建议，主要有以下几个方面。一是建议对"十三五"时期我国发展面临的机遇和挑战作出更加深入和更具前瞻性的分析概括。二是建议进一步突出人民群众普遍关心的就业、教育、社保、住房、医疗等民生指标。三是建议抓住新一轮科技革命带来的机遇，将优势资源集聚到重点领域，力求在关键核心技术上取得突破。四是建议进一步提高绿色指标在"十三五"规划全部指标中的权重，把保障人民健康和改善环境质量作为更具约束性的硬指标。五是建议重视促进内陆地区特别是中西部地区对外开放。六是建议更加注重通过改善二次分配促进社会公平，明确精准扶贫、精准脱贫的政策举措，把更多公共资源用于完善社会保障体系。中央责成文件起草组认真研究和吸纳各方面意见和建议。文件起草组全面汇总、逐条分析各方面意见和建议，做到了能吸收的尽量吸收。

建议稿注意把握了几项原则。一是坚持目标导向和问题导向相统一，既从实现全面建成小康社会目标倒推，厘清到时间节点必须完成的任务，又从迫切需要解决的问题顺推，明确破解难题的途径和办法。二是坚持立足国内和全球视野相统筹，既以新理念新思路新举措主动适应和积极引领经济发展新常态，又从全球经济联系中进行谋划，重视提高在全球范围配置资源的能力。三是坚持全面规划和突出重点相协调，既着眼于全面推进经济建设、政治建设、文化建设、社会建设、生态文明建设、对外开放、国防建设和党的建设，又突出薄弱环节和滞后领域，集中攻关，提出可行思路和务实举措。四是坚持战略性和操作性相结合，既强调规划的宏观性、战略性、指导性，又突出规划的约束力和可操作、能检查、易评估，做到虚实结合。在内容形式上，建议稿分三大板块、八个部分，涵盖中国经济社会进一步发展的主要方面。

党的十八届五中全会审议通过了建议稿。2016年3月，党的十二届全国人大四次会议表决通过《第十二届全国人民代表大会第四次会议关于国民经济和社会发展第十三个五年规划纲要的决议》。"十三五"规划正式付诸实施。

新的发展理念

在5900余字的党的十八届五中全会公报中，"发展"一词出现了95次，成为出现频率最高的关键词。全会提出了"创新发展、协调发展、绿色发展、开放发展、共享发展"的新发展理念，这"五大发展"理念将引领"十三五"发展方式从五个方面实现重大转型：从过去高度依赖人口红利、土地红利的要素驱动及投资驱动的发展模式转向创新驱动发展；从不协调、不平衡、不可持续的发展转向协调发展；从高污染、单纯追求GDP的粗放型的发展方式转向遵循自然规律的绿色发展；从低水平的开放转向更高水平的开放发展；从不公平、收入差距过大非均衡发展走向共同富裕，实现共享发展，实现全体人民共同迈向全面小康。五大理念相互联系，是一个有机统一的整体，相互支撑。

创新是发展的动能。党的十八届五中全会提出，坚持创新发展，必须把创新摆在国家发展全局的核心位置，不断推进理论、制度、科技、文化等各方面创新。全会从培育发展新动力、拓展发展新空间、构建产业新体系、构建发展新体制等方面对创新发展提出具体要求。在培育发展新动力方面，"创业"和"创新"是一对孪生兄弟，"双创"正在成为经济社会发展的新引擎，"互联网+"行动计划、国家大数据战略等是推进创业创新浪潮的重要抓手。在拓展发展新空间方面，要形成沿海沿江沿线经济带为主的纵向横向经济轴带，培育壮大若干重点经济区。创新发展必须立足全局，发展经济轴带有利于实现从片状区域单独发展向区域间相互带动发展转变。在构建产业新体系方面，要通过实施《中国制造二〇二五》推进产业结构升级、实现工业化信息化深度融合。加快建设"制造业强国"和"网络强国"是五中全会在创新发展方面提出的两个

强国目标。在构建发展新体制方面，要深化行政管理体制改革，进一步转变政府职能。创新发展要求市场主导、政府引导，政府既不能"越位"也不能"缺位"。要继续推进简政放权等改革激发市场活力，也要发挥政府在产权制度、投融资体制、市场监督等方面的作用，为创新发展提供政策保障。

协调是发展的基调。党的十八届五中全会强调，坚持协调发展，重点促进城乡区域与经济社会协调发展，促进新型工业化、信息化、城镇化、农业现代化同步发展，提升国家软实力。协调发展旨在处理好发展中的重大关系问题。具体而言，要推动区域协调发展、城乡协调发展、物质文明和精神文明协调发展、经济建设和国防建设融合发展。推动区域协调发展，有利于使各发展主体成为一个整体，发挥合力。推动城乡协调发展，有利于转变城乡二元结构、改善民生。推动物质文明和精神文明协调发展，实质是"软实力"和"硬实力"的协调。长期以来，我国主要关注GDP总量、城市基础设施、军事实力等"硬实力"，而对文化培育、共同价值观塑造、国民素质教育等"软实力"重视不足，软实力成为中国经济发展的"短板"，因此，发展过程中不仅要通过发展物质文明提高"硬实力"，也要通过发展精神文明提升"软实力"。同时，要推动经济建设和国防建设融合发展，实现军民在全要素、多领域实现深度融合。

绿色是发展的底色。党的十八届五中全会指出，坚持绿色发展，必须坚持节约资源和保护环境的基本国策，加快建设资源节约型、环境友好型社会，形成人与自然和谐发展现代化建设新格局。全会首次把"绿色发展"作为五大发展理念之一，这与党的十八大将生态文明纳入"五位一体"总体布局一脉相承。绿色发展是遵循自然规律的可持续发展，也是实现生态文明的根本途径。加快建设主体功能区、推动低碳循环发展、加大环境治理力度、筑牢生态安全屏障等是全会对实现绿色发展提出的具体要求。当前环境承载力已达到或接近上线，实现绿色发展要发挥好政府"有形之手"和市场"无形之手"两只手的作用，特别要用好政府"有形之手"，解决"市场失灵"的问题。全会提出"四个格局"和"两个体系"：即城市化格局、农业发展格局、生态安全格局、自然岸线格局。一个是建立绿色低碳循环发展产业体系，另一个是清洁低碳、安全高效的现代能源体系。强调建立健全用能权、用水权、排污权、碳排放权初始分配制度。完善这些制度，把环境承载力作为最为稀缺的自然要素对经济发展进行调控，能有效发挥市场机制的作用。同时为了督促政府履行环保职责，全会强调要加大环境治理力度，以提高环境质量为核心，实行最严格的环境保护制度。首次将"提高环境质量"作为环保工作的核心，转变过去只注重排污量减少、能耗降低等指标的片面环保观，以改善环境质量作为"十三五"期间环境保护工作的根本出发点和主线。同时，全会还提出了实行省以下环保机构监测监察执法垂直管理制度，有利于避免过去属地化管理方式所导致的个别地方政府对环保的"不作为"，落实地方政府责任，推进国家环境治理体系和治理能力的现代化。

开放是发展的大势。党的十八届五中全会强调，坚持开放发展，必须顺应我国经济深度融入世界经济的趋势，发展更高层次的开放型经济，构建广泛的利益共同体。通过开放发展有利于实现中国与世界对接、以对外开放倒逼国内的改革。根据全会要求，要开创对外开放新局面，"十二五"期间，中国已成为进出口贸易总量和实际利用外资总额世界第一位，并实现了向资本净输出国转型的历史性跨越。"十三五"期间要进一步加强开放的力度、推进开放的深度、扩大开放的广度，打造陆海内外联动、东西双向开放的全面开放新格局。要完善对外开放战略布局，强调双向开放，转变过去主要依靠吸引外资和产品出口的对外开放方式，更多地强调资本输出和企业"走出去"，使我国从一个商品输出大国变成资本输出大国，完成从产品"走出去"深化到服务"走出去"。要形成对外开放新体制，并将"一带一路"建设和自贸区战略纳入到规划中，这有利于推动中国企业海外拓展，使中国深度融入世界经济体系，

实现更高层次的开放。

共享是发展的目标。党的十八届五中全会要求，坚持共享发展，必须坚持发展为了人民、发展依靠人民、发展成果由人民共享，朝着共同富裕方向稳步前进。人民是发展的主体，共享发展也被称为包容性发展，强调以人为本的发展观念，是保障民生福祉、实现全体人民共同迈向全面小康社会的根本要求。贫困地区和贫困人口是全面小康的最大短板，实现共享发展，关键是解决7000万人如何脱贫的问题。为此，全会提出的实施脱贫攻坚工程、加大对革命老区、民族边疆地区、贫困地区的转移支付等对实现我国现行标准下的农村贫困人口脱贫、贫困县全部摘帽、解决区域性的整体性贫困等目标具有重要意义。全会还提出要建立健全农村留守儿童、妇女和老人关爱服务体系。现在全国有6000多万留守儿童，有几千万留守妇女和几千万留守老人，要使其基本生活、人身安全、心理健康等各方面得以保障，平等享有城镇化和经济发展的成果。同时，就业乃民生之本、教育乃民生之基、收入乃民生之源、社保乃民生之依。在共享发展中，全会关注教育、就业、收入分配、社保、医保等民生问题，重申居民的收入和经济增长要同步的任务。近年来，居民收入已经超过了GDP的增长速度，跑赢了GDP，这是很好的迹象。在"十三五"期间能够保持这样一种态势，继续让居民收入增速跑赢GDP的增长速度。全会还提到，要全面实施一对夫妇可生育两个孩子的政策，这是年轻人高度关注的问题，也是应对人口老龄化危机的重要举措。要让这项政策实施好，非常重要的就是要降低生育成本和抚育成本。在当前的经济和社会条件下，生育和抚育成本太高，导致实际有生两个孩子意愿的人并不是很多，积极性不高。政府要通过加大公共产品投入，降低生育成本和抚育成本，提高育龄人口生育两个孩子的积极性。通过多项举措的实施，真正实现"发展为了人民、发展依靠人民、发展成果由人民共享"的共享发展。

正是从引领未来新发展的高度，习近平反复强调，必须明确新的发展理念、制定新的战略规划，引领和推动新的发展。未来中国新发展最显著的特征和标志，就是既要看速度，看增量，更要看质量，要着力实现有质量、有效益、没水分、可持续的增长，着力在转变经济发展方式、优化经济结构、改善生态环境、提高发展质量和效益中实现经济增长。只有实现这样的发展，我们才能把"十三五"规划建议描绘的宏伟蓝图变为现实。

经济运行的合理区间

党的十八大之后，以习近平同志为核心的党中央先后提出了"五位一体"总体布局、"四个全面"战略布局和"五大发展理念"等一系列治国理政新思想新理念新战略，在此指引下，中国经济开始实现了健康持续全面发展，进入到一个新的发展阶段。

第一，在建国后中国经济发展史上第一次实现了经济增速由过去长期存在的超高速增长（即超过甚至大大超过潜在经济增长率）向潜在经济增长率的回归。1978—2011年，中国经济年均增速高达9.9%；2012—2016年，年均增速为7.3%。[①]

从表象上看，这似乎是经济发展的倒退；但从本质上说，这恰恰是中国经济发展真正开始走上健康持续全面发展道路的最重要最基本的标志。这一点已经为新中国成立以来的经济史充分证明了。1953年中国经济增速高达15.6%，1956年为15.0%，1958年为21.3%，1964年为18.3%，1970年为19.4%，1978年为11.7%，1984年为15.2%，1987年为11.6%，1992年为14.2%，2007年为14.2%。显然，这些年份的经济增速都是超高速增长的，因而接下来的年份就被迫进行调整，不得不把经济增速降下来。而2012—2016年的经济增长则呈现出截然不同的情况。这五年年均增速

---

① 参见国家统计局国民经济综合统计司编：《新中国六十年统计资料汇编》，中国统计出版社2010年版，第12页；《中国统计年鉴（2016）》，中国统计出版社2016年版，第66页；国家统计局网站，2017年2月28日。

为7.3%，但经济年度之间的经济增速却是持续平稳增长。这五年的经济增速分别为7.9%、7.8%、7.3%、6.9%和6.7%。[①]此外，经济增速和经济结构、科技进步、经济效益、生态环境和人民生活这五个因素之间存在着相互依存、相互促进和相互制约的关系。尽管后五个因素对经济增速有不同程度的促进作用，但经济增速在很大程度上是后五个因素得以改善和提高的前提。改革以前，由于经济增长多次发生不同程度的超高速增长，因而也相应地发生了多次经济结构失衡（或经济调整受挫）、技术进步和经济效益提高受阻、环境受损和人民生活没有应有改善的情况。而2012年以来，上述五个方面也发生了截然不同情况。因此可以说，2012年以来，中国已经开始实现了由过去长期存在的经济超高速增长向潜在经济增长率的回归。

第二，综合国力和国际影响力显著提升。数据显示，党的十八大以来，中国经济保持中高速增长。2013年至2016年，国内生产总值年均增长7.2%，高于同期世界2.5%和发展中经济体4%的平均增长水平。消费成为经济增长主要推动力。2013年至2016年，最终消费支出对经济增长的年均贡献率为55%，高于资本形成总额贡献率8.5个百分点。

与此同时，就业物价形势稳定。2013年至2016年，城镇新增就业连续四年保持在1300万人以上，31个大城市城镇调查失业率基本稳定在5%左右，农民工总量年均增长1.8%。价格涨势温和，2013年至2016年，居民消费价格年均上涨2.0%。

此外，国际影响力显著提升。2016年，中国国内生产总值折合11.2万亿美元，占世界经济总量的15%左右，比2012年提高超过3个百分点，稳居世界第二位。2013年至2017年，中国对世界经济增长的平均贡献率达到30%以上，超过美国、欧元区和日本贡献率的总和，居世界第一位。

---

① 参见国家统计局国民经济综合统计司编：《新中国六十年统计资料汇编》，中国统计出版社2010年版，第12页；《中国统计年鉴（2016）》，中国统计出版社2016年版，第66页；国家统计局网站，2017年2月28日。

第三，发展协调性不断增强。统计显示，城镇化水平不断提高。2016年末，常住人口城镇化率为57.35%，比2012年末提高4.78个百分点。新型城镇化质量显著提升。2016年末，中国户籍人口城镇化率为41.2%，比2012年末提高6.2个百分点，与常住人口城镇化率的差距为16.1个百分点，缩小1.4个百分点。

教育事业明显加强。九年义务教育全面普及，高等教育毛入学率显著提高，2016年达到42.7%，比2012年提高12.7个百分点。

文化繁荣发展呈现新气象。2016年，居民用于文化娱乐的人均消费支出为800元，比2013年增长38.7%，年均增长11.5%。

健康中国建设加快推进。每千人口医疗卫生机构床位数由2012年4.24张增加到2016年5.37张。居民平均预期寿命由2010年的74.83岁提高到2015年的76.34岁。

交通运输能力不断增强。2012年至2016年，高速铁路运营里程由不到1万公里增加到2.2万公里以上，稳居世界第一；公路里程由424万公里增加到470万公里，其中高速公路里程由9.6万公里增加到13.1万公里，位居世界第一。2016年末，城市轨道交通运营线路里程4153公里，拥有运营线路的城市30个。

第四，人民群众获得感显著增强。数据显示，居民收入保持了较快增长。2016年，全国居民人均可支配收入23821元，比2012年增加7311元，年均实际增长7.4%。2016年，城乡居民人均可支配收入倍差为2.72，比2012年下降0.16。

同时，居民生活质量不断提升。2016年，全国居民人均消费支出17111元，比2012年增加4255元，年均名义增长7.4%。消费结构升级步伐加快，发展享受型消费占比明显上升。2016年，全国居民恩格尔系数为30.1%，比2012年下降2.9个百分点，接近联合国划分的20%至30%的富足标准；交通通信、教育文化娱乐、医疗保健支出占消费支出的比重分别比2012年提高2.0、0.7和1.3个百分点。居民物质和精神生活进一步

丰富。2016年，全国居民每百户家用汽车拥有量27.7辆，比2013年增长63.9%；国内旅游人数44.4亿人次，比2012年增长50.2%；出境旅游人数1.22亿人次，比2012年增长46.7%。

此外，精准扶贫成效卓著。按照每人每年2300元（2010年不变价）的农村贫困标准计算，2016年农村贫困人口4335万人，比2012年减少5564万人，平均每年减贫近1400万人；贫困发生率下降到4.5%，比2012年下降5.7个百分点。2016年，贫困地区农村居民人均可支配收入8452元，扣除价格因素，比2012年实际年均增长10.7%，比全国农村居民收入年均增速快2.7个百分点。

总的来看，2012年以来，中国经济发展的各个主要方面都取得了新的重要进展，进入到一个新的发展阶段。这些成就虽然是在中华人民共和国成立以后特别是改革开放以后已经获得的成就的基础上实现的，但很大程度上实现了新的跨越。同时，当前中国经济发展过程中还存在众多问题。其中有些问题还是严重的。诸如部分行业产能过剩严重，部分企业经营困难，经济金融风险加大，环境污染和生产、食品、药品安全等方面的形势依然严峻。这些长期积累下来的问题不可能在短短五年里就彻底解决。但有了新的发展理念、新的发展规划，我们相信，这些问题必将在今后的经济改革和发展过程中逐个消解。中国经济有着坚实的基础，未来必将有着无限光明。

三、党的十九大与经济改革发展的光明前景

2017年10月18日至24日，党的十九大成功召开。习近平作题为《决胜全面建成小康社会　夺取新时代中国特色社会主义伟大胜利》的报告。大会主题是：不忘初心，牢记使命，高举中国特色社会主义伟大旗帜，决胜全面建成小康社会，夺取新时代中国特色社会主义伟大胜利，为实现中华民族伟大复兴的中国梦不懈奋斗。

党的十九大高举中国特色社会主义伟大旗帜，以马克思列宁主义、毛泽东思想、邓小平理论、"三个代表"重要思想、科学发展观、习近平新时代中国特色社会主义思想为指导，分析了国际国内形势发展变化，回顾和总结了过去五年的工作和历史性变革，作出了中国特色社会主义进入了新时代、我国社会主要矛盾已经转化为人民日益增长的美好生活需要和不平衡不充分的发展之间的矛盾等重大政治论断，深刻阐述了新时代中国共产党的历史使命，确立了习近平新时代中国特色社会主义思想的历史地位，提出了新时代坚持和发展中国特色社会主义的基本方略，确定了决胜全面建成小康社会、开启全面建设社会主义现代化国家新征程的目标，对新时代推进中国特色社会主义伟大事业和党的建设新的伟大工程作出了全面部署。

这里有两个重大判断与中国经济密切相关：中国特色社会主义进入新时代和国内社会主要矛盾发生转化。党的十九大指出：经过长期努力，中国特色社会主义进入了新时代，这是我国发展新的历史方位。作出这个重大政治判断，是改革开放以来我国社会进步的必然结果，是中国社会主要矛盾运动的必然结果，是中国共产党团结带领全国各族人民开创光明未来的必然要求。具体而言，主要有以下几个方面因素。一是十八大以来党和国家事业发生了历史性变革，中国发展站到了新的历史起点上，中国特色社会主义进入了新的发展阶段。这个新的发展阶段既同改革开放近40年来的发展一脉相承，又有新的特点，中国共产党的执政方式和基本方略有重大创新，发展理念和发展方式有重大转变，发展环境和发展条件发生深刻变化，发展水平和发展要求变得更高了。二是党的理论创新实现了新的与时俱进，在马克思主义中国化进程中具有鲜明时代特色，开辟了马克思主义中国化新境界。三是从党的十九大到党的二十大，是"两个一百年"奋斗目标的历史交汇期。我们既要全面建成小康社会、实现第一个百年奋斗目标，又要乘势而上开启全面建设社会主义现代化国家新征程，向第二个百年奋斗目标进军。四是我国社会主要

改革开放40年的中国经济

矛盾发生了变化，已经转化为人民日益增长的美好生活需要和不平衡不充分的发展之间的矛盾。经济建设依然是党和国家的中心工作，但更要注重提高发展质量，更要注重抓全面发展。总之，用新时代界定当前我国发展新的历史方位，有利于进一步统一思想、凝聚力量，在新的起点上把中国特色社会主义事业推向前进。

关于我国社会主要矛盾的提法，1956年党的八大《关于政治报告的决议》提出："我们国内的主要矛盾，已经是人民对于建立先进的工业国的要求同落后的农业国的现实之间的矛盾，已经是人民对于经济文化迅速发展的需要同当前经济文化不能满足人民需要的状况之间的矛盾。这一矛盾的实质，在我国社会主义制度已经建立的情况下，也就是先进的社会主义制度同落后的社会生产力之间的矛盾。"这个论断，是符合当时中国实际的。但后来这个提法没有坚持下来，甚至错误提出"以阶级斗争为纲"。改革开放后，中国共产党对党的八大时的提法作了提炼，提出"我国社会的主要矛盾是人民日益增长的物质文化需要同落后的社会生产之间的矛盾"，为党和国家全局工作提供了重要指引。

从党的八大时算起，关于我国社会主要矛盾的这个提法至今已经60多年了。党的十九大在深入研究、广泛听取各方面意见的基础上，把我国社会主要矛盾的表述修改为"人民日益增长的美好生活需要和不平衡不充分的发展之间的矛盾"。作出这样的修改，主要依据是：

一是经过改革开放近40年的发展，中国社会生产力水平总体上显著提高，社会生产能力在很多方面进入世界前列。中国国内生产总值自2010年开始稳居世界第二位，货物进出口和服务贸易总额均居世界第二位，对外投资和利用外资分别居世界第二、第三位，制造业增加值连续七年居世界第一位，基础设施建设部分领域遥遥领先，高铁运营总里程、高速公路总里程和港口吞吐量均居世界第一位。工农业生产能力大幅提高，220多种主要工农业产品生产能力稳居世界第一位，一些产品甚至出现大量过剩。这说明，我国长期所处的短缺经济和供给不足状况已经发生根本性转变，再讲"落后的社会生产"已经不符合实际。

二是人民生活水平显著提高，对美好生活的向往更加强烈，不仅对物质文化生活提出了更高要求，而且在民主、法治、公平、正义、安全、环境等方面的要求日益增长。改革开放以来，中国稳定解决了十几亿人的温饱问题，总体上实现小康，不久将全面建成小康社会。我国人民生活水平不断迈上了新台阶，人均国内生产总值从1978年的156美元左右增长到2016年的超过8000美元，已经达到中等偏上收入国家水平；城镇居民人均可支配收入和农村居民人均可支配收入分别从1978年的343.4元、133.6元提高到2016年的33616元、12363元；农村贫困发生率从1978年的97.5%大幅下降到2016年的4%以下，远低于世界平均水平；居民受教育程度不断提高，九年义务教育全面普及，高等教育毛入学率2016年达到42.7%，高出世界平均水平近十个百分点；城乡居民健康状况显著改善，居民平均预期寿命2016年达到76.5岁，高于世界平均水平；社会保障水平极大提高，覆盖城乡的社会保障体系基本建立，其他很多方面的民生保障也有显著改善。随着人民生活水平不断提高，人民群众的需要呈现多样化多层次多方面的特点，期盼有更好的教育、更稳定的工作、更满意的收入、更可靠的社会保障、更高水平的医疗卫生服务、更舒适的居住条件、更优美的环境、更丰富的精神文化生活，人民群众的民主意识、公平意识、法治意识、参与意识、监督意识、维权意识在不断增强。这说明，人民群众的需要在领域和重心上已经超出物质文化的范畴和层次，只讲"物质文化需要"已经不能真实全面反映人民群众的愿望和要求。

三是我国社会主要矛盾的变化，没有改变中国共产党对我国社会主义所处历史阶段的判断，中国仍处于并将长期处于社会主义初级阶段的基本国情没有变，中国是世界最大发展中国家的国际地位没有变。中国共产党和我们国家还需要牢牢把握社会主义初级阶段这个基本国情，牢牢立足社会主义初级阶段这个最大实际，牢牢坚持中国共产党的基本路线这个党和国家的生命线、人民的幸福线。

在这两大判断的基础上,党的十九大为中国经济发展作出了新部署,明确指出了中国经济改革与发展的新目标、新思路、新战略、新动向。

党的十九大提出,从现在到2020年,是全面建成小康社会决胜期。2020年全面建成小康社会后,我们将开启全面建设社会主义现代化国家新征程,向第二个百年奋斗目标进军。这个时期将持续到本世纪中叶,历时30年左右。党的十九大将全面建设社会主义现代化国家的进程分两个阶段来安排。第一个阶段,从2020年到2035年,在全面建成小康社会的基础上,再奋斗15年,基本实现社会主义现代化。第二个阶段,从2035年到本世纪中叶,在基本实现现代化的基础上,再奋斗15年,把我国建成富强民主文明和谐美丽的社会主义现代化强国。根据这样的安排,2035年中国基本实现社会主义现代化,意味着将原定的第二个百年奋斗目标——到新中国成立100年时基本实现现代化、把我国建成社会主义现代化国家,实现时间提前了15年。同时,党的十九大报告对两个阶段奋斗目标只作原则性展望和要求,不提"翻番"类指标,以利于新发展理念的贯彻,推动经济社会全面发展。

从全面建成小康社会到基本实现现代化,再到全面建成社会主义现代化强国,是新时代中国特色社会主义发展的战略安排。这一战略安排,是在综合分析国际国内形势和我国发展条件之后作出的重大决策,也是中国共产党适应中国发展实际作出的必然选择,还可以保持"四个全面"战略布局的连续性,对于推动中国经济持续健康发展具有重大意义。中国经济面临着光明前景。

为确保新目标的实现,党的十九大报告在第五部分对经济改革和发展作出了"贯彻新发展理念,建设现代化经济体系"的系统部署。报告指出,我国经济已由高速增长阶段转向高质量发展阶段,正处在转变发展方式、优化经济结构、转换增长动力的攻关期,建设现代化经济体系是跨越关口的迫切要求和我国发展的战略目标。围绕建设现代化经济体系,报告提出了六个方面的重点任务:深化供给侧结构性改革,加快建设创新型国家，实施乡村振兴战略，实施区域协调发展战略，加快完善社会主义市场经济体制，推动形成全面开放新格局。这其中有许多重大战略部署和重大创新举措。比如，提出以供给侧结构性改革为主线，推动经济发展质量变革、效率变革、动力变革，提高全要素生产率；着力加快建设实体经济、科技创新、现代金融、人力资源协同发展的产业体系；着力构建市场机制有效、微观主体有活力、宏观调控有度的经济体制；实施乡村振兴战略、区域协调发展战略；以"一带一路"建设为重点，形成陆海内外联动、东西双向互济的开放格局；等等。

在党的十九大精神的指引下，中国崛起将势不可挡，而崛起的基础和基本动力是经济增长。今日之中国，不论城市和乡村，都在发生着日新月异的变化。随着改革开放的深入，中国经济增长出现了令人惊喜的强劲势头。未来，以民族复兴为己任的中国共产党将再铸辉煌，为这个古老而年轻的国度带来新的奇迹。在全球化的大潮中，中国经济的未来图景将徐徐展开。

当然，未来几年也将会是中国经济转型和过渡的关键时期，对此我们也不能盲目乐观。从新中国近70年历史看，中国处在继往开来的一个新的历史节点上，面临着国家盈利模式的重大转型。1949—1978年中国经济发展战略以优先发展重工业为起点，先后经历了赶超战略、均衡发展战略以及备战战略三次大转折。这个时期经济建设的主旋律是偏重发展重工业。1978年党的十一届三中全会确立了"经济建设"的中心地位，1992年邓小平南方谈话及其后召开的党的十四大，揭开了"市场经济"的序幕。40年改革发展历程中，依靠要素投入和出口需求驱动，曾经有效地支持了中国经济的高速增长。但是，这种战略是一种不平衡的发展战略，因而是不可持续的。中国必须尽早实现向平衡发展的经济发展战略过渡。

尽管我们应该对经济下滑风险的可能性时刻保持警觉，但关注重点应更多地放在经济增长的战略转型和结构调整方面。一要扩大消费需

求，使经济增长从相对不稳定的出口和投资驱动型转化为以消费为基础的更稳定的增长方式。短期内中国经济增长还得靠投资，中长期必须依靠调整需求结构，增强消费的贡献。就业、医疗卫生、教育、住房、社会保障、储蓄率、收入分配、资源要素价格和汇率制度安排等，都要围绕培育消费增长方式这个结构调整服务。二要调整产业结构，促进产业转型升级，从低附加值的制造部门逐步向高附加值制造部门和生产服务部门转型。从长远的角度看，中国经济的增长最终取决于技术进步和制度创新。加大中国企业的技术改造，坚定技术创新发展之路，不断引进消化吸收国外成熟的先进技术，在发展中缩短中国与国外的技术差距。未来中国经济的增长更需要良好的制度，以保证技术和资源得到最有效的利用和配置。

中国能否在未来的几年内实现全面改革的新突破和完成发展战略转型，对于深入贯彻落实党的十九大精神、实现全面建成小康社会的目标极为重要。2017年12月的中央经济工作会议强调，党的十九大后的三年，要重点抓好决胜全面建成小康社会的防范化解重大风险、精准脱贫、污染防治三大攻坚战。打好防范化解重大风险攻坚战，重点是防控金融风险，要服务于供给侧结构性改革这条主线，促进形成金融和实体经济、金融和房地产、金融体系内部的良性循环，做好重点领域风险防范和处置，坚决打击违法违规金融活动，加强薄弱环节监管制度建设。打好精准脱贫攻坚战，要保证现行标准下的脱贫质量，既不降低标准，也不吊高胃口，瞄准特定贫困群众精准帮扶，向深度贫困地区聚焦发力，激发贫困人口内生动力，加强考核监督。打好污染防治攻坚战，要使主要污染物排放总量大幅减少，生态环境质量总体改善，重点是打赢蓝天保卫战，调整产业结构，淘汰落后产能，调整能源结构，加大节能力度和考核，调整运输结构。这次会议还特别强调坚持加强党对经济工作的集中统一领导，要引导广大干部树立正确政绩观。这些都为中国经济改革和发展指出了具体方向。

中国拥有巨大潜力的市场、大量的劳动力资源、强有力的执政党和政府、不断完善的政策和制度、勤劳聪明的人民，而且积累了丰富的发展经验、善于汲取传统文化的精华和人类文明的优秀成果。只要我们加快完善社会主义市场经济体制，坚持使市场在资源配置中发挥决定性作用，更好发挥政府作用，在新时代，我们完全可以实现由经济大国向经济强国的历史性转变，完成中华民族伟大复兴的历史使命。

后 记

　　本书是为庆祝中国改革开放40周年编写。在中国共产党的领导下，40年来中国经济发生了历史性变革，取得了历史性成就，创造了伟大的"中国奇迹"，为我们迈向民族复兴的伟大征程注入了强大信心，为发展中国家探索实现现代化提供了诸多借鉴，也必将为人类发展昭示一个新的未来。

　　本书以党的十一届三中全会以来中国经济改革和发展的主要历程为经、以中国经济改革和发展的基本经验为纬，经纬交织地展示中国共产党领导下的40年经济变迁。全书秉持通俗宣介式写法，所用资料主要来源于中共党史和经济史基本著作及各类统计资料，力求为读者呈现一部既准确又易读的良史作品。

　　作为中国人民大学中共党史党建研究院组织的"中国改革开放40年"丛书之一，本书在写作过程中得到了杨凤城教授、辛逸教授等资深专家和老师的指导与帮助，在此表示衷心感谢。同时，衷心感谢中共党史出版社给予的大力支持，感谢责任编辑为本书编辑出版付出的辛勤劳作。

　　因题材和篇幅所限，更囿于作者水平和经验，本书不周不当和错误之处在所难免，恳请读者批评指正。惟愿自己在大家的帮助下，尽快改

正失误并切实提高学术水平，努力拿出新的作品，为深化改革开放史研
究再尽一份力。

闫茂旭

2018年4月